全国期货从业人员资格考试应试指导

# 期货及衍生品基础

（期货基础知识）

期货从业人员资格考试应试指导编写组 编著

中国财富出版社

**图书在版编目(CIP)数据**

期货及衍生品基础:期货基础知识/期货从业人员资格考试应试指导编写组编著.—北京:中国财富出版社,2018.9(2021.1 重印)

(全国期货从业人员资格考试应试指导)

ISBN 978-7-5047-6747-9

Ⅰ.①期… Ⅱ.①期… Ⅲ.①期货交易-资格考试-自学参考资料 Ⅳ.①F830.9

中国版本图书馆 CIP 数据核字(2018)第 216074 号

**策划编辑** 李彩琴 **责任编辑** 戴海林 杨白雪
**责任印制** 尚立业 **责任校对** 孙丽丽 **责任发行** 杨 江

---

**出版发行** 中国财富出版社
**社　　址** 北京市丰台区南四环西路 188 号 5 区 20 楼 **邮政编码** 100070
**电　　话** 010-52227588 转 2098(发行部) 010-52227588 转 321(总编室)
010-52227588 转 100(读者服务部) 010-52227588 转 305(质检部)
**网　　址** http://www.cfpress.com.cn
**经　　销** 新华书店
**印　　刷** 三河市德利印刷有限公司
**书　　号** ISBN 978-7-5047-6747-9/F·2936
**开　　本** 787mm×1092mm 1/16 **版　　次** 2019 年 1 月第 1 版
**印　　张** 11 **印　　次** 2021 年 1 月第 3 次印刷
**字　　数** 380 千字 **定　　价** 39.00 元

---

# 编 委 会

本套教材适用于考生作为期货从业资格考试的辅导用书。期货从业人员资格考试应试指导编写组根据中国期货业协会发布的《期货基础知识考试大纲》，对真题考点进行细致分析，编写了本套教材，旨在帮助考生全面理解和掌握考试大纲的内容，更好地复习备考。

## 本套教材模块

为了便于考生更好地理解和使用本套教材，下面对本套教材中主要涉及的模块功能进行简单介绍。

### 1. 本章应试分析

在书中，这一模块主要是介绍该章的主要内容，在考试中所占的分值以及学习方法等，是对该章在考试中整体考情的综合分析。通过应试分析，考生可以有效地掌握该章的重点以及命题方向，避免盲目复习。

### 2. 本章思维导图

在书中，这一模块主要是将整章的思维脉络通过关系图表现出来，并在考点后面标注了“重点掌握、掌握、熟悉、了解”四种不同程度的复习要求。通过思维导图，考生不仅可以对该章的整体框架有个大致的了解，同时也能把握复习的要求，有针对性地进行复习，大大提高复习的效率。

### 3. 名师同步精讲

这一模块是本书的核心所在，主要是通过对考试真题的分析，将教材中的重要知识点进行精编汇总，多考多讲，少考少讲。我们竭力提炼考点，减少烦冗的叙述，帮助考生高效率掌握考点，减轻学习压力。同时，我们对于重要的知识点进行了标色（蓝色）处理。

在这一模块，我们提供了两个核心功能，对考生非常有帮助。

第一，名师指导。一方面对各个考点在考试中的考查概率和所占分值进行介绍，并列明命题角度，另一方面对于教材中一些有窍门记忆或者需要关注的地方进行提示。

第二，母题精选。这些母题是在考试中较多涉及且具有代表性的题目，其中，大多为考试真题，部分为老师精选的比较有代表性的题目。此外，母题旁边配有二维码，考生可通过扫描二维码查看母题的详细解析，也可以练习相应的子题。通过母题，考生不仅能够了解各个知识点在考试中的考查形式，也可以有效地掌握考试中的重要知识点，同时做到知识点的灵活运用。

### 4. 章节测评

在这一模块，考生可以通过扫描二维码进入微信版题库进行章节测评。在题库中，我们提供了大量的真题、押题和模拟题供考生练习，既弥补了纸质教材对于章节练习题量限制的缺陷，又能让考生随时随地进行练习，有效地节省了时间。

## 配套题库——智能考试题库系统

本套教材搭配配套的智能考试题库系统使用，能达到更好的复习效果。配套题库系统包括智能题库微信版和智能题库网页版。考生可根据自己的实际情况，在不同的环境下选择不同的练习方式，充分利用自己的时间。另外，在题库系统中有视频课程、考点速记、章节练习、错题训练、真题必练、模拟押题等功能。考生在学习过程中，可根据自己的学习进度选择相应功能，固本培新。

## 联系我们

尽管编写组成员们本着精益求精的态度编写本套教材，但由于时间所限，书中难免有不足之处，恳请广大读者批评指正。联系邮箱 weilaijiaoyucaijing@ foxmail. com。

预祝所有考生顺利通过考试！

期货从业人员资格考试应试指导编写组

# 目 录
CONTENTS



## 重难点索引

此处显示每一章节里面的部分重难点及其页码，可以快速定位查阅。

## 第六章 期权



## 第七章 外汇衍生品



## 第八章 利率期货及衍生品



## 第九章 股指期货及其他权益类衍生品



## 第十章 期货价格分析

# 开　篇　考情分析与复习指导

## 第一节　考情分析

**一、考试介绍**

期货从业资格考试包含两个科目:“期货基础知识”和“期货法律法规”。“期货基础知识”科目的教材为《期货及衍生品基础》,“期货法律法规”科目的教材为《期货法律法规》。以上两个科目考试成绩均合格后,可获得期货从业人员资格考试合格证。

**二、考情分析**

为了更好地把握科目特点,熟悉考试重点,本书分析了近几次考试真题的分布情况。在考试真题数据分析基础上,编者整理了各个章节在考试中涉及的大概分值。具体见下表。

**考试真题平均分布情况**

| 所属章节 | 分值 |
| --- | --- |
| 第一章　期货及衍生品概述 | 4 分 |
| 第二章　期货市场组织结构与投资者 | 10 分 |
| 第三章　期货合约与期货交易制度 | 12 分 |
| 第四章　套期保值 | 8.5 分 |
| 第五章　期货投机与套利交易 | 12 分 |
| 第六章　期权 | 13 分 |
| 第七章　外汇衍生品 | 10 分 |
| 第八章　利率期货及衍生品 | 13 分 |
| 第九章　股指期货及其他权益类衍生品 | 11.5 分 |
| 第十章　期货价格分析 | 6 分 |

期货从业资格考试对知识点的考查角度多样,考查形式多变,因此,本数据仅供考生参考。

**三、考试题型解读**

“期货基础知识”科目考试共 140 道题目,题型包括单选题、多选题、判断题和综合题。

**(一)单选题**

单选题有 60 道,每道 0.5 分,共 30 分。此类题型相对较为简单,即在给出的四个选项中选出符合题目要求的唯一答案。

【例题】期货市场可对冲现货市场价格风险的原理是(　　)。

A. 期货与现货价格变动趋势相同,且临近到期日,两价格间差距变小

B. 期货与现货价格变动趋势相反,且临近到期日,两价格间差距变大

C. 期货与现货价格变动趋势相同,且临近到期日,价格波动幅度变小

D. 期货与现货价格变动趋势相同,且临近到期日,价格波动幅度变大

【答案】 A

(二)多选题

多选题有40道,每道1分,共40分,所占分值较高。相对于单选题,此类题型有一定难度,要在给出的四个选项中选出符合题目要求的选项,多选、少选、错选均不得分,这就要求考生对知识点有更准确的把握。

【例题】某企业利用大豆期货进行空头套期保值,不会出现净亏损的情形有(　　)(不计手续费等费用)。

A. 基差从120元/吔变为80元/吨　　B. 基差从-80元/吨变为80元/吨

C. 基差从-100元/吨变为-60元/吨　　D. 基差不变

【答案】 BCD

(三)判断题

判断题有20道,每道0.5分,共10分。此类题型较为简单,只要选出对或者错即可,不选、错选均不得分。

【例题】交易者可以通过买进或卖出看涨期权获得权利金价差收益。(　　)

【答案】 √

(四)综合题

综合题有20道,每道1分,共20分。此类题型难度较大,通常会出比较综合的计算类题目。在综合题的四个选项中,有一项符合题目要求,不选、错选均不得分。

【例题】4月份,某贸易商以39 000元/吨的价格从国外进口一批铜,同时以39 500元/吨的价格卖出9月份铜期货合约进行套期保值。至7月中旬,该贸易商与某电缆厂协商以9月份铜期货价格为基准价,以低于期货价格300元/吨的价格交易铜。

8月10日,电缆厂实施点价,以37 000元/吨的期货价格作为基准价,进行实物交收。同时该贸易商立刻按该期货价格将合约对冲平仓。此时铜现货价格为36 800元/吨。则该贸易商的交易结果是(　　)(不计手续费等费用)。

A. 套期保值结束时的基差为200元/吨

B. 与电缆厂实物交收的价格为36 500元/吨

C. 基差走弱200元/吨,现货市场盈利1 000元/吨

D. 通过套期保值,铜的售价相当于39 200元/吨

【答案】 D

四、命题规律分析

(一)命题角度多样化

"期货基础知识"科目的出题角度多样,包括教材中的原话挖空考查、通过具体情况对知识点进行考查、多个考点在结合出题考查、同一考点以多种形式及多种角度考查等。

对于教材原文挖空考查的题目,要求考生准确记忆教材知识,难度不大。

通过具体情况对知识点进行考查的题目比较灵活，常涉及期货相关的概念和操作方法，需要考生对考点有深刻的理解，掌握其内在含义，才能把知识点应用到具体情况中去。

多个考点在同一题目中考查的，旨在考查各考点之间的联系和区别。

对以不同形式、不同角度进行考查的，考生需要对这样的考点进行全面掌握。

**（二）计算题考查知识点集中，综合题题目相对平稳**

在考试中，“期货基础知识”科目的计算类题目占分比重相对较大，但知识点内容比较集中，考生学习时可以集中理解、练习。

近几年考试中综合题相对比较平稳，总体上变化不大，“期货基础知识”科目基本上都是综合计算类题目，大部分是往年考试真题，重复率比较高。吃透历年真题，对于综合题拿高分有至关重要的作用。

**【例题】**某日，交易者以每份0.020 0元的价格买入10张4月到期、执行价格为2.000 0元的上证50ETF看跌期权，以每份0.053 0元的价格卖出10张4月到期、执行价格为2.100 0元的同一标的看跌期权。合约到期时，标的基金价格为2.050 0元。在到期时，该交易者全部交易了结后的总损益为（　　）（该期权的合约规模为10 000份，不考虑交易费用）。

A. 盈利1 700元　　B. 亏损1 700元　　C. 盈利3 300元　　D. 亏损3 300元

【答案】 B

## 第二节 复习指导

### 一、怎么使用本书

本套书采用了双色、边栏的形式进行整体编排，与以往的单排或者双排格式有很大的不同。在书中，主要包含以下模块：

（1）目录中的“重难点索引”（如图1所示）。与一般教材的目录不同，本书的目录除了正文的正常目录之外专门增加了“重难点索引”栏，展示了每一章节考试中的重点和难点内容（大多为考试中必考知识点），方便考生查阅和复习。在时间不够充裕的情况下，考生可以通过重难点索引快速获取重要知识点信息，优先学习；在复习过程中，考生通过重难点索引，既可以明确主要复习范围，也可以快速定位到具体内容。

| 开 篇 考情分析与复习指导 | 重难点索引 |
|---|---|
| 第一节 考情分析 …… 1<br>第二节 复习指导 …… 3 | 此处显示每一章节里面的部分重难点及其页码，可以快速定位查阅。 |

图1 重难点索引

（2）本章应试分析（如图2所示）。主要介绍了章节整体知识结构、章节内容学习的难易程度、章节在考试中所占分值等。同时，也根据不同章节的特点，给出了学习建议。

**本章应试分析**

本章属于基础性章节，主要介绍了期货及衍生品市场的形成与发展，期货及衍生品的主要特征、功能和作用。在考试中，本章所占分值为4分左右，考试题型为单选题、多选题和判断题，基本不会涉及综合题。本章知识较为简单，且考点集中，考生学习时以记忆为主，可以多做练习题巩固知识点。

图2 本章应试分析

(3)本章思维导图(如图3所示)。

**本章思维导图**

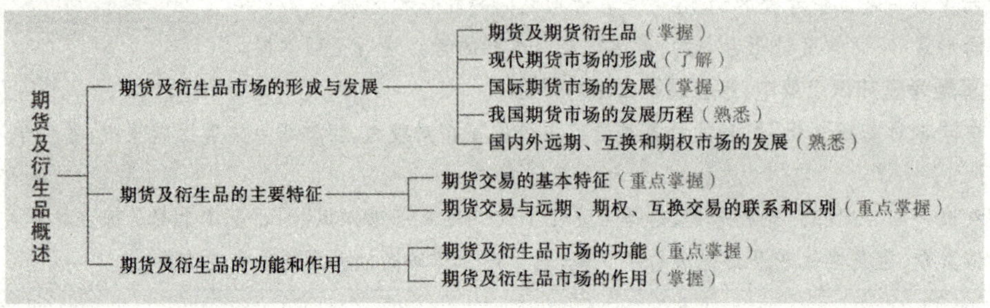


**图3　本章思维导图**

思维导图是对章节知识点脉络进行梳理,并在此基础上,将不同知识点的学习要求标注出来。一方面帮助考生建立整体的框架意识,另一方面也方便考生快速获取不同知识点的学习要求。考生在复习前期,可以根据思维导图了解主要内容和学习要求;在复习后期,可以根据学习要求选择重点复习范围。

(4)核心模块一:名师同步精讲(如图4所示)。此模块为本书核心模块之一,通过表格形式,呈现知识点的具体内容。本书定义为应试指导教材,坚持多考多讲,少考少讲,缩小考生备考范围,将主要精力放在重点学习内容上。书中的知识点讲解力求精练,如果考生想获取更多细节内容,可以扫描每节标题右侧的二维码,进入题库系统中学习更细致的内容,并观看配套视频课程。

## 第一节　期货及衍生品市场的形成与发展

随书赠送智能题库详见本书最后一页

**一、期货及期货衍生品(掌握)**

**(一)期货**

| 项　目 | 内　容 |
| --- | --- |
| 期货的概念 | 期货是指以某种大宗商品或金融资产为标的的,可以交易的标准化远期合同——期货合约。 |
| 期货合约 | (1)概念:期货合约是一种标准化合约,是由期货交易所统一制定的,规定在未来的某一特定时间和地点交割一定数量标的物的合约。①<br>(2)种类:商品期货合约、金融期货合约及其他期货合约。 |
| 期货合约中的标的物 | 标的物类型:实物商品、金融产品、相关产品。<br>(1)标的物为实物商品的,其期货合约为商品期货。<br>(2)标的物为金融产品的,其期货合约为金融期货。 |

**图4　名师同步精讲**

(5)核心模块二:名师指导(如图5所示)。本书的第二个核心模块,即为名师指导。在名师指导中,我们详细分析了每个知识点在考试中的考查概率、所占分值、命题角度等,并对一些重要的知识点进行提示和分析。

名师指导

考查概率:60%,所占分值约为0.5分。
考试题型:考查概念的题目容易出单选题和判断题,考查种类的题目容易出多选题,偶尔也会出判断题。
考查重点:期货合约、远期合约、互换的概念和种类,以及期权的种类。

图5　名师指导

(6)核心模块三:母题精选(如图6所示)。我们学习的最终检测都需要去考试做题,所以我们的学习不能脱离考试实际情况。获取考试实际情况的最快捷方式是考试真题。本书选取了大量的考试真题作为母题呈现,母题是考试中最典型的考查题型,考生通过母题练习,可以掌握考试的出题思路。在书中,考生学习完一个知识点之后,我们会根据考试情况,放置不同的母题在后面供考生练习检测。考生做完题之后,可以扫描旁边的二维码进入题库系统中,查看母题详细讲解,同时可以练习与该题同考点的子题。

母题精选

【单选题】期货合约是由(　　)统一制定的。

A.期货交易所　　B.期货公司　　C.期货业协会　　D.证监会

【答案】A　【解析】期货合约是期货交易所统一制定的、规定在将来某一特定的时间和地点交割一定数量标的物的标准化合约。期货合约包括商品期货合约、金融期货合约及其他期货合约。

母题精选　微信扫描

图6　母题精选

## 二、制订学习计划

参加期货从业资格考试的人员,可以根据自身需要报考一个或两个科目。制订详细的学习计划,对于备考可谓是事半功倍。《期货及衍生品基础》教材共10章,根据多数考生备考经验总结,现在提供一套学习计划给考生作为参考。本科目正常的复习时间约为8周。

### (一)第一阶段:基础学习和练习(5周)

在此阶段重点学习课本内容。平均每周可以学习2章的内容。在具体的学习中,考生须以课本为主,本书配套的题库系统为辅,坚持"看一节教材+看一节视频课程+做一节练习",将"看、听、练"结合起来。很多考生只看不练,或者只练不看,都是不合适的。在配套资源丰富的情况下,我们希望考生能充分利用本套教材及其配套资源进行备考。

在学完一章后,考生可以在配套的题库系统中进行检测,查漏补缺。

主要学习工具:教材、视频课程和配套题库系统。

### (二)第二阶段:综合检测(2周)

在基础学习完之后,考生对整体的课本学习内容都有了较为细致的了解,需要通过综合检测来巩固前期所有章节内容。我们主要选择配套题库系统中的"真题必练"来进行综合检测。

此外,在配套题库系统中还包含了押题试卷、模拟试卷,亦可作为重要的综合检测工具。

主要学习工具:配套题库系统。

**(三)第三阶段:考前复习巩固(1周)**

在此阶段,临近考试,我们开始进行考前复习巩固。一方面,从教材内容着手,要复习前期教材中所学的重难点知识点,可以运用“思维导图”和“重难点索引”作为参考线,将所学内容重新梳理一遍,重要的知识点进行巩固学习。另一方面,从做题着手,要充分运用配套题库系统中“错题训练”前期做错和收藏的题,将有价值的题目再次复习一遍,查漏补缺。

主要学习工具:教材和配套题库系统。

以上所提供的学习计划时间,只是为考生提供一个参考和思路。不同的人实际面临的情况都会不一样,考生可以结合自己的实际情况,制订最适合自己的学习进度。

**三、学习技巧**

**(一)学习要看、听、练结合**

我们建议考生在日常学习中,坚持“看一节教材+看一节视频课程+做一节练习”。将看书和做题结合起来,一方面没那么枯燥,另一方面也可以全面检测学习效果。另外,有些书本理论知识比较深奥难懂,听老师的视频课程,跟着老师学习,则能快速获取知识点关键信息。

本套书随书赠送视频课程,考生扫描每个章节标题右侧的二维码即可进入查看。

**(二)充分利用配套题库系统**

本书配套题库系统功能全面,包含了考点速记、章节练习、真题必练、错题训练等功能,并支持在手机、电脑、平板上操作运用。使用题库系统的好处主要是可以跟踪和记录做题数据,方便后期我们查看错题、收藏题和查看练习进度。

所有的成功都离不开有条理的计划和持之以恒的努力,祝愿每一个考生都能在求学的道路上一往直前!

备注:关于本书配套的智能考试题库系统具体介绍和使用方法请前往本书“附录二　智能考试题库系统使用指导”查看。

# 第一章　期货及衍生品概述

## 本章应试分析

本章属于基础性章节，主要介绍了期货及衍生品市场的形成与发展，期货及衍生品的主要特征、功能和作用。在考试中，本章所占分值为4分左右，考试题型为单选题、多选题和判断题，基本不会涉及综合题。本章知识较为简单，且考点集中，考生学习时以记忆为主，可以多做练习题巩固知识点。

## 本章思维导图

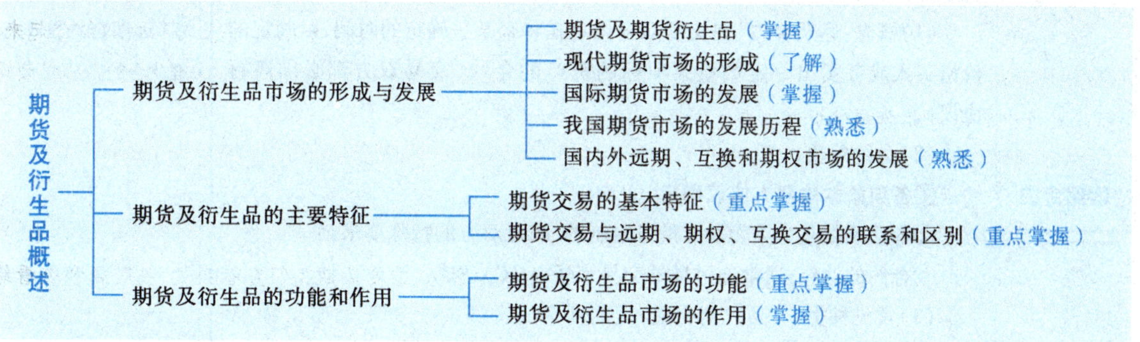


## 名师同步精讲

### 第一节　期货及衍生品市场的形成与发展

随书赠送智能题库详见本书最后一页

#### 一、期货及期货衍生品（掌握）

（一）期货

| 项　目 | 内　容 |
| --- | --- |
| 期货的概念 | 期货是指以某种大宗商品或金融资产为标的的，可以交易的标准化远期合同——期货合约。 |
| 期货合约 | （1）概念：期货合约是一种标准化合约，是由期货交易所统一制定的，规定在未来的某一特定时间和地点交割一定数量标的物的合约。① <br>（2）种类：商品期货合约、金融期货合约及其他期货合约。 |
| 期货合约中的标的物 | 标的物类型：实物商品、金融产品、相关产品。<br>（1）标的物为实物商品的，其期货合约为商品期货。<br>（2）标的物为金融产品的，其期货合约为金融期货。 |

名师指导

**考查概率**：60%，所占分值约为0.5分。

**考试题型**：考查概念的题目容易出单选题和判断题，考查种类的题目容易出多选题，偶尔也会出判断题。

**考查重点**：期货合约、远期合约、互换的概念和种类，以及期权的种类。

①商品期货合约、金融期货合约、其他期货合约是根据期货合约标的物进行的分类。

## 母题精选

【单选题】期货合约是由(　　)统一制定的。

A. 期货交易所　　B. 期货公司　　C. 期货业协会　　D. 证监会

【答案】A 【解析】期货合约是期货交易所统一制定的、规定在将来某一特定的时间和地点交割一定数量标的物的标准化合约。期货合约包括商品期货合约、金融期货合约及其他期货合约。

(二)期货相关衍生品

| 项　目 | 内　容 |
| --- | --- |
| 远期合约 | (1)概念:远期合约[①]是交易双方约定在将来某一确定的时间,以确定的价格买入或者卖出一定数量某项标的资产的合约(交易双方都必须履行协议)。<br>(2)合约条款。<br>①各项条款由双方协议确定。<br>②各项条款是为买卖双方量身定制的,满足双方的特殊要求。<br>③合约的达成:通常通过场外交易市场(OTC)达成。<br>(3)常见种类:商品远期交易、远期利率协议(FRA)、外汇远期交易、无本金交割外汇远期交易(NDF)等。 |
| 互换 | (1)互换是指两个或两个以上当事人在约定的时间内,按照商定的条件交换一系列现金流的合约(互换可以看作是一系列远期的组合[②])。<br>(2)种类[③]:利率互换、货币互换、商品互换、股权类互换、远期互换等。利率互换和货币互换是最常见也最重要的互换种类。 |
| 期权 | (1)概念:期权是买方能够在将来特定的时间或者一段时间里按照事先约定的价格买入或者卖出某种约定标的物的权利。<br>(2)买方(或持有者)的权利[④]有以下两项。<br>①购买或出售标的资产的权利:在规定的时间里根据市场的状况,选择买或者不买,卖或者不卖标的资产的权利。<br>②买方可以行使其权利,也可以放弃不行使其权利。<br>(3)卖出者的义务:买方行使权利时,卖方必须按照指定的价格买入或者卖出。<br>(4)交易合约。<br>①在交易所交易的:标准化的合约。<br>②场外交易市场(OTC)交易的:交易双方协商确定的,能够满足交易双方特殊要求的非标准化合约。<br>(5)种类[⑤]:利率期权、外汇期权、股权类期权和商品期权等。 |

[①]远期合约是非标准化合约。

[②]远期合约可以看成仅交换一次现金流的互换。

[③]互换的种类容易出多项选择题。

[④]期权的买方既可以买入也可以卖出约定标的物的权利。

[⑤]考试时,期权的种类容易出多选题。

## 母题精选

【多选题】常见的远期交易包括(　　)。

A. 商品远期交易　　B. 远期利率协议

C. 外汇远期交易　　D. 无本金交割外汇远期交易

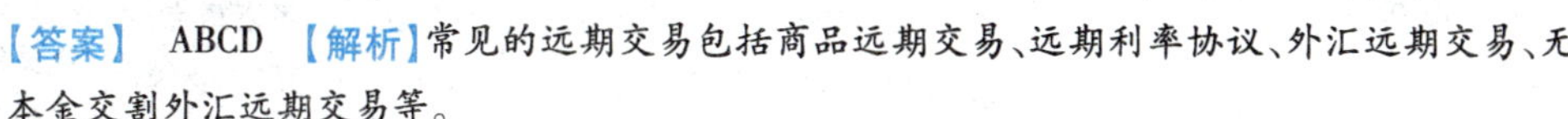

【答案】ABCD　【解析】常见的远期交易包括商品远期交易、远期利率协议、外汇远期交易、无本金交割外汇远期交易等。

### 二、现代期货市场的形成(了解)

| 项　目 | 内　容 |
|---|---|
| 期货市场的产生 | (1)期货交易最早萌芽于欧洲。<br>①时期:古希腊和古罗马时期。<br>②出现了集中的交易场所和大宗易货交易,在确定的时间和地点开展交易。<br>(2)期货交易萌芽于远期交易:远期现货交易的集中化和组织化为期货交易的产生和期货市场的形成奠定了基础。 |
| 现代期货交易的演进过程 | (1)规范的现代期货市场的产生时间:19世纪中期产生于美国芝加哥。<br>(2)芝加哥期货交易所(CBOT)的成立(世界上第一家较为规范的期货交易所):1848年,由82位粮食商人在芝加哥发起组建。<br>(3)芝加哥期货交易所成立之初,采用的交易方式为远期合同交易。<br>(4)1865年,芝加哥期货交易所推出标准化合约,实行保证金制度,向签约双方收取不超过合约价值10%的保证金,作为履约保证。<br>(5)交易所在1882年允许以对冲方式免除履约责任,促进了投机者的加入,大大增加了期货市场的流动性。<br>(6)1925年,芝加哥期货交易所结算公司(BOTCC)成立,芝加哥期货交易所所有交易都进入结算公司结算,现代意义上的结算机构形成。<br>(7)标准化合约、保证金制度、对冲机制以及统一结算的实施,标志着现代期货市场的确立。 |

考查概率:较低,所占分值最多为0.5分。考试题型:多以单选题形式出现,偶尔会出多选题和判断题。考查重点:现代期货交易的形成中的标志性事件。

考生在学习时,需要理解记忆现代期货交易的形成阶段各标志性事件及其时间,考试时容易出单选题。第(7)点容易出多选题。

## 母题精选

【单选题】1882年,CBOT允许(　　),大大增加了期货市场的流动性。

A. 全权会员代理非会员交易　　B. 结算公司介入

C. 会员入场交易　　D. 以对冲的方式了结持仓

【答案】D　【解析】交易所在1882年允许以对冲方式免除履约责任,促进了投机者的加入,大大增加了期货市场的流动性。

## 三、国际期货市场的发展(掌握)

国际期货市场的发展过程主要是由商品期货到金融期货。

### (一)商品期货

| 项　目 | 内　容 |
|---|---|
| 农产品期货 | 主要包括小麦、玉米、大豆等谷物,棉花、咖啡、可可等经济作物,黄油、鸡蛋、活牛、猪腩等畜禽产品,木材、天然橡胶等林产品期货。 |
| 金属期货[①] | (1)金属期货交易最早诞生于英国。<br>(2)伦敦金属交易所(LME)于1876年成立,最早开始金属期货交易,主要从事铜和锡的期货交易。目前已推出了铜、铝、铅、锌、镍和铝合金、白银等金属品种。<br>(3)美国的金属期货:1933年纽约商品交易所(COMEX)成立,隶属于芝加哥商业交易所集团,由经营皮革、生丝、橡胶和金属的交易所合并而成,交易品种有黄金、白银、铜、铝等。 |
| 能源化工期货 | (1)20世纪70年代初,石油危机时油价的剧烈波动导致了能源期货的产生。<br>(2)世界上最具影响力的能源期货交易所是纽约商业交易所(NYMEX)和位于伦敦的洲际交易所(ICE),其上市的品种有原油、汽油、取暖油、乙醇等。 |

考查概率:60%,所占分值约为0.5分。
考试题型:多以单选题形式出现,偶尔会出多选题和判断题。
考查重点:各类商品期货的种类。

[①] 商品期货的3种类型中,考试时金属期货考查的概率较大,尤其是金属期货内容的第(2)点,容易出单选题。

**母题精选**

【多选题】农产品期货是以农产品为标的物的,下列可以作为农产品期货标的物的是(　　)。

A. 天然气　　B. 棉花　　C. 钢材　　D. 活牛

【答案】BD 【解析】农产品期货的标的物包括小麦、玉米、大豆、豆油、豆粕、棕榈油、棉花、白糖、咖啡、可可、生猪、活牛、天然橡胶等。选项A属于能源化工期货的标的物,选项C属于金属期货的标的物。

### (二)金融期货

**1. 金融期货的产生背景**

布雷顿森林体系的解体,浮动汇率制取代了固定汇率制,利率管制等金融管制政策逐渐取消;经济形势的剧烈变化,汇率、利率的大幅波动,促使人们运用金融期货规避风险。

**2. 金融期货的发展**

| 项　目 | 内　容 |
|---|---|
| 外汇期货 | (1)芝加哥商业交易所(CME)于1972年5月设立了国际货币市场分部(IMM),第一次推出了包括英镑、法国法郎、加元、日元、西德马克和瑞士法郎等外汇期货合约。<br>(2)种类:欧元/美元、日元/美元、澳元/美元、英镑/美元、加元/美元等。 |

考生在学习时需要理解和记忆金融期货各品种发展的时间、地点以及具体期货合约的名称,考试时容易出单选题进行考查。

续　表

| 项　目 | 内　容 |
| --- | --- |
| 利率期货 | (1)世界上第一个利率期货合约:1975 年 10 月,芝加哥期货交易所上市的国民抵押协会债券(GNMA)期货合约。[①]<br>(2)国际期货市场上交易量较大的金融期货合约:1977 年 8 月,芝加哥期货交易所上市的美国长期国债期货合约。<br>(3)种类:3 个月期欧洲美元期货,3 个月期欧洲银行间欧元利率期货,5 年期、10 年期和长期国债期货等。 |
| 股指期货 | (1)美国堪萨斯期货交易所(KCBT)在 1982 年 2 月开发出了价值线综合指数期货合约。<br>(2)种类:标准普尔 500 指数期货、英国金融时报 100 指数期货、日经 225 指数期货、香港恒生指数期货等。 |
| 股票期货 | (1)1995 年,中国香港开始个股期货试点。<br>(2)种类:个股期货、25 只全球性股票期货等。 |

[①]世界上第一个利率期货合约是在芝加哥期货交易所上市的,注意与芝加哥商业交易所进行区分。

**3. 金融期货的地位**

金融期货在国际期货市场上占据主导地位,对世界经济产生了深远影响。

## 母 题 精 选

【单选题】金融期货经历的发展历程可以归纳为(　　)。

A. 股指期货—利率期货—外汇期货—股票期货

B. 外汇期货—股指期货—利率期货—股票期货

C. 外汇期货—利率期货—股指期货—股票期货

D. 利率期货—外汇期货—股指期货—股票期货

【答案】 C 【解析】金融期货经历了外汇期货—利率期货—股指期货—股票期货的发展历程。

### (三)国际期货市场的发展的特点

(1)交易中心日益集中(主要集中在芝加哥、纽约、伦敦、法兰克福等地)。

(2)交易所组织形式由会员制向公司制发展(更加规范,约束力加大,效率提高)。如瑞典斯德哥尔摩证券交易所(1993 年改制、全球第一家股份制期货交易所)、中国香港证券交易所和期货交易所、中国香港交易及结算所有限公司、芝加哥商业交易所(美国第一家公司制交易所)、纽约—泛欧交易所集团(第一家合并的交易所集团)。

(3)交易所有明显的兼并重组趋势。

①芝加哥期货交易所(CBOT)和芝加哥商业交易所(CME)于 2007 年合并成立芝加哥商业交易所集团,2008 年纽约商业交易所(NYMEX)和纽约商品交易所(COMEX)加入,基本统一的芝加哥期货市场形成。

②2006 年 6 月,纽约证券交易所集团与泛欧交易所达成合作协议,组成第一家横跨大西洋的纽交所——泛欧交易所集团。

(4)金融期货发展后来居上。

(5)交易所竞争加剧,服务质量不断提高。

## 四、我国期货市场的发展历程(熟悉)

考查概率:较低,所占分值最多为0.5分。
考试题型:主要以单选题形式出现。
考查重点:我国期货市场发展的各阶段标志性事件。

| 阶段 | 内容 |
| --- | --- |
| 初创阶段(1990—1993年) | (1)我国期货商品市场的起步:经国务院批准,1990年10月12日,郑州粮食批发市场以现货交易为基础,引入了期货交易机制。<br>(2)我国第一家期货经纪公司成立:广东万通期货经纪公司于1992年9月成立。 |
| 治理整顿阶段(1993—2000年) | (1)第一次清理整顿(1993年11月开始):期货交易所由50多家缩减为15家;期货品种减少到35个。<br>(2)第二次清理整顿(1998年8月开始):期货交易所由15家缩减为3家(上海期货交易所、大连商品交易所、郑州商品交易所);期货的品种减少到12个(上海期货交易所的品种:铜、铝、胶合板、天然橡胶、籼米;大连商品交易所:大豆、豆粕、啤酒大麦;郑州商品交易所:小麦、绿豆、红小豆、花生仁);对期货代理机构也进行了清理整顿。<br>(3)期货经纪公司最低注册资本金变动:1999年提高到3 000万元人民币。<br>(4)中国期货业协会于2000年12月成立,中国期货行业自律管理组织的诞生将新的自律机制引入监管体系。 |
| 规范发展阶段(2000—2010年) | 2006年5月,中国期货保证金监控中心成立,保证金监控中心是期货保证金安全存管机构,发挥着降低保证金被挪用的风险、保证期货交易资金安全以及维护投资者利益的作用。 |
| 全面发展阶段(2010年至今) | (1)国内期货及衍生品市场从期货到期权、从场内交易到场外交易、从境内市场到境外市场进入全面发展阶段。<br>(2)2010年4月,中国金融期货交易所推出了沪深300股票指数期货,标志着中国期货市场进入了商品期货与金融期货共同发展的新阶段。<br>(3)在期货公司业务方面,相继推出了期货投资咨询业务、资产管理业务和风险管理业务,开始试点境外期货经纪业务,发展场外期权业务(期货+保险)。<br>(4)发布促进国内外衍生品市场发展的法律文件。<br>(5)相继推出上证50ETF期权交易及商品期权交易。[①] |

[①]2015年2月9日,上海证券交易所推出上证50ETF期权交易,2017年3月31日和4月19日,大连商品交易所和郑州商品交易所分别推出豆粕和白糖期权交易。

## 五、国内外远期、互换和期权市场的发展(熟悉)

考查概率:较低,所占分值最多为0.5分。
考试题型:主要以多选题形式出现。
考查重点:国内外远期、互换和期权市场发展的标志性事件。

### (一)远期市场

| 项目 | 内容 |
| --- | --- |
| 国际发展 | (1)欧洲的远期交易萌芽于古希腊和古罗马时期;19世纪70年代,第一个外汇远期市场出现在维也纳,真正兴起于布雷顿森林体系结束后;1973年,外汇远期合约出现。<br>(2)远期的连续交易、单次大量交易、可选择交易伙伴等特性使得某些商品远期十分活跃。 |

续 表

| 项　目 | 内　容 |
| --- | --- |
| 国内发展 | (1)中国银行于1997年开始进行远期结售汇试点。<br>(2)四大国有商业银行于2003年全面展开远期结售汇业务。<br>(3)2005年人民币汇率机制改革后,中国人民银行正式建立人民币远期市场;2007年正式推出人民币远期利率协议。<br>(4)受2008年金融危机的影响,我国适时建立上海清算所,为场外市场提供结算服务。目前,上海清算所已经推出了外汇远期、人民币远期运费协议等远期合约。 |

(二)互换市场[1]

| 项　目 | 内　容 |
| --- | --- |
| 国际发展 | (1)世界上第一份利率互换协议:1981年IBM与世界银行之间在伦敦签署的利率互换协议。<br>(2)很多国际金融机构引入做市商制度,作为交易双方的对手方,为互换市场增加了很大的流动性。<br>(3)1985年,国际互换商协会(ISDA)成立(1993年更名为国际互换与衍生品协会),制定了互换交易的行业标准、协议范本和定义文件等。 |
| 国内发展 | (1)货币互换:2005年11月25日,中国人民银行在银行间外汇市场与10家商业银行(包括4家国有银行)首次进行了美元与人民币1年期货币掉期业务操作,标志着中国人民银行与商业银行之间的货币掉期业务正式展开。现阶段银行间远期外汇市场已经开展了美元、欧元、日元、港币、英镑、澳元兑人民币的货币掉期业务。<br>(2)利率互换:2006年,开展了利率互换试点,国家开发银行与光大银行进行了第一笔利率互换交易。<br>(3)股票互换:2013年1月,中国证监会批准光大证券以场外交易形式开展金融衍生品交易。 |

(三)期权市场

| 项　目 | 内　容 |
| --- | --- |
| 国际发展 | (1)期权萌芽于古希腊和古罗马时期,最早的期权交易产生于17世纪30年代的"荷兰郁金香"时期。<br>(2)1973年,芝加哥期权交易所(CBOE)[2]建立,推出了第一张标准化期权合约。<br>(3)芝加哥期货交易所,于1982年推出以长期国债期货为标的物的期权交易,1984—1986年陆续推出大豆、玉米、小麦等品种的期货期权。<br>(4)1983年,芝加哥商品交易所推出S&P500股价指数期权。 |

[1] 互换市场的国际与国内发展在考试时考查不多,最多出1道单选题,考生学习时多注意正文中的标色部分。

[2] 考生学习时需要记住国际上几个大的交易所的简写,如CBOT、CBOE、CME等,考试中会涉及。

续 表

| 项 目 | 内 容 |
| --- | --- |
| 国际发展 | (5)全球有影响的期权市场:韩国期货交易所(KOFEX)、芝加哥期权交易所(CBOE)、欧洲交易所、纽约泛欧交易所等。 |
| 国内发展 | (1)中国期权交易的第一步:2002年12月12日,中国人民银行批准中国银行上海分行推出个人外汇期权交易“两得宝”。<br>(2)2011年11月,外汇管理局规定,客户可以同时买入和卖出期权形成外汇看跌期权风险逆转期权组合和外汇看涨风险逆转期权组合。<br>(3)中国衍生品市场产品创新的新篇章:2015年2月9日,上证50ETF期权正式在上海证券交易所挂牌上市。 |

考生需要注意区分芝加哥期权交易所、芝加哥期货交易所以及芝加哥商品交易所,考试时可能会出判断题和单选题。全球有影响的期权市场可能会出多选题。

## 母题精选

【多选题】目前全球有影响的期权市场有(　　)。

A. 韩国期货交易所(KOFEX)　　B. CBOE

C. 欧洲交易所　　D. 纽约泛欧交易所

【答案】 ABCD 【解析】目前全球有影响的期权市场有韩国期货交易所(KOFEX)、CBOE、欧洲交易所、纽约泛欧交易所等。

# 第二节　期货及衍生品的主要特征

## 一、期货交易的基本特征(重点掌握)

考查概率:100%,所占分值为0.5~1分。

考试题型:主要以多选题形式出现,单选题和判断题也经常出现。

考查重点:期货交易的6项基本特征。

### (一)期货交易的概念

期货交易是商流与物流分离的极端形式,指在交易所内或者通过交易所的交易系统进行的标准化远期合同(期货合约)的买卖交易。

### (二)期货交易的基本特征

| 特 征 | 内 容 |
| --- | --- |
| 合约标准化 | (1)标的物的数量、规格、交割时间、地点等都是既定的,是期货交易所按照一定的规则统一制定的。<br>(2)合约标准化使得交易双方不需要事先协商具体的交易条款,提高了交易的效率,节约了交易的成本,增加了市场的流动性。 |
| 场内集中竞价交易 | (1)期货交易实行场内交易(即所有的买卖指令都必须在交易所内进行集中竞价成交)。<br>(2)在场内交易的都是交易所的会员,其他交易者只能通过委托交易所会员代理其进行期货交易。 |

续 表

| 特 征 | 内 容 |
|---|---|
| 保证金交易（杠杆交易） | (1)期货交易所实行保证金交易制度，即交易者买卖期货合约时需要缴纳一定比率的保证金作为履约保证，才能进行保证金数倍的交易。<br>(2)期货交易保证金的比率通常为5%～15%。<br>(3)保证金交易是一种以小博大的交易，使得期货交易具有高风险和高收益的特征。保证金的比率越低，风险就越大，高收益的特征也就越明显。 |
| 双向交易 | (1)期货交易采用双向交易的方式，即交易者既可以买入建仓（买入期货合约开始交易，也称买空），也可以卖出建仓（卖出期货合约开始交易，也称卖空[①]）。<br>(2)双向交易的操作：①买空：期货价格上升时，低买高卖。②卖空：期货价格下降时，高卖低买。 |
| 对冲了结 | (1)交易者在期货市场建仓后，大多是通过对冲了结结束交易，而不是通过交割（交收现货）。<br>(2)对冲了结的操作。<br>①买空（即交易者买入建仓的）：卖出同一期货合约解除履约责任。<br>②卖空（即交易者卖出建仓的）：买入同一期货合约解除履约责任。<br>(3)优点：不用通过交割结束期货交易，提高了期货市场的流动性。 |
| 当日无负债结算（逐日盯市） | (1)当日无负债结算的具体操作：在每日的交易结束以后，结算部门按照当日结算价结算交易者所有期货合约的盈亏、交易保证金、手续费、税金等，对应收应付款项实行净额一次性划转，相应增加或者减少保证金的金额。<br>(2)若交易者的保证金余额低于规定的标准，交易者必须在结算机构规定的时间内向账户中追加保证金，做到当日无负债。<br>(3)作用：防范风险，保障期货市场的正常运转。 |

[①]不管是买空还是卖空，都是在价格低的时候买，价格高的时候卖。

本书第三章第二节“期货市场基本制度”中“当日无负债结算制度”与此处的内容有相同之处，考生可以结合起来进行学习。期货交易的基本特征容易出多项选择题。

## 母题精选

**【单选题】**下列关于期货交易的基本特征的说法，错误的是（　　）。

A. 期货交易允许投资者通过先卖后买来获利

B. 一般投资者可以进入期货交易所进行期货交易

C. 商品期货交易实现了商流与物流的分离

D. 期货合约是由交易所统一制定的标准化合约

**【答案】** B **【解析】**在场内交易的都是交易所的会员，其他交易者只能通过委托交易所会员代理其进行期货交易，选项B错误。

【单选题】看涨期权的卖方想对冲了结其合约,应(　　)。

A. 买入相同期限、合约月份和执行价格的看涨期权

B. 卖出相同期限、合约月份和执行价格的看涨期权

C. 买入相同期限、合约月份和执行价格的看跌期权

D. 卖出相同期限、合约月份和执行价格的看跌期权

【答案】 A 【解析】交易者在期货市场建仓后,大多并不是通过交割(即交收现货)来结束交易,而是通过对冲了结。买入建仓后,可以通过卖出同一期货合约来解除履约责任;卖出建仓后,可以通过买入同一期货合约来解除履约责任。故本题选A。

## 二、期货交易与远期、期权、互换交易的联系和区别(重点掌握)

### (一)期货交易和远期交易的联系与区别

远期交易是指买卖双方签订远期合同,规定在未来的某一确定的时间进行实物交收的交易方式。

**1. 期货交易和远期交易的联系**

(1)远期交易进行的是未来生产的、现在尚未出现在市场上的商品的交易。其本质上是现货交易,是现货交易在时间上的延伸。

(2)期货交易与远期交易都是买卖双方约定在未来的某一特定时间,按照约定的价格买卖一定数量的商品。

(3)远期交易是期货交易的雏形,也是期货发展的基础,期货是在远期交易的基础上发展起来的。[①]

**2. 期货交易和远期交易[②]的区别**

| 区　别 | 内　容 |
| --- | --- |
| 交易对象不同 | (1)期货交易的对象:交易所统一制定的标准化期货合约,且交易品种有限。<br>(2)远期交易的对象:交易双方协商达成的非标准化合同,且交易商品没有限制。 |
| 功能作用不同 | (1)期货交易的功能:价格发现、规避风险。<br>(2)远期交易的功能:可以在一定程度上调节供求关系、减少价格的波动,但远期合同流动性的不足,限制了其分散风险的作用以及价格的权威性。 |
| 履约方式不同 | (1)期货交易的履约方式:实物交割和对冲平仓。使用实物交割方式的很少,大部分都是对冲平仓了结。<br>(2)远期交易的履约方式:实物交收。尽管也可以采用背书转让的方式,但是最终的履约方式还是实物交收。 |
| 信用风险不同 | (1)期货交易的信用风险:较小。因为有保证金制度和当日无负债结算制度做保障。 |

考查概率:100%,所占分值为0.5~1.5分。

**考试题型:**主要以单选题形式出现,多选题和判断题较少。

**考查重点:**期货交易与远期、期权、互换交易的联系和区别。

①按照发展的先后顺序:现货交易—远期交易—期货交易。远期是现货的延伸,期货是远期的延伸。

②考生在学习时注意与本章第一节"期货相关衍生品"中的期货和远期进行区分,第一节中的远期是指远期合约,期货也是指标准化的期货合约。此处说的是远期交易与期货交易,是交易方式的区别。

续 表

| 区 别 | 内 容 |
| --- | --- |
| 信用风险不同 | (2)远期交易的信用风险:较高。由于从远期交易的达成到实物交收中间相隔的时间较长,有很多的因素会导致交易不能完成,如买方的资金、卖方的生产、市场价格上涨与下跌等。 |
| 保证金制度不同 | (1)期货交易的保证金制度:按照合约价值的一定比率(一般是5%~15%)向买卖双方收取保证金。<br>(2)远期交易的保证金制度:是否收取保证金或者收取多少保证金均由交易双方商定。 |

## 母题精选

【单选题】下列关于远期交易与期货交易的描述,正确的是(    )。

A. 期货交易与远期交易通常都以对冲平仓方式了结

B. 远期价格比期货价格权威性差

C. 期货交易和远期交易信用风险相同

D. 远期交易是在期货交易的基础上发展起来的

【答案】 B 【解析】选项A,期货交易的履约方式有实物交割与对冲平仓两种履约方式,大部分都是对冲平仓了结;远期交易的履约方式主要采用实物交收方式。选项B,期货价格是在交易所组织的公开市场通过电子撮合成交,价格具有公开性和权威性;远期合同的流动性不足,限制了其价格的权威性和分散风险的作用。选项C,在期货交易中,以保证金制度为基础,实行当日无负债结算制度,每日进行结算,信用风险较小;远期交易具有较高的信用风险。选项D,期货交易是在远期交易的基础上发展起来的。

### (二)期货交易和期权交易的联系与区别

#### 1. 期货交易和期权交易的联系

(1)期货交易与期权交易的交易对象的联系:期货合约和场内期权合约都是场内交易的标准化合约,都可以进行双向操作,且都是由结算所统一结算的。

(2)场内期权中的期货期权与期货的联系:期货期权是期权和期货的有机结合。期货期权是未来买卖一定数量期货合约的权利。

(3)期货交易是期货期权交易的基础,期货市场与期权市场相互影响:期货市场会影响期权市场,期货市场越发达,期权市场就越成熟;期权市场也会影响期货市场,期权市场的繁荣和发展扩大和丰富了期货市场的交易内容。

#### 2. 期货交易和期权交易的区别

| 项 目 | 内 容 |
| --- | --- |
| 交易对象不同 | (1)期货交易的对象:可转让的标准化合约,合约的标的物是实物商品或者金融工具。<br>(2)期权交易的对象:未来买卖某种资产的权利,标的物包括商品、金融工具和其他衍生品合约。 |

续 表

| 项 目 | 内 容 |
|---|---|
| 权利和义务的对称性不同 | (1)期货交易:期货交易双方都需要承担合约到期交割的义务,若不愿意实际交割,则必须在有效期内对冲。<br>(2)期权交易。<br>①期权买方:在支付权利金后获得了选择权,可以执行,也可以选择放弃执行而不必承担义务。<br>②期权卖方:有义务在买方执行权利时,按照约定买入或者卖出标的资产。 |
| 保证金制度不同 | (1)期货交易:买卖双方都应缴纳保证金。<br>(2)期权交易:买方向卖方支付权利金,不需要缴纳保证金;卖方需要缴纳保证金以表明其有能力履行期货合约。 |
| 盈亏特点不同 | (1)期货交易:交易盈亏具有对称性,且盈亏曲线是线性的。<br>(2)期权交易。<br>①买方的收益随市场价格的变化而波动的可能性很大,其亏损只限于其支付的权利金。<br>②卖方的收益最高不超过其出售期权的权利金,亏损则可能很大。 |
| 了结方式不同 | (1)期货交易:对冲平仓和实物交割方式,大多以对冲平仓方式了结。<br>(2)期权交易:对冲了结、行使权利、持有到期放弃权利。 |

## 母题精选

【单选题】下面关于期权交易的说法,正确的是(    )。

A. 期权头寸了结方式包括对冲平仓和行权了结

B. 期权交易的开仓与期货交易不同

C. 期权交易的了结方式与期货有不同

D. 以上说法都不正确

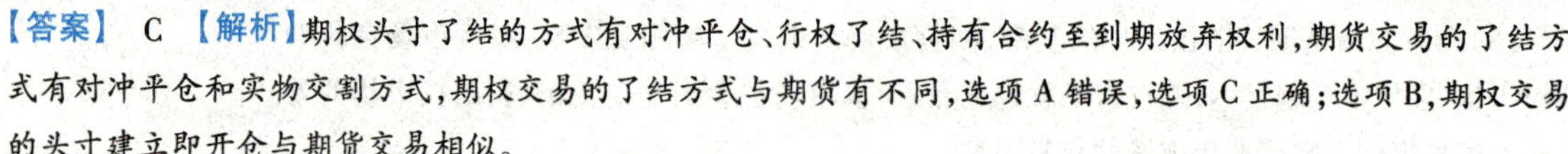
【答案】 C 【解析】期权头寸了结的方式有对冲平仓、行权了结、持有合约至到期放弃权利,期货交易的了结方式有对冲平仓和实物交割方式,期权交易的了结方式与期货有不同,选项A错误,选项C正确;选项B,期权交易的头寸建立即开仓与期货交易相似。

(三)期货交易和互换交易的联系与区别

**1. 期货交易与互换交易的联系**

远期合约是期货和互换的基础,期货和互换是对远期合约在不同方面创新后的衍生工具。

2. 期货交易与互换交易的区别

| 项　目 | 内　容 |
| --- | --- |
| 交易对象标准化的程度不同 | (1)期货交易:交易对象是期货交易所统一制定的标准化合约,唯一的变量是价格,交易双方不用商谈合约条款。<br>(2)互换交易[①]:交易对象是双方私下协商达成的非标准化合同,合同的标的物、标的物数量、质量、等级等均由双方协商确定。 |
| 成交方式不同 | (1)期货交易:在交易所组织的公开市场通过电子撮合成交,价格具有公开性和权威性。<br>(2)互换交易:交易场所和交易时间不固定,可以在银行间市场或者柜台市场交易商之间进行,也可以与最终客户直接进行交易,成交方式主要是以人工询价的方式撮合成交。 |
| 合约双方的关系不同 | (1)期货交易:期货结算机构是所有买方的卖方、所有卖方的买方,交易者只需要和交易所完成交易即可,市场信息成本低。<br>(2)互换交易:交易双方直接签订互换协议,违约风险取决于对手的信用,所以签约前交易双方会详细了解对方的信用和实力。 |

①互换交易的对象是个性化的非标准化合同。

## 第三节　期货及衍生品的功能和作用

### 一、期货及衍生品市场的功能(重点掌握)

考查概率:100%,所占分值为0.5~1.5分。
考试题型:主要以单选题形式出现。
考查重点:规避风险功能和价格发现功能。

(一)规避风险的功能

| 项　目 | 内　容 |
| --- | --- |
| 风险规避的实现过程 | (1)风险规避功能的实现手段:套期保值。<br>(2)套期保值实现风险规避的过程:套期保值者在期货市场上买入或者卖出与现货数量相等但方向相反的期货合约,在将来的某一时间卖出或者买入期货合约对冲平仓,在期货和现货市场上建立盈亏冲抵机制,实现期货市场和现货市场盈亏的大致相抵,从而规避风险。 |
| 规避风险的原理 | (1)对于期货市场和现货市场都存在的同一种商品,影响其价格的经济因素和制约条件都是一样的,通常两个市场的价格变动趋势相同,且随着交割日期的临近,现货市场和期货市场的价格会趋于一致。<br>(2)套期保值就是利用现货市场和期货市场价格的特征,在期货市场上做与现货市场相反的交易,建立一种相互冲抵机制,无论价格如何变动,都能够在一个市场亏损的同时在另一个市场上获利,使得亏损和盈利相互冲抵,将价格变动的风险转移出去,起到规避风险的作用。 |

续 表

| 项 目 | 内 容 |
| --- | --- |
| 套期保值的实现需要投机者的参与（套期保值实现条件） | (1)通过套期保值规避风险并不是将风险消除，而是将风险转移出去，转移出去的风险承担者就是期货投机者。[①]<br>(2)只有套期保值者存在的期货市场的流动性很差，套期保值者的积极性也很低，投机者在客观上为套期保值的实现创造了条件。<br>(3)投机者是期货市场的风险承担者，他们在获取投机利润的同时也承担了相应价格波动的风险。 |

①注意，投机者转移并承担了风险，而不是消灭风险。

## 母题精选

【多选题】下列关于期货市场上通过套期保值规避风险的原理的说法中，正确的有（　　）。

A. 一般情况下，期货市场和现货市场的价格变动趋势相同

B. 期货价格和现货价格随着期货合约临近交割趋于一致

C. 生产经营者通过套期保值来规避风险，并最终消灭风险

D. 期货投机者是期货市场的风险承担者

母题精选 微信扫描

【答案】 ABD 【解析】生产经营者通过套期保值来规避风险，但套期保值并不是消灭风险，而只是将其转移出去，转移出去的风险需要有相应的承担者，期货投机者正是期货市场的风险承担者。

### （二）价格发现的功能

**1. 价格发现功能的概述**

(1)概念：价格发现的功能是期货市场能够预测将来现货价格的变动，发现将来的现货价格。

(2)期货的价格可以作为将来某一时间现货价格变动的"晴雨表"。

**2. 具有价格发现功能的原因**[②]

②具有价格发现功能的原因易出多项选择题。

(1)期货交易的参与者众多可以代表供求双方的力量，有助于公平价格的形成。

(2)期货交易中的参与者大多为专业人士，他们有各自的信息、经验、方法，所报出的期货价格反映了大多数人的预测，比较能代表供求变动趋势。

(3)期货交易具有公开化、公平化、透明度高的特点，有助于公平价格的形成。

**3. 价格发现的特点**

| 项 目 | 内 容 |
| --- | --- |
| 预期性 | 期货价格能够对未来供求关系以及价格变化的趋势进行预测。[③] |
| 连续性 | 期货价格能够连续不断地反映供求关系及其变化趋势。<br>(1)期货交易买卖的是期货合约，实物交割的很少，大多是利用期货合约做套期保值或者投机交易，所以在开仓买入或者卖出后，需要再卖出或者买入相同数量的期货合约。<br>(2)期货合约是标准化合约，转让方便，流通性高，买卖频繁，可以连续不断地产生期货价格。 |

③现货商的现货定价参考公式：现货价格＝期货价格＋升贴水＋运费。

续 表

| 项 目 | 内 容 |
| --- | --- |
| 公开性 | 期货价格是在交易所内通过公开竞争达成的，且会及时向会员报告并向社会公布。 |
| 权威性 | 期货价格具有预期性、连续性、公开性，能够真实地反映供求及价格变动趋势。 |

## 母 题 精 选

【单选题】某公司向一家糖厂购入白糖，成交价以郑州商品交易所的白糖期货价格作为依据，这体现了期货交易的(　　)功能。

A. 价格发现　　B. 资源配置　　C. 对冲风险　　D. 成本锁定

【答案】 A 【解析】价格发现的功能是指期货市场能够预期未来现货价格的变动，发现未来的现货价格。期货价格可以作为未来某一时期现货价格变动趋势的"晴雨表"。价格发现不是期货市场所特有的，只是期货市场比其他市场具有更高的价格发现效率。这是由期货市场的特征决定的。

### (三)资产配置的功能

**1. 具有资产配置功能的原因**

(1)期货能够对冲其他资产的风险，对资产进行保护。

(2)杠杆机制和保证金制度使得投资期货更加便捷和灵活，期货市场虽然风险较大，但是同时能够获取高额的收益。

**2. 资产配置的原理**

(1)期货能够以套期保值的方式对冲现货资产或投资组合的风险，从而帮助其降低风险、稳定收益。

(2)商品期货是良好的保值工具。期货价格会随着投资者的通胀预期而水涨船高，所以持有商品期货合约能够在一定程度上抵消通货膨胀的影响。尤其是贵金属期货，能够以较低的成本为投资者实现资产保值。

(3)在投资组合中加入期货能够优化"风险—收益"组合。

## 二、期货及衍生品市场的作用(掌握)

考查概率：60%，所占分值约为0.5分。

考试题型：主要以单选题形式考查，多选题和判断题也偶有出现。

考查重点：期货市场在宏观经济和微观经济中的作用。

期货及衍生品市场在宏观、微观经济中的作用，不需要深入学习，只需掌握要点，易考多项选择题。

### (一)期货市场在宏观经济中的作用

(1)提供了分散、转移价格风险的工具，有利于减缓价格波动的不利影响，稳定国民经济。

(2)为政府宏观经济政策的制定提供参考依据。期货具有价格发现的功能，对未来一段时间的价格变化趋势有预测性，能够为政府的宏观经济政策的制定提供参考依据。

(3)能够促进本国经济的国际化，将国内、国际两个市场联系起来。

(4)有助于市场经济体系的完善。建立由现货市场和期货市场共同构成的现代市场体系，能够真正发挥市场机构的全面的基础性调节作用。同时，期货市场的形成和高效、安全运行大大增强了金融市场与商品市场的关联度，提高了市场体系的运行效率，降低了市场交易成本，提高了市场机制优化经济资源配置的能力。

### (二)期货市场在微观经济中的作用

(1)能够规避现货价格风险，锁定生产成本，实现预期利润，保证生产活动的平稳进行。

(2)利用期货价格信号,组织安排现货生产。期货市场具有价格发现功能,对未来一段时间现货商品未来价格有一定的预测性,有助于生产者调整生产计划。

(3)可以拓展现货销售和采购的渠道,弥补现货市场流通性的不足,且期货市场资金安全、严格履约、质量有保证,可以降低库存,节约采购费用。

## 母题精选

【单选题】4月初,某农场注意到大豆的期货价格持续下跌,决定减少当年大豆的种植面积,这体现了期货市场可以使企业(  )。

A. 锁定生产成本,实现预期利润
B. 利用期货价格信号,组织安排现货生产
C. 关注产品的产量和质量
D. 对冲大豆价格波动的风险

【答案】 B 【解析】期货市场具有价格发现的功能,对现货商品的未来价格走势有一定的预期性,利用期货市场的价格信号,有助于生产经营者调整相关产品的生产计划,避免生产的盲目性。故选项B正确。

## 章节测评

本书为考生提供了两种练习方式。

(1)章节练习。考生可以按章或按节选择做题范围、练习题数和练习题型,并可以自由选择考试模式或练习模式。

(2)章节测评。章节测评包含测评和推题两大功能。测评是从每个考点抽一道未做题给考生进行测练;推题是根据考生的测评结果,有针对性地为考生推送以往做错的题目及与错题同考点的试题。先测评,检查考生对知识点的掌握情况;后推题,攻克考生的薄弱知识点。

考生在备考时间充裕的情况下,可以选择章节练习进行全部题目的充分练习。如果考生备考时间不够充裕或者希望获得更高的学习效率,推荐使用章节测评。章节测评能智能追踪记录考生做题数据,进行测评及推题,帮助考生查找薄弱知识点,有效节省备考时间。

考生扫描【章节测评】右侧的二维码,即可进入智能题库进行相应的练习,首次进入需要激活才可使用,激活方式及激活码请见本书背面。

# 第二章　期货市场组织结构与投资者

## 本章应试分析

本章主要介绍了期货交易所、期货结算机构、期货中介与服务机构、期货投资者。在考试中，本章所占分值为10分左右，考试题型为单选题、多选题和判断题，基本不会涉及综合题。本章介绍性的知识点较多，部分考点比较难记，有些知识点看似简单，但涉及细节较多，考生需要熟练掌握、准确记忆。

## 本章思维导图

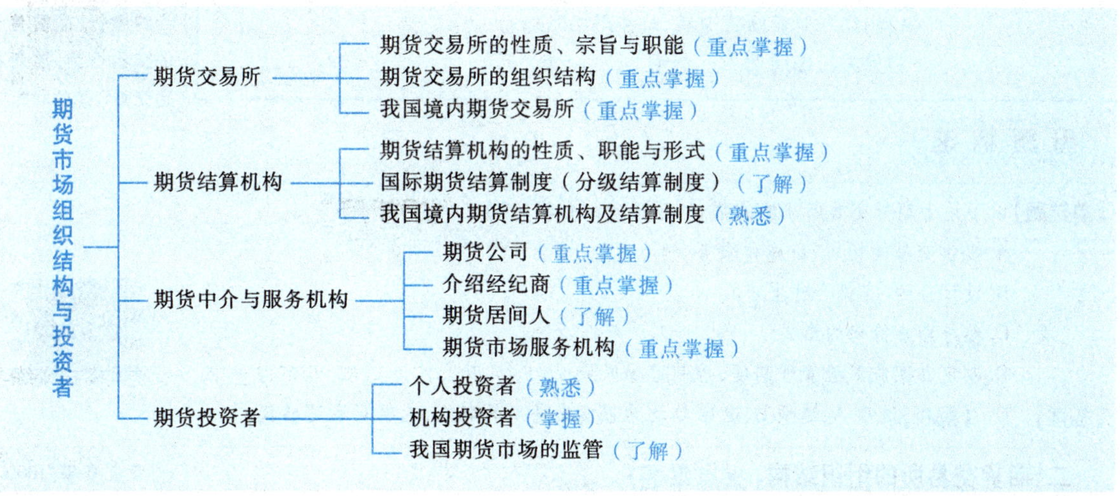


## 名师同步精讲

### 第一节　期货交易所

随书赠送
智能题库
详见本书
最后一页

#### 一、期货交易所的性质、宗旨与职能（重点掌握）

| 项　目 | 内　容 |
|---|---|
| 性质 | （1）是为期货交易提供场所、设施、相关服务和交易规则的机构，自身不参与期货交易。<br>（2）是具有高度系统性、严密性、高度组织化和规范化的交易服务组织。 |
| 宗旨 | （1）创造安全、有序、高效的市场机制。<br>（2）营造公开、公平、公正、诚信透明的市场环境。<br>（3）维护投资者的合法权益。 |
| 职能 | （1）提供交易的场所、设施和服务。<br>（2）设计合约、安排合约上市。 |

名师指导

**考查概率**：100%，所占分值约为0.5分。

**考试题型**：多以单选题和判断题出现，但交易所的职能部分可能会出多选题。

**考查重点**：期货交易所的性质与职能。

续　表

| 项　目 | 内　容 |
| --- | --- |
| 职能[①] | ①结合市场需求开发期货品种，设计并选择合适的期货合约上市时间。<br>②合理设计合约的具体条款，安排合约的市场推广。<br>(3)制定并实施期货市场制度与交易规则。<br>①期货市场制度包括保证金制度、涨跌停板制度、持仓限额制度、大户持仓报告制度、强行平仓制度、当日无负债结算制度、风险准备金制度等。<br>②交易规则包括交易、风险控制、结算、交割、违约情况管理、信息管理等管理细则。<br>(4)组织并监督期货交易，监控市场风险。<br>(5)发布市场信息。 |

①我国境内期货交易所还具有组织并监督结算和交割、保证合约履行、监督会员的交易行为、监管指定交割仓库的职能。

## 母题精选

【单选题】以下关于期货交易所职能的描述，不正确的是(　　)。

A. 提供交易的场所、设施和服务

B. 设计合约、安排合约上市

C. 参与期货价格的形成

D. 制定并实施风险管理制度，控制市场风险

【答案】 C 【解析】选项A、选项B、选项D均为期货交易所的职能，选项C表述错误。

## 二、期货交易所的组织结构(重点掌握)

考查概率：100%，所占分值为0.5～1.5分。

考试题型：多以单选题和判断题形式出现。

考查重点：①会员制期货交易所的组织架构与会员的义务。②公司制期货交易所的组织架构。

### (一)会员制期货交易所

| 项　目 | 内　容 |
| --- | --- |
| 概念 | 会员制期货交易所是非营利法人，由全体会员共同出资组建，缴纳一定的会员资格费作为注册资本，并以其全部资产承担有限责任。 |
| 组织架构 | (1)会员大会：是会员制期货交易所的最高权力机关，由全体会员组成。<br>(2)理事会：是会员大会的常设机构，执行会员大会决议，对会员大会负责。由全部会员通过会员大会选举产生。<br>(3)专门委员会。<br>①设立若干专门委员会：根据需要设立，由理事长提议，理事会同意设立。<br>②专门委员会一般包括监察、交易、会员资格审查、调解、财务、技术等。<br>(4)经营管理层。<br>(5)总经理：负责期货交易所日常经营管理工作的高级管理人员。<br>(6)业务管理部门：根据需要设置，包括交易、交割、研究发展、市场开发、财务等。 |

续　表

| 项　目 | 内　容 |
| --- | --- |
| 会员资格的获取 | 进入期货交易所场内交易必须获得会员资格。会员资格的取得方式主要包括以下几种。<br>(1)以交易所创办发起人的身份加入。<br>(2)接受发起人的资格转让加入。<br>(3)接受期货交易所其他会员的资格转让加入。<br>(4)依据期货交易所的规则加入。 |
| 会员的权利与义务 | (1)权利:①参加会员大会,行使表决权、申诉权。②在期货交易所从事规定的交易、结算和交割等业务。③使用期货交易所提供的交易设施,获得有关期货交易的信息和服务。④按规定转让会员资格。⑤联名提议召开临时会员大会。⑥按照期货交易所章程和交易规则行使申诉权。⑦期货交易所章程规定的其他权利。<br>(2)义务:①遵守国家有关法律、法规、规章和政策。②遵守期货交易所的章程、业务规则及其实施细则及有关决定。③按规定缴纳各种费用。④执行会员大会、理事会的决议。⑤接受期货交易所监督管理。 |

## 母题精选

【单选题】以下不是我国会员制期货交易所会员应当履行的义务是(　　)。

A. 接受期货交易所监管　　B. 按规定缴纳各种费用

C. 执行会员大会、理事会的决议　　D. 设计制定期货合约

【答案】 D 【解析】会员制期货交易所会员应当履行的主要义务:①遵守国家有关法律、法规、规章和政策。②遵守期货交易所的章程、业务规则及有关决定。③按规定缴纳各种费用。④执行会员大会、理事会的决议。⑤接受期货交易所的业务监管等。

(二)公司制期货交易所

| 项　目 | 内　容 |
| --- | --- |
| 概念 | 公司制期货交易所一般由若干股东共同出资组建,以营利为目的,股份可以按照有关规定转让,其盈利来自从交易所进行的期货交易中收取的各种费用。 |
| 组织架构 | (1)股东大会:是公司制期货交易所的最高权力机构,由全体股东共同组成,其职责是决议公司的重大事项。<br>(2)董事会:是股东大会的常设机构,执行股东大会决议,行使股东大会授予的权力,对股东大会负责。<br>(3)监事会(监事):①对股东大会负责。②监督公司董事、经理等高级管理人员和公司的财务履行职责的合法性。③维护公司及股东的合法权益。<br>(4)总经理:负责期货交易所日常经营管理工作的高级管理人员,由董事会聘任或解聘,对董事会负责。<br>(5)业务部门:参照会员制期货交易所。 |

考生学习时需要注意区分清楚会员制期货交易所和公司制期货交易所的各部门及其地位与职能,考试时可能会混合在一起出题。

续 表

| 项　目 | 内　容 |
| --- | --- |
| 会员资格 | 进入期货交易所场内交易必须获得会员资格。 |
| 会员的权利与义务 | (1)权利:①在期货交易所从事规定的交易、结算和交割等业务。②使用期货交易所提供的交易设施,获得有关期货交易的信息和服务。③按照交易规则行使申诉权。④期货交易所交易规则规定的其他权利。<br>(2)义务:①遵守国家有关法律、法规、规章和政策。②遵守期货交易所的章程、业务规则及其实施细则和有关决定。③按规定缴纳各种费用。④接受期货交易所监督管理。 |

## 母题精选

【单选题】公司制期货交易所股东大会的常设机构是(　　),行使股东大会授予的权力。

A. 经理部门　　B. 董事会　　C. 监事会　　D. 理事会

【答案】 B 【解析】董事会是公司制期货交易所的常设机构,行使股东大会授予的权力,对股东大会负责,执行股东大会决议。

(三)会员制与公司制期货交易所的相同点与不同点

| 项　目 | 内　容 |
| --- | --- |
| 相同点 | (1)职能基本相同:为期货合约集中竞价交易提供场所、设施、服务、交易规则。<br>(2)进入交易所进行场内交易或利用交易所交易系统交易必须获得会员资格。<br>(3)期货交易所内均设有各种业务部门。<br>(4)都要接受期货监督管理机构的管理和监督。 |
| 不同点 | (1)是否以营利为目的[①]:会员制期货交易所不以营利为目的;公司制期货交易所以营利为目的,追求交易所利润最大化。<br>(2)适用的法律不同:会员制期货交易所适用民法的有关规定;公司制期货交易所优先适用公司法规定,公司法未做规定时适用民法一般规定。<br>(3)决策机构不同:会员制期货交易所权力机构是会员大会,权力机构的常设机构是理事会;公司制期货交易所权力机构是股东大会,权力机构的常设机构是董事会。 |

[①]会员制期货交易所是非营利性的,而公司制期货交易所是以营利为目的。注意区别,容易出判断题。

## 三、我国境内期货交易所(重点掌握)

**考查概率**:100%,所占分值为1~2分。
**考试题型**:以单选题和多选题为主。
**考查重点**:①我国境内期货交易所的组织形式。②我国境内四大期货交易所的发展与其上市的品种。

(一)我国境内期货交易所的组织形式与会员管理

| 项　目 | 内　容 |
| --- | --- |
| 我国境内期货交易所的组织形式 | (1)我国境内期货交易所采取会员制和公司制的组织形式。<br>①会员制期货交易所的注册资本分为均等份额由会员出资认缴,上海期货交易所、大连商品交易所和郑州商品交易所是会员制期货交易所。 |

续 表

| 项 目 | 内 容 |
| --- | --- |
| 我国境内期货交易所的组织形式① | ②公司制期货交易所采用股份有限公司的组织形式,中国金融期货交易所是公司制期货交易所。<br>(2)我国境内的期货交易所无论形式上是会员制还是公司制,均不以营利为目的,且以其所有资产承担民事责任。 |
| 会员管理 | (1)交易所会员分类。<br>①国际上:自然人会员与法人会员、全权会员与专业会员、结算会员与非结算会员等。<br>②境内:我国境内期货交易所会员是在中华人民共和国境内登记注册的企业法人或者其他经济组织。<br>(2)期货交易所对会员实行总数控制,只有成为交易所的会员,才能取得场内交易席位,在期货交易所进行交易。② |

①我国四家期货交易所的组织形式容易出单选题和多选题。

②我国境内期货交易,非会员须通过期货公司代理交易。

## 母题精选

【多选题】关于我国期货交易所的表述,正确的有( )。

A. 中国金融期货交易所的权力机构是股东大会

B. 三家商品期货交易所不以营利为目的

C. 三家商品期货交易所的权力机构是会员大会

D. 中国金融期货交易所以营利为目的

母题精选 微信扫描

【答案】 ABC 【解析】郑州商品交易所、大连商品交易所、上海期货交易所是会员制期货交易所,权力机构是会员大会,中国金融期货交易所是公司制期货交易所,权力机构是股东大会。我国期货交易所不以营利为目的,按照其章程的规定实行自律管理。选项A、选项B、选项C正确,选项D错误。

(二)我国境内四大期货交易所的发展与其上市的品种③

| 交易所 | 内 容 |
| --- | --- |
| 上海期货交易所(简称上期所) | (1)发展:1998年由上海金属交易所、上海粮油商品交易所和上海商品交易所合并组建,并于1999年12月正式营运。<br>(2)上市品种:铜、铝、锌、铅、螺纹钢、线材、热轧卷板、天然橡胶、黄金、白银、燃料油、石油沥青、锡、镍期货等。④ |
| 郑州商品交易所(简称郑商所) | (1)发展:①成立于1990年10月12日,是在郑州粮食批发市场基础上发展起来的。②即期现货交易→现货远期交易→期货交易(1993年5月28日正式推出标准化期货合约,实现由现货远期到期货的转变)。<br>(2)上市品种:棉花、白糖⑤、精对苯二甲酸(PTA)、菜籽油、小麦、早籼稻、甲醇、动力煤、玻璃、油菜籽、菜籽粕、粳稻、晚籼稻、铁合金、棉纱、苹果期货等。 |

③学习时注意记忆各期货交易所的上市品种,容易出单选题和多选题。

④2015年2月9日,上证50ETF期权在上海证券交易所上市交易。

⑤在白糖期货的基础上,2017年4月19日,白糖期权上市交易。

续 表

| 交易所 | 内 容 |
|---|---|
| 大连商品交易所(简称大商所) | (1)发展:成立于1993年2月28日。<br>(2)上市品种:玉米、黄大豆、豆粕[①]、豆油、棕榈油、线型低密度聚乙烯(LLDPE)、聚氯乙烯(PVC)、聚丙烯、焦炭、焦煤、铁矿石、鸡蛋、胶合板、纤维板、玉米淀粉期货等。 |
| 中国金融期货交易所(简称中金所) | (1)发展:①2006年9月8日在上海成立。②是经国务院同意、中国证监会批准,由上海期货交易所、郑州商品交易所、大连商品交易所、上海证券交易所和深圳证券交易所共同发起设立的金融期货交易所。<br>(2)上市品种:沪深300股指期货、5年期国债期货、10年期国债期货、上证50股指期货和中证500股指期货。 |

①在豆粕期货的基础上,2017年3月31日,豆粕期权上市交易。

本考点下母题的出题形式也可以用在另外三个期货交易所上,考生在做书中的母题精选时,要学会举一反三。

## 母题精选

【多选题】关于郑州商品交易所的描述,下列说法正确的有(　　)。

A. 实行会员制　　B. 理事会是会员大会的常设机构

C. 农产品期货品种均在该所上市交易　　D. 不以营利为目的

【答案】 ABD 【解析】郑州商品交易所是会员制期货交易所,会员制期货交易所一般设有会员大会、理事会、专业委员会和业务管理部门。其中,理事会是会员大会的常设机构,对会员大会负责。会员制期货交易所通常不以营利为目的。农产品期货品种并不是都在郑州商品交易所上市交易。选项A、选项B、选项D正确。

【单选题】下列不属于大连商品交易所上市的期货品种是(　　)。

A. 豆粕期货　　B. 棕榈油期货　　C. 棉花期货　　D. 玉米期货

【答案】 C 【解析】大连商品交易所上市交易的主要品种有玉米、黄大豆、豆粕、豆油、棕榈油、线型低密度聚乙烯(LLDPE)、聚氯乙烯(PVC)、聚丙烯、焦炭、焦煤、铁矿石、鸡蛋、胶合板、纤维板、玉米淀粉期货及豆粕期权。

# 第二节 期货结算机构

### 一、期货结算机构的性质、职能与形式(重点掌握)

考查概率:100%,所占分值为0.5~2分。

考试题型:主要以多选题形式出现。

考查重点:期货结算机构的性质与职能。

| 项 目 | 内 容 |
|---|---|
| 性质 | 期货结算机构是负责期货交易所期货交易的统一结算、保证金管理和结算风险控制的机构。 |
| 职能 | (1)担保履约。期货交易成交后,买卖双方缴纳一定的保证金,结算机构代替了原始对手,成为所有合约卖方的买方和所有合约买方的卖方,承担起保证每笔交易按期履约的责任。 |

续　表

| 项　目 | 内　容 |
| --- | --- |
| 职能[1] | (2)结算交易盈亏。每一交易日结束后,期货结算机构计算会员的盈亏并进行资金的划拨,向会员提供当日盈亏等结算数据(通过发放结算单或电子传输等形式),结算数据作为会员对客户结算的依据。<br>(3)控制市场风险。结算机构通过对会员保证金的管理和控制从而有效控制市场风险,保证期货市场的平稳运行。市场价格的不利变动导致亏损,使会员保证金不能达到规定水平时,结算机构会向会员发出追加保证金的通知。会员收到通知后必须在下一交易日规定时间内将保证金缴齐,否则结算机构有权对其持仓进行强行平仓。 |
| 形式 | (1)交易所的内部机构(我国结算机构的形式):仅为该交易所提供结算服务。<br>①优点:交易所直接控制结算机构,有利于交易所掌握市场参与者的资金情况,可以根据交易者的资金和头寸情况及时控制市场风险。<br>②缺点:风险承担能力有限。<br>(2)独立结算公司:可以为一家或多家期货交易所提供结算服务。<br>①优点:可以保持交易和结算的相对独立性,有针对性地防止某些期货交易所在利益驱动下可能出现的违规行为。<br>②缺点:交易所和结算机构都是独立法人,增加了沟通和协调成本。 |

[1]期货结算机构的三大职能易出多项选择题。

## 母题精选

【单选题】大连商品交易所的期货结算机构(　　)。

A. 完全独立于期货交易所　　B. 由几家期货交易所共同拥有

C. 是交易所的内部机构　　D. 是附属于期货交易所的相对独立机构

【答案】 C 【解析】我国境内四家期货交易所的结算机构均是交易所的内部机构,故选项C正确。

## 二、国际期货结算制度(分级结算制度)(了解)

考查概率:较低,所占分值最多为0.5分。
考试题型:可能会以单选题和判断题形式出现。
考查重点:分级结算制度下期货结算的层次。

| 项　目 | 内　容 |
| --- | --- |
| 分级结算制度概念 | 指结算机构提供的结算服务仅针对结算机构的会员,非结算会员只能由结算会员提供结算服务。 |
| 分级结算制度下期货结算的层次 | (1)结算机构对结算会员[2]进行结算。<br>(2)结算会员对非结算会员或者结算会员对结算会员所代理客户进行结算。<br>(3)非结算会员对非结算会员所代理客户进行结算。 |
| 优点 | 建立了多层次的会员结构,可以逐级承担化解期货交易风险,形成多层次的风险控制体系,提高结算机构整体的抗风险能力,有利于防范期货市场风险。 |

[2]结算会员是交易所会员中资金雄厚、信誉良好的期货公司或金融机构。

续 表

| 项 目 | 内 容 |
|---|---|
| 新趋势 | 2008年美国金融危机发生后，交易所开始为场外衍生品交易提供结算服务。 |

## 三、我国境内期货结算机构及结算制度（熟悉）

| 项 目 | 内 容 |
|---|---|
| 概述 | （1）我国境内四家期货交易所的结算机构均是交易所的内部机构，期货交易所既提供交易服务，也提供结算服务。<br>（2）期货交易所既有其自身的职能也有结算机构的职能。 |
| 全员结算制度 | （1）全员结算制度下，期货交易所会员均具有与期货交易所进行结算的资格。<br>（2）期货交易所对会员进行结算，会员对其受托的客户进行结算。①<br>（3）实行全员结算制度的交易所：郑州商品交易所、大连商品交易所和上海期货交易所。<br>（4）实行全员结算制度的期货交易所会员包括期货公司会员和非期货公司会员。② |
| 会员分级结算制度 | （1）在会员分级结算制度下，根据会员能否直接与期货交易所进行结算，交易所会员分为结算会员（具有与交易所进行结算的资格）与非结算会员（不具有与期货交易所进行结算的资格）。<br>（2）在会员分级结算制度下，期货交易所对结算会员结算，结算会员对非结算会员结算，非结算会员对其受托的客户结算。③<br>（3）实行会员分级结算制度的交易所：中国金融期货交易所。<br>（4）中国金融期货交易所会员按照业务范围的分类。<br>①交易会员：不具有与交易所进行结算的资格，属于非结算会员。<br>②交易结算会员：只能为其受托客户办理结算、交割业务，属于结算会员。<br>③全面结算会员：既可以为其受托客户，也可以为与其签订结算协议的交易会员办理结算、交割业务，属于结算会员。<br>④特别结算会员：只能为与其签订结算协议的交易会员办理结算、交割业务，属于结算会员。<br>（5）实行会员分级制度的交易所应当建立结算担保金制度。结算担保金④应当以现金形式缴纳，包括基础结算担保金和变动结算担保金。<br>①基础结算担保金：结算会员参与交易所结算交割业务必须缴纳的最低结算担保金数额。<br>②变动结算担保金：结算会员结算担保金中超出基础结算担保金的部分，随着结算会员业务量的变化而调整。 |

考查概率：50%，所占分值约为0.5分。
**考试题型：**以单选题和判断题为主，偶尔会考查多选题。
**考查重点：**全员结算制度和会员分级结算制度。

①期货交易所→期货交易所会员→会员的受托客户。

②期货公司会员按照中国证监会批准的业务范围开展相关业务，可以代理客户进行期货交易；非期货公司会员不得从事《期货交易管理条例》规定的期货公司业务。

③期货交易所→结算会员→非结算会员→非结算会员的受托客户。

④结算担保金是结算会员按照交易所的规定缴存的，用于应对结算会员违约时的共同担保资金。

## 母题精选

【多选题】下列关于中国金融期货交易所结算制度的说法中，正确的有(　　)。

A. 中国金融期货交易所采取会员分级结算制度

B. 期货交易所对结算会员结算，结算会员对非结算会员结算

C. 会员按照业务范围分为交易会员、交易结算会员、全面结算会员和特别结算会员

D. 全面结算会员不可以为其受托客户办理结算、交割业务

母题精选 微信扫描

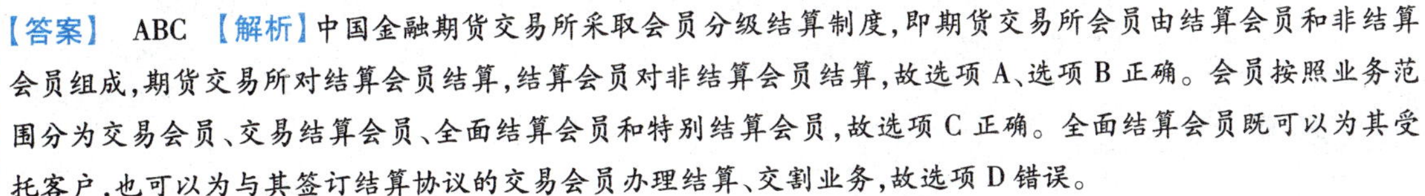

【答案】 ABC 【解析】中国金融期货交易所采取会员分级结算制度，即期货交易所会员由结算会员和非结算会员组成，期货交易所对结算会员结算，结算会员对非结算会员结算，故选项A、选项B正确。会员按照业务范围分为交易会员、交易结算会员、全面结算会员和特别结算会员，故选项C正确。全面结算会员既可以为其受托客户，也可以为与其签订结算协议的交易会员办理结算、交割业务，故选项D错误。

## 第三节　期货中介与服务机构

### 一、期货公司(重点掌握)

👍考查概率：100%，所占分值为3～4分。

考试题型：主要以单选题和多选题的形式出现。

考查重点：①期货公司的特征和职能。②资产管理业务。

#### (一)期货公司的概述

| 项　目 | 内　容 |
|---|---|
| 概念 | 代理客户进行期货交易并收取交易佣金的中介组织。 |
| 性质 | 期货公司属于非银行金融机构。 |
| 地位 | 是场外交易者与期货交易所之间的桥梁和纽带。 |
| 特征 | (1)是依托从商品、资本、货币市场等衍生出来的市场提供风险管理服务的中介机构。<br>(2)具有独特的风险特征，客户的保证金风险通常成为期货公司的重要风险源。[①]<br>(3)高度重视客户利益，面临双重代理关系(公司股东与经理层的委托代理关系、客户与公司的委托代理关系)。应在充分保障客户利润最大化的前提下，争取为公司股东创造最大价值。 |
| 职能 | (1)根据客户指令代理买卖期货合约、办理结算和交割手续。<br>(2)对客户账户进行管理，控制客户交易风险。<br>(3)为客户提供期货市场信息，进行期货交易咨询，充当客户的交易顾问。<br>(4)为客户管理资产，实现财富管理等。 |
| 功能与作用 | (1)降低了期货市场的交易成本，和其他交易方式相比，期货交易安排本身的成本也大幅降低。 |

[①]客户因保证金不足无法履约时，期货公司必须以其自有资金弥补保证金的不足，此时客户的风险就成为期货公司的风险。

续 表

| 项 目 | 内 容 |
| --- | --- |
| 功能与作用 | (2)降低了期货交易中信息不对称的程度,最大限度地避免逆向选择的发生。<br>(3)可以高效率的实现转移风险的职能,并在结算环节防范系统性风险的发生。<br>(4)可以通过专业服务实现资产管理的职能,提供丰富的投资理财产品以满足不同投资者的需求。[①] |

[①] 针对不同投资者的产品:为中小客户设计的投资性理财产品、为机构投资者开发的资产配置类产品、为特定企业提供的风险管理类产品。

## 母题精选

【单选题】关于期货公司的表述,正确的是(　　)。

A. 公司最重要的风险是自有资金投资风险

B. 不需要采取措施应对客户的保证金风险

C. 提供风险管理服务的中介机构

D. 属于银行金融机构

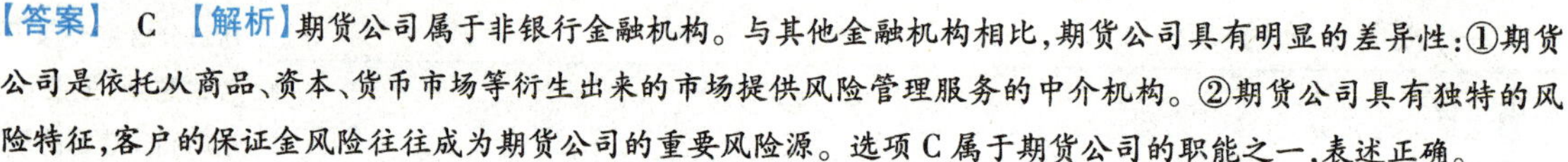

【答案】 C 【解析】期货公司属于非银行金融机构。与其他金融机构相比,期货公司具有明显的差异性:①期货公司是依托从商品、资本、货币市场等衍生出来的市场提供风险管理服务的中介机构。②期货公司具有独特的风险特征,客户的保证金风险往往成为期货公司的重要风险源。选项C属于期货公司的职能之一,表述正确。

【多选题】在我国,期货公司的主要职能是(　　)。

A. 根据客户指令代理客户买卖期货合约　　B. 为客户办理结算和交割手续

C. 对客户账户进行管理,控制客户交易风险　　D. 受客户委托,全权代理期货交易

【答案】 ABC 【解析】期货公司是指代理客户进行期货交易并收取交易佣金的中介组织。期货公司作为场外期货交易者与期货交易所之间的桥梁和纽带,其主要职能:①根据客户指令代理买卖期货合约、办理结算和交割手续。②对客户账户进行管理,控制客户交易风险。③为客户提供期货市场信息,进行期货交易咨询,充当客户的交易顾问。④为客户管理资产,实现财富管理等。选项A、选项B、选项C正确,选项D错误。

### (二)期货公司的业务类型

| 类 型 | 内 容 |
| --- | --- |
| 期货经纪业务 | 指代理客户进行期货交易并收取交易佣金的业务,分为境内期货经纪业务和境外期货经纪业务。 |
| 期货投资咨询业务 | 指在客户委托下,期货公司及其从业人员向客户提供风险管理顾问、研究分析、交易咨询等服务并获得合理报酬。 |
| 资产管理业务[②] | (1)概念:期货公司在客户委托下,根据相关规定以及合同的约定,对客户资产进行投资,并按照合同约定收取费用或者报酬的业务活动。<br>(2)收益与损失:均由客户承担。<br>(3)期货公司开展资产管理业务的面向群体:为单一客户办理资产管理业务;为特定多个客户办理资产管理业务。 |

[②] 资产管理业务的开展应符合《期货公司监督管理办法》《私募投资基金监督管理暂行办法》的规定。

续 表

| 类 型 | 内 容 |
|---|---|
| 资产管理业务 | (4)投资范围:①期货、期权及其他金融衍生品。②股票、债券、证券投资基金、集合资产管理计划、央行票据、短期融资券、资产支持证券等。③中国证监会认可的其他投资品种。<br>(5)期货公司及其从业人员从事资产管理业务,不得有下列行为。<br>①以欺诈手段或者其他不当方式误导、诱导客户。<br>②向客户做出保证其资产本金不受损失或者取得最低收益的承诺。<br>③接受客户委托的初始资产低于中国证监会规定的最低限额。<br>④占用、挪用客户委托资产。<br>⑤以转移资产管理账户收益或者亏损为目的,在不同账户之间进行买卖,损害客户利益。<br>⑥以获取佣金或者其他利益为目的,使用客户资产进行不必要的交易。<br>⑦利用管理的客户资产为第三方谋取不正当利益,进行利益输送。<br>⑧法律、行政法规以及中国证监会规定禁止的其他行为。 |
| 风险管理业务 | (1)实现方式:通过成立风险管理公司为商业实体、金融机构、投资机构等法人或组织、高净值自然人客户提供适当风险管理服务和产品。<br>(2)试点业务类型①:基差交易、仓单服务、合作套保、定价服务、做市业务、其他与风险管理服务相关的业务。 |

①风险管理业务实行备案制,并于2012年开始试点,分类管理不同的业务类型。

### (三)期货公司的风险管理制度与相关要求

#### 1. 完善的期货公司治理结构

| 项 目 | 内 容 |
|---|---|
| 公司治理结构的一般规定 | 《中华人民共和国公司法》(以下简称公司法)关于公司治理结构的一般规定有以下几条。<br>(1)建立由期货公司股东会、董事会、监事会、经理层和公司员工组成的合理的公司治理结构。<br>(2)明确股东会、董事会、监事会、经理层的职责权限,完善决策程序,形成协调高效、相互制衡的制度安排。<br>(3)确立董事、监事、高级管理人员的义务和责任。 |
| 风险防范方面的制度要求 | 根据《期货公司监督管理办法》规定,期货公司应当按照明晰职责、强化制衡、加强风险管理的原则,建立并完善公司治理。公司法人治理结构的核心内容是风险控制体系,在风险防范方面的制度要求有以下几个方面。<br>(1)期货公司与控股股东、实际控制人之间保持经营独立、管理独立和服务独立。<br>①经营独立:期货公司与其控股股东、实际控制人在业务、人员、资产、财务等方面应当严格分开,独立经营,独立核算。 |

续 表

| 项 目 | 内 容 |
| --- | --- |
| 风险防范方面的制度要求 | ②管理独立：未依法经期货公司股东会或者董事会决议，期货公司控股股东、实际控制人不得任免期货公司的董事、监事、高级管理人员，或者非法干预期货公司的经营管理活动。<br>③服务独立：期货公司向股东、实际控制人及其关联人提供服务的，不得降低风险管理要求。<br>（2）重大事项通知制度。<br>①期货公司的股东及实际控制人出现重大事项时，应当在规定时间内通知期货公司。<br>②期货公司出现重大事项时，应当立即书面通知全体股东或进行公告，并向住所地中国证监会派出机构报告。<br>（3）设立董事会和监事会（或监事）：<br>①期货公司应当设立董事会，并按照公司法的规定设立监事会或监事，切实保障监事会和监事对公司经营情况的知情权。<br>②期货公司可以设立独立董事，期货公司的独立董事不得在期货公司担任董事会以外的职务，不得与本期货公司存在可能妨碍其做出独立、客观判断的关系。<br>（4）设立首席风险官。<br>①期货公司应当设首席风险官，对期货公司经营管理行为的合法合规性、风险管理进行监督、检查。<br>②首席风险官发现涉嫌占用、挪用客户保证金等违法违规行为或者可能发生风险的，应当立即向住所地中国证监会派出机构和公司董事会报告。<br>③期货公司拟解聘首席风险官的，应当有正当理由，并向住所地中国证监会派出机构报告。 |

2. **建立有效的期货公司风险管理制度**

| 项 目 | 内 容 |
| --- | --- |
| 建立标准 | （1）满足期货市场风险管理体系的要求，有效实施动态风险监控。<br>（2）符合《期货交易管理条例》相关要求，切实有效地保护客户资产。 |
| 期货公司风险管理制度具体体现 | （1）为确保净资本等风险监管指标持续符合标准，应当建立与风险监管指标相适应的内控制度，以净资本为核心的动态风险监控和资本补足机制。<br>（2）保证金制度。<br>①客户保证金全额存放在期货保证金账户和期货交易所专用结算账户内，交易所应当按照规定，对保证金存管进行监控，向保证金存管监控中心报送真实的信息。<br>②客户未在期货公司规定时间内及时追加保证金或者自行平仓的，期货公司应当强行平仓，严禁给客户透支交易。 |

续 表

| 项 目 | 内 容 |
| --- | --- |
| 期货公司风险管理制度具体体现 | (3)建立独立的风险管理系统,规范、完善的业务操作流程和风险管理制度。<br>①岗位分离:期货公司应当合理设置业务部门及其职能,建立岗位责任制度,不相容岗位应当分离。<br>②人员分离:交易、结算、财务业务应当由不同部门和人员分开办理。<br>③设立特定部门或岗位:期货公司应当设立风险管理部门或者岗位,管理和控制期货公司的经营风险。期货公司应当设立合规审查部门或者岗位,审查和稽核期货公司经营管理的合法合规性。 |

3. **期货公司对分支机构的管理**

(1)期货公司应当对分支机构实行集中统一管理,不得与他人合资、合作经营管理分支机构,不得将分支机构承包、租赁或者委托给他人经营管理。

(2)分支机构经营的业务不得超出期货公司的业务范围,但可以根据需要设置不同规模的营业部,并应当符合中国证监会对相关业务的规定。

(3)期货公司应当按照规定对营业部实行统一结算、统一风险管理、统一资金调拨、统一财务管理和会计核算。[①]

[①]统一结算、统一风险管理、统一资金调拨、统一财务管理和会计核算简称"四统一",考试中可以针对这四项出单选题或者多选题。

## 母题精选

【多选题】期货公司应对营业部实行统一(　　)。

A. 财务管理及会计核算　　B. 风险管理

C. 资金调拨　　D. 结算

【答案】 ABCD 【解析】选项 A、选项 B、选项 C、选项 D 均正确。

## 二、介绍经纪商(重点掌握)

考查概率:100%,所占分值为 0.5 ~ 1 分。

考试题型:主要以单选题和多选题形式出现。

考查重点:证券公司从事介绍业务提供的服务以及委托协议的载明事项。

| 项 目 | 内 容 |
| --- | --- |
| 概念 | 介绍经纪商(IB)是接受期货经纪商委托,介绍客户给期货经纪商并收取一定佣金的机构或个人。 |
| 证券公司从事介绍业务 | (1)为期货公司提供中间介绍业务的证券公司就是介绍经纪商。<br>(2)提供的服务:①协助办理开户手续。②提供期货行情信息和交易设施。③中国证监会规定的其他服务。<br>(3)证券公司禁止行为:不得代理客户进行期货交易、结算或者交割,不得代期货公司、客户收付期货保证金,不得利用证券资金账户为客户存取、划转期货保证金。<br>(4)证券公司从事介绍业务,应当与期货公司签订书面委托协议。委托协议应当载明事项:①介绍业务的范围。②执行期货保证金安全存管制度的措施。③介绍业务对接规则。④客户投诉的接待处理方式。⑤报酬支付及相关费用的分担方式。⑥违约责任。⑦中国证监会规定的其他事项。 |

续 表

| 项 目 | 内 容 |
| --- | --- |
| 证券公司从事介绍业务 | (5)证券公司为期货公司提供中间介绍业务实行备案制度;期货公司可以按照规定委托其他机构或者接受其他机构委托从事中间介绍业务。即证券公司可以成为期货公司的IB,期货公司也可以成为证券公司的IB。 |

## 母题精选

【多选题】在我国,证券公司受期货公司委托从事中间介绍业务应当提供(　　)服务。

A. 代理客户进行期货交易　　B. 协助办理开户手续

C. 期货行情信息、交易设施　　D. 代理客户收付期货保证金

【答案】 BC 【解析】证券公司受期货公司委托从事中间介绍业务,应当提供下列服务:①协助办理开户手续。②提供期货行情信息和交易设施。③中国证监会规定的其他服务。证券公司不得代理客户进行期货交易、结算或交割,不得代期货公司、客户收付期货保证金,不得利用证券资金账户为客户存取、划转期货保证金。故选项B、选项C符合题意。

## 三、期货居间人(了解)

考查概率:较低,所占分值最多为0.5分。
考试题型:一般以单选题和判断题形式出现。
考查重点:期货居间人。

| 项 目 | 内 容 |
| --- | --- |
| 概念 | 期货居间人是独立于期货公司与客户之外,接受期货公司委托进行居间介绍,独立承担基于居间法律关系所产生的民事责任的自然人或组织。 |
| 主要职责 | 介绍客户,即凭借手中的客户资源和信息渠道优势为期货公司和投资者“牵线搭桥”。 |
| 禁止行为 | (1)应当客观、准确地宣传期货市场,不得向客户夸大收益宣传、降低风险告知。<br>(2)不得以期货居间人的名义从事期货居间以外的经纪活动。<br>(3)居间人无权代理签订《期货经纪合同》,无权代签交易账单,无权代理客户委托下达交易指令,无权代理客户委托调拨资金。<br>(4)居间人不能从事投资咨询和代理交易等期货交易活动。 |
| 身份关系 | (1)居间人与期货公司没有隶属关系,不是期货公司订立期货经纪合同的当事人。<br>(2)期货公司的在职人员不得成为本公司或其他期货公司的居间人。 |

## 四、期货市场服务机构(重点掌握)

考查概率:100%,所占分值约为0.5分。
考试题型:主要以单选题和判断题形式出现。
考查重点:交割仓库。

| 项 目 | 内 容 |
| --- | --- |
| 期货保证金存管银行(简称存管银行) | (1)概念:是由交易所指定、协助交易所办理期货交易结算业务的银行,属于期货服务机构。<br>(2)交易所有权对存管银行的期货结算业务进行监督。<br>(3)存管银行的设立是国内期货市场保证金封闭运行的必要环节,也是保障投资者资金安全的重要组织机构。 |

续　表

| 项　目 | 内　容 |
| --- | --- |
| 交割仓库 | (1)概念:是由期货交易所指定的、为期货合约履行实物交割的交割地点,是期货品种进入实物交割环节提供交割服务和生成标准仓单必经的期货服务机构。<br>(2)期货交易所不得限制实物交割总量,且应当与交割仓库签订协议,明确双方的权利和义务。指定交割仓库应保证期货交割商品优先办理入库、出库。<br>(3)日常业务:①商品入库。②商品保管。③商品出库。<br>(4)交割仓库不得有下列行为:①出具虚假仓单。②违反期货交易所业务规则,限制交割商品的入库、出库。③泄露与期货交易有关的商业秘密。④违反国家有关规定参与期货交易。⑤国务院期货监督管理机构规定的其他行为。 |
| 期货信息资讯机构 | 主要提供期货行情软件、交易系统及相关信息资讯服务,通过差异化信息服务和稳定、快捷的交易系统进行市场竞争。 |

会计师事务所、律师事务所、资产评估机构等也是期货市场的服务机构。

## 母题精选

母题精选　微信扫描

【单选题】关于期货交易的交割仓库,下列说法错误的是(　　)。

A. 交割仓库是提供期货合约实物交割服务的机构

B. 交割仓库不能参与期货交易

C. 交割仓库应根据交易量限制实物交割总量

D. 交割仓库由期货交易所指定

【答案】　C　【解析】交割仓库是期货品种进入实物交割环节提供交割服务和生成标准仓单必经的期货服务机构。在我国,交割仓库是指由期货交易所指定的、为期货合约履行实物交割的交割地点。期货交易的交割,由期货交易所统一组织进行。期货交易所不得限制实物交割总量,并应当与交割仓库签订协议,明确双方的权利和义务。交割仓库不得违反国家有关规定参与期货交易。

# 第四节　期货投资者

视频讲解　微信扫描

## 一、个人投资者(熟悉)

考查概率:较低,所占分值最多为0.5分。
考试题型:主要以单选题形式出现。
考查重点:个人投资者。

| 项　目 | 内　容 |
| --- | --- |
| 申请开设金融期货账户的条件 | 根据《金融期货投资者适当性制度实施办法》的规定,具体条件如下。<br>(1)申请开户时保证金账户可用资金余额不低于人民币50万元。<br>(2)具备金融期货基础知识,通过相关测试。<br>(3)具有累计10个交易日、20笔以上(含)的金融期货仿真交易成交记录,或者最近3年内具有10笔以上(含)的期货交易成交记录。 |

续 表

| 项 目 | 内 容 |
|---|---|
| 申请开设金融期货账户的条件 | (4)不存在严重不良诚信记录,不存在法律、行政法规、规章和交易所业务规则禁止或者限制从事金融期货交易的情形。<br>(5)按照交易所制定的投资者适当性制度操作指引,对投资者进行综合评估,其评估结果高于规定标准。 |
| 参与期权交易的条件 | 根据上海证券交易所《期货公司参与股票期权业务指南》规定,要求如下。<br>(1)申请开户时托管在其委托的期货公司的上一交易日日终的证券市值与资金可用余额,合计不低于人民币50万元。<br>(2)在期货公司开立期货保证金账户6个月以上,并具备金融期货交易经历。<br>(3)具备期权基础知识,通过交易所认可的相关测试。<br>(4)具有交易所认可的期权模拟交易经历。<br>(5)具有相应的风险承受能力。<br>(6)不存在严重不良诚信记录,不存在法律、法规、规章和交易所业务规则禁止或者限制从事期权交易的情形。<br>(7)上海证券交易所规定的其他条件。<br>(8)通过期权经营机构组织的期权投资者适当性综合评估。 |

参与风险管理子公司提供风险管理服务或产品时,个人投资者的可投资资产应高于100万元。

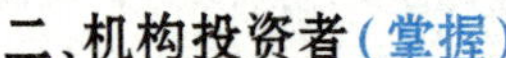
母 题 精 选

【多选题】个人投资者参与期权交易的具体条件包括(　　)。

A. 具有相应的风险承受能力

B. 具有交易所认可的期权模拟交易经历

C. 具备期权基础知识,通过交易所认可的相关测试

D. 在期货公司开立期货保证金账户6个月以上,并具备金融期货交易经历

【答案】 ABCD 【解析】选项A、选项B、选项C、选项D均正确。

## 二、机构投资者(掌握)

考查概率:60%,所占分值约为0.5分。
考试题型:主要以单选题形式出现。
考查重点:对冲基金和商品投资基金。

### (一)在金融期货与股票期权市场上的分类

| 项 目 | 内 容 |
|---|---|
| 金融期货市场上的分类 | (1)特殊单位客户:证券公司、基金管理公司、信托公司、银行和其他金融机构、社会保障类公司、合格境外机构投资者等法律、行政法规和规章规定的需要资产分户管理的单位客户,以及交易所认定的其他单位客户。<br>(2)一般单位客户①:特殊单位客户以外的机构投资者。 |
| 股票期权市场上的分类 | (1)专业机构投资者:①商业银行、期权经营机构、保险机构、信托公司、基金管理公司、财务公司、合格境外机构投资者等专业机构及其分支机构。②证券投资基金、社保基金、养老基金、企业年金、信托计划、资产管理计划、银行及保险理财产品,以及由上述所列专业机构担任管理人的其他基金或者委托投资资产。③监管机构及交易所规定的其他专业机构投资者。<br>(2)普通机构投资者②:专业机构投资者以外的机构客户。 |

①一般单位客户在金融市场开立交易编码前,需要进行综合评估;特殊单位客户不用进行综合评估就可为其交易申请开立交易编码。

②专业机构投资者参与期权交易,不对其进行适当性管理综合评估;普通机构投资者参与股票期权交易,需要对其适当性进行综合评估。

## (二)对冲基金和商品投资基金①

| 项　目 | 内　容 |
|---|---|
| 对冲基金 | (1)对冲基金(也称避险基金),即"风险对冲过的基金",属于私募基金,期货投资是其投资组合中的一部分。<br>(2)可以通过做多、做空、杠杆交易(融资交易)等投资于公开市场上的各种证券、货币和衍生工具等任何资产品种。<br>(3)显著特征:常运用对冲的方法抵消市场风险,锁定套利机会。<br>(4)对冲基金的组合基金是将募集的资金投资于多个对冲基金,通过对对冲基金的组合投资,而不是投资于股票、债券以实现分散风险的目的。 |
| 商品投资基金 | (1)概念:商品投资基金②是一种集合投资方式,广大投资者将资金集中起来,委托给专业的投资机构,并通过商品交易顾问(CTA)进行期货和期权交易,投资者承担风险并享受投资收益的基金类型。<br>(2)组织结构(以美国为例)。<br>①商品基金经理(CPO):基金的主要管理人,是基金的设计者和运作的决策者,负责选择基金的发行方式、基金主要成员,决定基金投资方向。<br>②商品交易顾问(CTA):受聘于 CPO,对商品投资基金进行具体的交易操作、决定投资期货的策略;可以向他人提供买卖期货、期权合约指导或建议,或以客户名义进行操作;CTA 不能接受客户资金,客户资金必须以期货佣金商的名义存入客户账户。<br>③交易经理(TM):受聘于 CPO,负责帮助 CPO 挑选 CTA、监视 CTA 的交易活动、控制风险、在 CTA 之间分配基金。<br>④期货佣金商(FCM)③:是期货中介机构,负责执行 CTA 发出的交易指令,管理期货头寸的保证金。<br>⑤托管人:受 CPO 委托,通常是商业银行、储蓄银行、大型投资公司等独立的金融机构。其主要职责包括记录、报告并监督基金在证券市场和期货市场上的所有交易;保管基金资产,计算财产本息,催缴现金证券的利息;办理有关交易的交割事项;签署基金决算报告等。 |
| 商品投资基金和对冲基金的区别 | (1)商品投资基金的投资领域比对冲基金小,投资对象主要是在交易所交易的期货和期权,其业绩表现与股票和债券市场的相关度更低。<br>(2)组织形式上,商品投资基金比对冲基金运作规范,透明度更高,风险相对较小。 |

①商品投资基金和对冲基金通常被称为另类投资工具或其他投资工具。

②商品投资基金是以期货投资为主的基金类型。

③实际上,很多 FCM 同时也是 CPO 或 TM,向客户提供投资项目的业绩报告,同时也为客户提供投资于商品投资基金的机会。

## 母题精选

【多选题】下列关于商品投资基金和对冲基金的说法,正确的有(　　)。

A. 商品投资基金的投资领域比对冲基金小得多

B. 商品投资基金运作比对冲基金规范,透明度更高

C. 商品投资基金投资资产同传统资产相关度很低

D. 商品投资基金的业绩表现与股票和债券市场的相关度比对冲基金高

【答案】 ABC 【解析】商品投资基金的投资领域比对冲基金小得多，它的投资对象主要是在交易所交易的期货和期权而不涉及股票、债券和其他金融资产，因而其业绩表现与股票和债券市场的相关度更低。

## 三、我国期货市场的监管(了解)

考查概率：较低，所占分值最多为1分。
考试题型：主要以单选题形式出现。
考查重点：我国期货市场的监管。

我国期货市场建立了中国证券监督管理委员会(简称中国证监会)、中国证监会地方派出机构、中国期货市场监控中心、期货交易所和中国期货业协会“五位一体”的期货监管协调工作机制。

(1)中国证监会：依照法律法规和国务院授权，统一监督管理全国证券期货市场，维护证券期货市场秩序，保障其合法运行。

(2)中国证监会地方派出机构：按照《期货交易管理条例》的有关规定和中国证监会的授权，履行监督管理职责。

(3)中国期货市场监控中心：建立和完善期货保证金监控机制，及时发现并报告期货保证金风险状况，配合期货监管部门处置风险事件。

(4)期货交易所：不以营利为目的，按照其章程的规定实行自律管理。

(5)中国期货业协会：期货业的自律性组织，发挥政府与期货业间的桥梁和纽带作用，为会员提供服务，维护会员的合法权益。

## 母题精选

【多选题】中国期货市场监控中心的宗旨是(　　)。

A. 配合期货监管部门处置风险事件

B. 实行行业自律管理

C. 及时发现并报告期货保证金风险状况

D. 建立和完善期货保证金监控机制

【答案】 ACD 【解析】中国期货市场监控中心属于非营利性公司制法人，不属于自律性组织。

用手机微信扫描“章节测评”旁边的二维码或用电脑浏览器打开网址 http://cj.ek100.cn 即可进入智能题库进行章节测评。

# 第三章　期货合约与期货交易制度

## 本章应试分析

本章主要介绍期货合约、期货市场的基本制度和期货交易流程。在考试中，本章所占分值为 12 分左右，单选题、多选题、判断题、综合题均会涉及。本章内容较多，且涉及很多公式，考试时会出计算类题目，考生在学习时需要多做题练习。对于比较容易混淆的知识点，考生需要善于总结，对比记忆。

## 本章思维导图

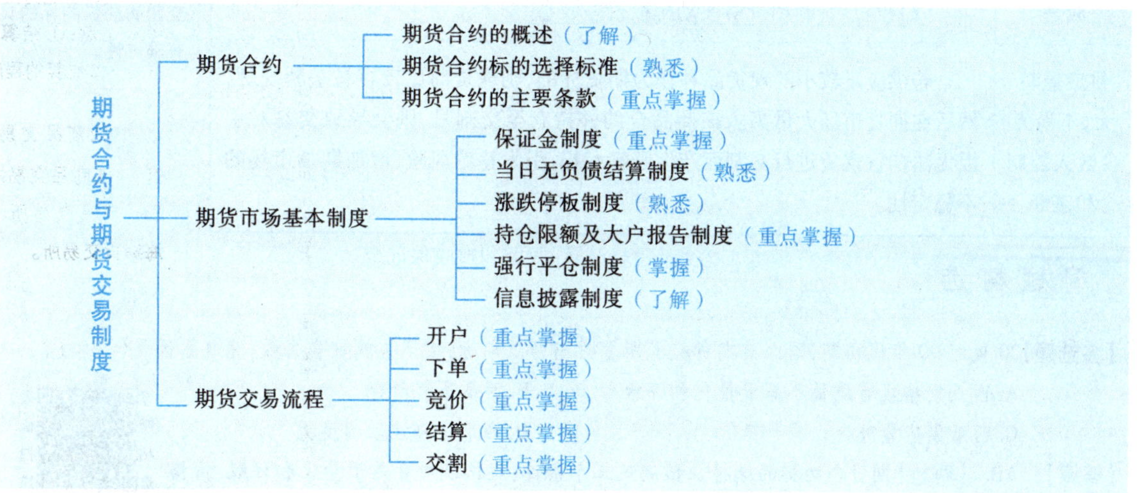


## 名师同步精讲

### 第一节　期货合约

随书赠送智能题库详见本书最后一页

#### 一、期货合约的概述（了解）

| 项　目 | 内　容 |
|---|---|
| 概念 | 期货合约是一种标准化合约，由期货交易所统一制定的、规定了在将来某一特定的时间和地点交割一定数量和质量标的物的合约。 |
| 期货合约的作用 | (1)可以转移现货经营的价格风险，获取期货交易风险收益。<br>(2)交易标准化期货合约使连续买卖更加便利，增强了期货合约的市场流动性，并使交易过程更加简化，交易成本得到降低，交易效率得到提高。 |

名师指导

考查概率：较低，所占分值最多为0.5分。

考试题型：主要以单选题和判断题形式出现。

考查重点：期货合约的概念。

## 二、期货合约标的选择标准(熟悉)

| 标 准 | 内 容 |
| --- | --- |
| 规格或质量易于评级和量化 | (1)作用:通过易于评级和量化的标的物可以确定标准品及标准品和其他可替代品级之间的价格差距。[①]<br>(2)典型标的:金融工具和初级大宗产品(小麦、大豆、金属)容易量化评级,而工业制成品难以量化评级。 |
| 价格波动幅度大且频繁 | 交易者类型:期货交易者分为套期保值者和投机者。<br>(1)套期保值者:现货生产经营者通过交易规避价格风险。<br>(2)投机者:利用价格波动赚取价差收益。 |
| 供应量较大,不易为少数人控制和垄断 | 若供应量较小的现货品种作为期货标的,则现货商比较容易垄断现货,然后在期货市场大量买入该商品合约并持有至交割月,则会导致交易对手因无法购置现货进行交割而产生巨额亏损,引发违约风险,增加期货市场的不稳定性。 |

考查概率:较低,所占分值为0.5分左右。

考试题型:主要以单选题为主。

考查重点:期货合约标的选择的三个标准。

①股指期货和短期利率期货等进行现金交割的期货的标的具有唯一性。

### 母题精选

【多选题】20世纪90年代初期,国内某期货交易所曾推出西瓜期货,但不久就宣告失败,究其原因是(　　)。

A. 西瓜规格或者质量不易于量化和评级　　B. 西瓜不宜储存

C. 西瓜供应量较大　　D. 西瓜价格波动幅度大

【答案】 AB 【解析】期货合约标的选择应该满足三个条件:规格或质量易于量化和评级、价格波动幅度大且频繁、供应量较大,不易为少数人控制和垄断。

## 三、期货合约的主要条款(重点掌握)

| 项 目 | 内 容 |
| --- | --- |
| 合约名称 | (1)组成:合约名称——上市交易所名称+品种名称。<br>(2)举例:上海期货交易所阴极铜期货合约。 |
| 交易单位 | (1)概念:每手期货合约代表的标的物的数量。<br>(2)确定商品期货交易单位大小应考虑的因素。<br>①市场规模:标的物的市场规模越大,交易单位越大。<br>②资金规模:交易者的资金规模越大,交易单位越大。<br>③会员结构:期货交易所中愿意参与该品种期货交易的会员单位越多,交易单位越大。<br>④该品种的现货交易习惯。<br>(3)举例:大连商品交易所豆粕期货合约的交易单位是"10吨/手"。 |
| 合约价值 | (1)概念:每手期货合约代表的标的物的价值。<br>(2)公式:合约价值=报价单位×交易单位。 |

考查概率:100%,所占分值为0.5~2分。

考试题型:主要以单选题形式出现。

考查重点:期货合约的主要条款。

续　表

| 项　目 | 内　容 |
| --- | --- |
| 合约价值 | (3)举例:一张(手)沪深300指数期货的合约价值=建仓点位×合约乘数(300元/点)。 |
| 报价单位 | 举例:小麦、大豆等的报价单位以"元(人民币)/吨"表示。 |
| 最小变动价位 | (1)概念:在交易所竞价过程中,合约每计量单位报价的最小变动数值。<br>(2)公式:合约价值的最小变动值=最小变动价位×交易单位。<br>(3)最小变动价位的决定因素:合约标的物的种类、性质、市场价格波动情况及商业规范。<br>(4)设置合适的最小变动价位的目的:保证市场有适度的流动性。<br>(5)设置合适的最小变动价位的原因有以下两方面。<br>①过小的最小变动价位,会增加交易协商成本。<br>②较大的最小变动价位,容易导致交易量减少,降低市场的活跃程度,不利于交易。 |
| 每日价格最大波动限制 | (1)公式:跌停板≤每日价格≤涨停板。<br>①涨停板=期货合约上一交易日的结算价+允许的最大涨幅。[①]<br>②跌停板=期货合约上一交易日的结算价-允许的最大跌幅。<br>(2)确定每日价格最大波动限制的决定因素:标的物市场价格波动的频繁程度和波幅的大小(波动频繁程度与波幅成正比例关系)。 |
| 合约交割月份(合约月份) | (1)概念:某种期货合约到期交割的月份。<br>(2)受合约标的商品的生产、使用、储藏、流通等特点影响。 |
| 交易时间[②] | (1)日盘:交易时间一般分上午和下午进行,每周5天。<br>(2)夜盘:晚上交易,形成了连续交易(部分品种)。 |
| 最后交易日 | (1)概念:进入交割月份后能够交易的最后一个交易日。[③]<br>(2)确定最后交易日的因素:根据合约标的物现货交易特点等因素确定。 |
| 交割日期 | 是以实物或现金的方式进行交割,对合约标的物所有权进行转移来了结未平仓合约的时间。 |
| 交割等级 | (1)概念:准许在交易所上市交易的合约标的物的质量等级,该标准由期货交易所统一制定。<br>(2)作用:免除了交易双方交易、交割的后顾之忧。<br>(3)交割等级的确定:对于商品期货来说,常采用国内或国际贸易中最通用和交易量较大的标准品的质量等级为标准交割等级。 |

[①]每日价格最大波动限制以上一交易日的结算价为基准确定的。

[②]交易所统一规定交易时间。

[③]过了最后交易日仍未平仓的期货合约,必须按规定进行实物交割或现金交割。

续 表

| 项 目 | 内 容 |
| --- | --- |
| 交割等级 | (4)收货人不能拒收期货交易所认可的交割替代品。①交易所根据市场行情动态调整替代品与标准品之间的升贴水标准。 |
| 交割地点 | (1)商品期货统一交割地点的作用:保护买卖双方的权利。即买方能收到符合规定标准的商品,卖方应按照交易所规定的标准交付商品。<br>(2)商品期货在指定交割仓库时主要考虑的因素:指定交割地点的生产或消费集中程度、储存条件、运输条件和质检条件。<br>(3)金融期货的交割地点:期货交易所指定交割银行。② |
| 交易手续费 | (1)概念:按成交合约金额的一定比例或按成交合约手数,由期货交易所收取的费用。<br>(2)优点:抑制过度投机。<br>(3)缺点:增加交易成本,扩大无套利区间,影响市场的流动性和交易量。 |
| 交割方式 | (1)实物交割:商品期货、股票期货、外汇期货、中长期利率期货。<br>(2)现金交割:股票指数期货、短期利率期货。 |
| 交易代码 | 举例:中国金融期货交易所沪深300指数期货的交易代码用IF表示。 |

①交易所允许用替代交割品进行实物交割以保证期货交易的顺利进行。当然所使用的替代品进行实物交割时,需对价格升贴水处理。

②交割银行应具有良好的金融资信、较强的大额资金结算能力及先进、高效的结算手段和设备。

## 母题精选

母题精选 微信扫描

【单选题】我国期货合约涨跌停板的计算以该合约上一交易日的(　　)为依据。

A. 开盘价　　B. 收盘价　　C. 结算价　　D. 成交价

【答案】C 【解析】每日价格最大波动限制以上一交易日的结算价为基准确定的。

【单选题】期货合约中设置最小变动价位的目的是(　　)。

A. 保证市场运营的稳定性　　B. 保证市场有适度流动性

C. 降低市场管理的风险性　　D. 保证市场技术的稳定性

【答案】B 【解析】设置最小变动价位是为了保证市场有适度的流动性。

【单选题】某品种合约最小变动价位为10元/吨,合约交易单位为5吨,则每手合约的最小变动值是(　　)元。

A. 10　　B. 5　　C. 50　　D. 2

【答案】C 【解析】合约价值的最小变动值 = 最小变动价位 × 交易单位 = 10 × 5 = 50(元)。

【多选题】期货合约的主要条款包括(　　)等。

A. 交易单位　　B. 报价单位　　C. 交割月份　　D. 交割方式

【答案】ABCD 【解析】期货合约的主要条款包括合约名称、交易单位、合约价值、报价单位、最小变动价位、每日价格最大波动限制、合约交割月份(或合约月份)、交易时间、最后交易日、交割日期、交割等级、交割地点、交易手续费、交割方式、交易代码。故选择A、选项B、选项C、选项D。

## 第二节　期货市场基本制度

### 一、保证金制度（重点掌握）

| 项　目 | 内　容 |
| --- | --- |
| 概念 | 期货交易者用于结算和保证履约按照其所买卖期货合约价值的一定比率缴纳的保证金。 |
| 保证金的形式 | 现金、现金等价物(标准仓单、国债等有价证券)。 |
| 保证金比例 | 期货合约价值的5%~15%(体现以小博大)。 |
| 国际期货市场上保证金制度实施的一般性特点 | (1)保证金的大小与风险成正相关:风险越大,保证金越多;风险越小,保证金越低。①<br>(2)设定最低保证金标准(根据合约特点),调节保证金水平(根据市场风险状况)。<br>(3)分级收取保证金。<br>①会员保证金:交易所、结算机构只向其会员收取保证金。<br>②客户保证金:期货公司向其客户收取保证金。 |
| 我国境内期货交易保证金制度的特点 | (1)上市合约的不同阶段,保证金比例不同。一般情况下,交易保证金比率随着交割临近而提高。②<br>(2)合约持仓量越大,保证金越大:防止过度投机带来的市场风险。<br>(3)当某期货合约出现连续涨跌停板或出现异常情况时,期货交易所可按规定程序调整交易保证金的比例。<br>(4)当某品种某月份合约价格按结算价计算,连续若干个交易日的累积涨跌幅达到一定程度(即出现单边市场行情)时,交易所可根据市场情况采取措施来控制风险。③ |

考查概率:100%,所占分值为1~1.5分。
考试题型:主要以多选题形式出现。
考查重点:①保证金比例。②国际期货市场上保证金制度实施的一般性特点。③我国境内期货交易保证金制度的特点。

①价格波动越大的合约,其设定的最低保证金标准也越高;交易所可在投机过度时提高保证金水平。

②为了防止违约风险,距交割月份越近,保证金比例越大。

③采取的措施:对部分或全部会员的单边或双边持仓按同比例或不同比例提高交易保证金、限制部分或全部会员划出资金、暂停部分或全部会员增开新仓、调整涨跌停板幅度、限期平仓或强行平仓等。

### 母题精选

【多选题】在国际期货市场上,保证金制度一般有如下特点(　　)。

A. 保证金的收取由期货交易所统一负责

B. 对交易者的保证金要求与其面临的风险相对应

C. 交易所根据合约特点设定最低保证金标准

D. 交易所可根据市场风险状况等调整保证金水平

【答案】　BCD　【解析】国际期货市场上保证金制度实施的一般性特点:①保证金的大小与风险成正相关。②设定最低保证金标准(根据合约特点),调节保证金水平(根据市场风险状况)。③分级收取保证金。

## 二、当日无负债结算制度(熟悉)

| 项 目 | 内 容 |
|---|---|
| 概念 | 指期货交易保证金账户当天的盈亏状况在每个交易日结束后,由期货结算机构进行结算,并根据结算结果进行资金划转的制度。 |
| 作用 | 及时地控制了风险,调整了账户资金,维护了期货市场的正常运行。 |
| 特点 | (1)及时、具体、真实地反映每一交易账户的盈亏。<br>(2)既对平仓头寸的盈亏进行结算,也对未平仓合约产生的浮动盈亏进行结算。<br>(3)逐日结算交易头寸所占用的保证金。[①]<br>(4)通过期货交易分级结算体系实施当日无负债结算制度。<br>交易所(结算所)对会员进行结算,期货公司对客户进行结算。 |

考查概率:较低,所占分值为0.5分左右。

考试题型:主要以单选题和判断题形式出现。

考查重点:当日无负债结算制度。

①若当期货交易所会员(客户)的保证金不足时,应及时追加保证金或者自行平仓。否则,期货交易所有权进行强平。

### 母题精选

【判断题】当日无负债结算制度是指当交易发生亏损,进而导致保证金账户资金不足时,则要求必须在当天收市前向账户中追加保证金,否则其合约在收市前被强行平仓,以做到“当日无负债”。(  )

【答案】× 【解析】当日无负债结算制度是指期货交易保证金账户当天的盈亏状况在每个交易日结束后,由期货结算机构进行结算,并根据结算结果进行资金划转的制度。

母题精选 微信扫描

## 三、涨跌停板制度(熟悉)

| 项 目 | 内 容 |
|---|---|
| 概念 | 期货合约在一个交易日中的交易价格波动不得高于或者低于规定的涨跌幅度,即每日价格最大波动限制制度。[②] |
| 涨跌停板制度的作用 | (1)能够有效减缓、抑制突发性事件和过度投机行为对期货价格造成的狂涨暴跌的冲击。<br>(2)锁定了会员和客户每一交易日所持有合约的最大盈亏。<br>(3)为保证金制度和当日结算无负债制度的实施创造了有利条件。 |
| 我国境内期货涨跌停板制度的特点 | (1)新上市的品种(期货合约)涨跌停板幅度:一般为合约规定涨跌停板幅度的2倍或3倍。<br>①若合约有成交,则于下一交易日恢复到合约规定的涨跌停板幅度。<br>②若合约无成交,则下一交易日继续执行前一交易日涨跌停板幅度。<br>(2)临时调整期货合约涨跌停板幅度:合约价格同方向连续涨跌停板、遇国家法定长假、交易所认为市场风险明显变化时。<br>(3)取最高值:若同时适用交易所规定的两种或两种以上涨跌停板情形的,取符合规定涨跌停板中的最高值。 |

考查概率:较低,所占分值为1分左右。

考试题型:主要以单选题和多选题形式出现。

考查重点:涨跌停板制度。

②超过最大波动限制的报价为无效报价,不能成交。

续 表

| 项 目 | 内 容 |
|---|---|
| 交易所对涨跌停板情况的风险控制措施 | (1)若期货合约以涨跌停板价格成交时,实行平仓优先[①]和时间优先的原则进行成交撮合。<br>(2)当某合约连续出现涨(跌)停板单边无连续报价(即某一期货合约在某一交易日收盘前5分钟内出现只有停板价位的买入或卖出申报、没有停板价位的卖出或买入申报,或者未打开停板价位的情况)时,实行强制减仓。<br>①目的:避免交易对手方(会员)因为无法平仓而出现大规模、大面积亏损而可能产生的市场风险。<br>②具体措施:交易所将当日以涨跌停板价格申报的未成交平仓报单,以当日涨跌停板价格与该合约净持仓盈利客户按照持仓比例自动撮合成交。 |

[①]平当日新开仓位不适用平仓优先的原则。

## 母题精选

【单选题】我国甲醇期货某合约上一交易日的收盘价和结算价分别为2 930元/吨和2 940元/吨,若该合约每日价格最大波动限制为±6%,最小变动价位为1元/吨,则以下为有效报价的是(　　)元/吨。

A. 3 106　　B. 2 760　　C. 3 118　　D. 2 750

【答案】A 【解析】甲醇期货合约的每日价格最大波动限制是不超过上一交易日结算价的±6%,当日涨停板价格=2 940×(1+6%)≈3 116(元/吨),当日跌停板价格=2 940×(1−6%)≈2 763(元/吨),故只要报价在涨停板和跌停板价格之间就是有效报价,故选A。

## 四、持仓限额及大户报告制度(重点掌握)

考查概率:100%,所占分值为0.5分。
考试题型:主要以单选题形式出现。
考查重点:持仓限额及大户报告制度。

| 项 目 | 内 容 |
|---|---|
| 概念 | (1)持仓限额制度是指交易所规定由会员或客户可以持有的、按单边计算的某一合约投机头寸的最大数额。<br>(2)大户报告制度是指当交易所会员或客户某品种某合约持仓达到交易所规定的持仓报告标准时,应向交易所报告的制度。 |
| 国际期货持仓限额及大户报告制度的特点 | (1)不同期货品种(合约)的具体情况和市场风险状况,交易所持仓限额和持仓报告标准不同。<br>(2)通常情况下,一般月份的合约比临近交割时的合约的持仓限额及持仓报告标准要高。<br>(3)一般投机头寸有持仓限额限制,而套期保值头寸、风险管理头寸及套利头寸可以向交易所申请豁免持仓限额。 |
| 我国境内商品期货市场持仓限额及大户报告制度的特点 | (1)特点。<br>①不同期货品种限仓数额及大户报告标准不同。<br>②当会员或客户的某品种持仓合约的投机头寸达到交易所持仓限量80%以上(含本数)时,会员或客户(通过期货公司会员)应向交易所报告其资金情况、头寸情况等。 |

续 表

| 项 目 | 内 容 |
| --- | --- |
| 我国境内商品期货市场持仓限额及大户报告制度的特点 | ③根据具体合约的市场总持仓量设置持仓限额及持仓报告标准(正比例关系)。<br>④各合约在交易全过程中所处的不同时期来分别确定不同的限仓数额及持仓报告标准(这一点和国际期货市场的特点一致)。<br>⑤不同客户(期货公司会员、非期货公司会员、一般客户)分别适用不同的持仓限额及持仓报告标准。<br>(2)具体实施的规定。<br>①采用限制会员持仓和限制客户持仓相结合的办法控制市场风险。<br>②套期保值和套利交易的持仓的限制:各商品交易所对套期保值交易头寸实行审批制,其持仓不受限制;中国金融期货交易所,套期保值和套利交易的持仓均不受限制。<br>③在不同期货公司开仓交易的同一客户,其在某一合约的持仓合计不得超出该客户的持仓限额。<br>④当会员(客户)持仓达到或者超过持仓限额的,不得同方向开仓交易。 |
| 作用 | 监控持仓量较大的会员(客户),防范操纵行为及风险过度的集中。 |

## 母题精选

【单选题】目前在我国,对某一品种某一月份合约的限仓数额规定,描述正确的是(　　)。

A. 进入交割月份的合约持仓限额标准低

B. 距离交割越近的合约持仓限额标准高

C. 限仓数额根据价格变动情况而定

D. 限仓数额与距离交割期限远近无关

母题精选 微信扫描

【答案】 A 【解析】通常情况下,一般月份的合约比临近交割时的合约的持仓限额及持仓报告标准要高。

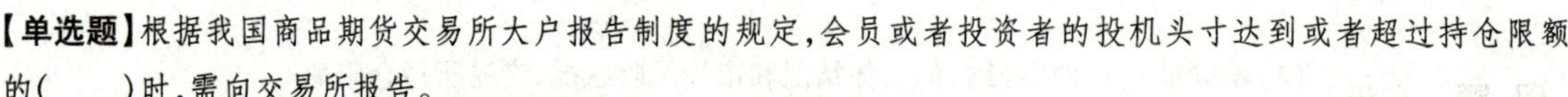

【单选题】根据我国商品期货交易所大户报告制度的规定,会员或者投资者的投机头寸达到或者超过持仓限额的(　　)时,需向交易所报告。

A. 50%　　B. 60%　　C. 70%　　D. 80%

【答案】 D 【解析】当会员或客户的某品种持仓合约的投机头寸达到交易所持仓限量80%以上(含本数)时,会员或客户(通过期货公司会员)应向交易所报告其资金情况、头寸情况等。

### 五、强行平仓制度(掌握)

考查概率:60%,所占分值为1分左右。
考试题型:主要以单选题和多选题形式出现。
考查重点:强行平仓制度。

| 项 目 | 内 容 |
| --- | --- |
| 概念 | 一种强制措施,按照有关规定对会员或客户的持仓实行平仓。 |
| 目的 | 控制风险。 |
| 种类 | (1)交易所对会员持仓实行的强行平仓。<br>(2)期货公司对其客户持仓实行的强行平仓。 |

续　表

| 项　目 | 内　容 |
| --- | --- |
| 适用情况 | (1)账户交易保证金不足(最常见)。<br>作用:有利于会员(客户)避免账户损失扩大,通过控制个别账户的风险,可有力地防止风险扩散。<br>(2)会员(客户)违反持仓限额制度,超出持仓限额的部分头寸将会被强行平仓。<br>作用:强行平仓是持仓限额制度的有力补充。 |
| 我国境内期货强行平仓制度规定 | (1)交易所有权对会员持仓进行强行平仓的情形。<br>①未能在规定时限内补足会员结算准备金(余额小于零)。<br>②持仓量超出其限仓规定的客户及从事自营业务的交易会员。<br>③违规受到交易所强行平仓处罚。<br>④交易所规定的应采取交易所紧急措施的。<br>⑤其他应予以强行平仓的情形。<br>(2)强行平仓的程序。<br>①从交易所的角度来看。<br>◆通知:交易所向有关会员下达“强行平仓通知书”,提出强行平仓要求。<br>◆执行及确认:开市后,交易所审核会员自行平仓是否达到平仓要求;超过会员自行强行平仓时限而未执行完毕的,剩余部分由交易所直接执行强行平仓;交易所在强行平仓执行完毕后,记录执行结果并存档;将强行平仓结果发送给会员(客户)。<br>②从期货公司角度来看。<br>◆通知:期货公司会通知客户追加保证金或自行平仓(客户可用资金为负值时)。<br>◆执行:当客户自己并未平仓且行情继续向不利方向发展时,各期货公司会根据公司内部标准,实行强平措施。 |

## 母题精选

【多选题】我国期货交易所规定,当会员(　　)时,交易所有权对其全部或部分持仓进行强行平仓。

A. 频繁买卖合约

B. 超出持仓限额的头寸,且未能在规定期限内自行减仓

C. 因出现单边市而无法平仓

D. 结算准备金余额小于零,且未能在规定时限内补足

【答案】 BCD 【解析】我国境内期货交易所规定,当会员(客户)出现下列情形之一时,交易所有权对其持仓进行强行平仓:①未能在规定时限内补足会员结算准备金(余额小于零)。②持仓量超出其限仓规定的客户及从事自营业务的交易会员。③违规受到交易所强行平仓处罚。④交易所规定的应采取交易所紧急措施的。⑤其他应予强行平仓的情形。

## 六、信息披露制度（了解）

| 项　目 | 内　容 |
|---|---|
| 应披露的内容 | 我国《期货交易管理条例》规定，期货交易所应当及时公布的内容包括以下几点。<br>（1）上市品种合约的成交量、成交价、持仓量、最高价与最低价、开盘价与收盘价。<br>（2）适当方式发布即时行情，持仓量、成交量排名情况，期货交易所交易规则及其实施细则规定的其他信息。<br>（3）标准仓单数量和可用库容情况，交易所编制的交易情况周报表、月报表和年报表。 |
| 禁止披露内容 | （1）期货交易所不得发布价格预测信息。<br>（2）未经期货交易所许可，任何单位和个人不得发布期货交易即时行情。 |
| 材料保存期限 | 期货交易所对期货交易、结算、交割资料的保存期限应当不少于20年。 |

考查概率：较低，所占分值最多为0.5分。
考试题型：主要以单选题和多选题形式出现。
考查重点：信息披露制度。

# 第三节　期货交易流程

## 一、开户（重点掌握）

### （一）开户的概述

| 项　目 | 内　容 |
|---|---|
| 责任区分 | （1）中国期货市场监控中心有限责任公司（以下简称监控中心）负责客户开户管理的具体实施工作。<br>（2）期货公司为客户申请、注销各期货交易所交易编码，同时为客户修改与交易编码相关的客户资料。 |
| 开户流程 | 申请开户——阅读“期货交易风险说明书”并签字确认——签署“期货经纪合同书”——申请交易编码并确认资金账号。 |

考查概率：100%，所占分值为0.5～1分。
考试题型：单选题、多选题、判断题。
考查重点：开户。

### （二）申请开户

| 项　目 | 内　容 |
|---|---|
| 开户实质 | 确立投资者（委托人）与期货公司（代理人）之间的一种法律关系（委托代理关系）。 |
| 客户的分类 | （1）个人客户。<br>个人客户在办理开户时应注意的事项：①应当由本人亲自办理开户手续，签署开户资料，不得委托代理人代为办理开户手续。②个人客户的有效身份证明文件为中华人民共和国居民身份证（中国证监会另有规定的除外）。 |

续 表

| 项 目 | 内 容 |
| --- | --- |
| 客户的分类 | (2)单位客户。<br>①分类:一般单位客户、特殊单位客户。其中,特殊单位客户包括证券公司、基金管理公司、信托公司和其他金融机构,以及社会保障类公司、合格境外机构投资者等法律、行政法规和规章规定的需要资产分户管理的特殊单位客户<br>②单位客户在办理开户时应注意的事项:应当出具单位客户的授权委托书、代理人的身份证和其他开户证件。<br>◆一般单位客户的有效身份证明文件:组织机构代码证、营业执照(中国证监会另有规定的除外)。<br>◆特殊单位客户的有效身份证明文件:由监控中心另行规定。 |

(三)阅读“期货交易风险说明书”并签字确认

期货公司在接受客户开户申请时,必须向客户提供“期货交易风险说明书”。

(1)个人客户:仔细阅读并理解后签字。

(2)单位客户:单位法定代表人或授权他人在仔细阅读并理解后签字并加盖单位公章。

(四)签署“期货经纪合同书”[①]

| 项 目 | 内 容 |
| --- | --- |
| 个人客户 | (1)在合同上签字。<br>(2)提供本人身份证,留存印鉴或签名样卡。 |
| 单位客户 | (1)法定代表人或授权他人在合同上签字并加盖单位公章。<br>(2)提供“企业法人营业执照”复印件;法定代表人及本单位期货交易业务执行人的姓名、联系电话、单位及其法定代表人或单位负责人印鉴等内容的书面材料;法定代表人授权期货交易业务执行人的书面授权书。 |

[①]期货公司在接受客户开户申请时,双方必须签署“期货经纪合同书”。

(五)申请交易编码并确认资金账号

| 项 目 | 内 容 |
| --- | --- |
| 交易编码的构成 | 编码由 12 位数字构成,前 4 位为会员号,后 8 位为客户号。客户在不同会员处开户的,其交易编码中客户号相同。 |
| 申请交易编码、确认资金账号的步骤 | (1)期货公司→监控中心:期货公司为客户申请各期货交易所交易编码,传递给监控中心。<br>(2)监控中心复核资料:监控中心应当建立和维护期货市场客户统一开户系统,对期货公司提交的客户资料进行复核,应当为每一个客户设立统一开户编码,并建立统一开户编码与客户在各期货交易所交易编码的对应关系。 |

续 表

| 项 目 | 内 容 |
| --- | --- |
| 申请交易编码、确认资金账号的步骤 | (3)监控中心→期货交易所:监控中心将复核的客户资料转发给相关期货交易所。<br>(4)期货交易所→监控中心→期货公司:期货交易所根据业务规则对客户交易编码进行分配、发放和管理,并将各类申请的处理结果通过监控中心反馈给期货公司。当日分配的客户交易编码,期货交易所应当于下一交易日允许客户使用。 |

## 母题精选

【单选题】期货市场客户统一开户系统由(　　)建立和维护。

A. 期货公司　　B. 中国证监会

C. 中国期货市场监控中心　　D. 期货交易所

【答案】 C 【解析】期货公司为客户申请各期货交易所交易编码,应当统一通过监控中心办理。监控中心应当建立和维护期货市场客户统一开户系统,对期货公司提交的客户资料进行复核,并将通过复核的客户资料转发给相关期货交易所。故选项C正确。

## 二、下单(重点掌握)

考查概率:100%,所占分值为1~1.5分。

考试题型:主要以单选题和多选题形式出现。

考查重点:①常用的交易指令。②各交易所常采用的交易指令。

### (一)下单的概念

下单是指客户在每笔交易前向期货公司业务人员下达交易指令,说明拟买卖合约的种类、数量、价格等的行为。

客户在开好户头之后,下单交易之前应按规定足额缴纳开户保证金,才能委托下单,开始期货交易。

### (二)常用的交易指令①

| 项 目 | 内 容 |
| --- | --- |
| 市价指令 | 按市场价成交,成交速度快,指令下达后不可更改或撤销。 |
| 限价指令 | 按限定价格或更好的价格成交的指令;成交速度相对较慢,甚至无法成交。 |
| 止损指令 | (1)概念:当市场价格达到客户预先设定的触发价格时,即变为市价指令执行的一种指令。<br>(2)特点:有效地锁定利润;限制可能的损失扩大化;为建立新头寸留存资金。 |
| 停止限价指令 | (1)概念:当市场价格达到客户预先设定的触发价格时,即变为限价指令执行的一种指令。<br>(2)特点:锁定损失或利润在预期范围;和止损指令相比成交速度较慢,甚至无法成交。 |

①交易指令的内容包括期货交易的品种及合约月份、交易方向、数量、价格、开平仓等。

续　表

| 项　目 | 内　容 |
| --- | --- |
| 触价指令 | (1)概念:当市场价格达到指定价位时,以市价指令予以执行的一种指令。<br>(2)触价指令与止损指令的区别。<br>①预先设定的价位不同。<br>◆卖出止损指令的止损价 < 当前市场价格 < 买进止损指令的止损价。<br>◆买进触价指令的触发价格 < 当前市场价格 < 卖出触价指令的触发价格。<br>②用途不同:止损指令通常用于平仓,而触价指令一般用于开新仓。 |
| 限时指令 | 设置在某一时间段内执行,若未被执行,则自动取消。 |
| 长效指令 | 持续有效的交易指令(成交或由委托人取消除外)。 |
| 套利指令 | 指同时买入和卖出两种或两种以上期货合约的指令。 |
| 取消指令 | 又称为撤单,指完全取消先前下达的指令且没有下达新的指令。 |

## 母题精选

【单选题】通常情况下,下列交易指令中成交速度最快的是(　　)。

A. 止损指令　　B. 停止限制指令

C. 触价指令　　D. 市价指令

【答案】 D 【解析】市价指令按市场价成交,成交速度快,指令下达后不可更改或撤销。

【单选题】当市场价格达到客户预先设定的触发价格时,停止限价指令即变为(　　)。

A. 限价指令　　B. 市价指令　　C. 限时指令　　D. 取消指令

【答案】 A 【解析】停止限价指令是当市场价格达到客户预先设定的触发价格时,即变为限价指令执行的一种指令。故选项 A 正确。

【多选题】某投机者决定进行铝期货合约投机交易,并通过止损指令限制损失,具体操作如下表所示。则价格 Y 的合理取值可为(　　)元/吨。

| 时间 | 合约价格、买卖方向及合约数量。 |
| --- | --- |
| 建仓 | 当价格为 13 360 时,买入 10 手,设定止损指令,价格为 X。 |
| 平仓 | 当价格为 13 380 时,设定止损指令,价格为 Y。 |

A. 13 355　　B. 13 365　　C. 13 375　　D. 13 385

【答案】 BC 【解析】止损指令是当市场价格达到客户预先设定的触发价格时,即变为市价指令执行的一种指令。止损指令通常用于平仓,其取值区间:卖出止损指令的止损价 < 当前市场价格 < 买进止损指令的止损价。本题设置的是卖出止损指令且又可以锁定利润,故 Y 取值区间为 13 360 < Y < 13 380。选项 B、选项 C 均符合题意。

【多选题】某交易者以51 800元/吨卖出2手铜期货合约,成交后市价下跌到51 350元/吨。因预测价格仍将下跌,交易者决定继续持有该头寸,并借助止损指令控制风险确保盈利。该止损指令设定的价格可能为(　　)元/吨(不计手续费等费用)。

A. 51 710　　B. 51 840　　C. 51 520　　D. 51 310

【答案】 AC 【解析】当市场价格达到客户预先设定的触发价格时,即变为市价指令执行的一种指令。止损指令通常用于平仓,其取值区间为:卖出止损指令的止损价 < 当前市场价格 < 买进止损指令的止损价。本题设置的是买入止损指令且可以锁定利润,故止损指令设定区间为51 350 < 止损指令设定价 <51 800。故选项A、选项C正确。

(三)各交易所常采用的交易指令[①]

| 项　目 | 内　容 |
|---|---|
| 共性 | 我国境内各期货交易所常采用限价指令,且所有指令均为当日有效。 |
| 郑州商品交易所 | 限价指令、市价指令、跨期套利指令及跨品种套利指令。 |
| 大连商品交易所 | 限价指令、市价指令、止损指令、停止限价指令、跨期套利指令及跨品种套利指令。 |

①在指令成交前,投资者可以提出变更和撤销。

(四)指令下达方式

| 项　目 | 内　容 |
|---|---|
| 书面下单 | 客户填写书面交易指令单并签字→期货公司→交易所。 |
| 电话下单 | (1)操作:客户通过电话下达指令→期货公司→交易所。<br>(2)注意事项:期货公司须将客户的电话指令同步录音,以备查证。 |
| 互联网下单(最主要的方式) | (1)操作:客户使用期货公司配置的网上下单系统进行网上下单指令→期货公司→交易所。<br>(2)注意事项:期货公司需要对下单风险进行提示,并以适当方式保存客户的指令,以备查证。 |

## 三、竞价(重点掌握)

考查概率:100%,所占分值为0.5~1分。
考试题型:主要以单选题和多选题的形式出现。
考查重点:竞价的方式。

### (一)竞价的方式

1. 公开喊价方式(传统竞价方式)

| 种　类 | 内　容 |
|---|---|
| 连续竞价制 | (1)概念:交易所交易池内由交易者面对面地公开喊价,表达各自买进或卖出合约的要求。<br>(2)特点:交易者在报价时要发出声音、作出手势并保证报价的准确性;场内气氛活跃,定价原则公开、公平、公正。 |
| 一节一价制 | 没有连续不断的竞价,每一节交易中一种合约一个价格。 |

2. 计算机撮合成交方式[①]

| 项目 | 内容 |
| --- | --- |
| 特点 | (1)和公开喊价相比具有准确、连续的特点。<br>(2)可能会有交易系统故障引发的风险。 |
| 连续竞价 | (1)原则:价格优先、时间优先。<br>(2)撮合成交价的产生。假设买入价为 $bp$、卖出价为 $sp$、前一成交价为 $cp$。<br>买入价大于、等于卖出价则自动撮合成交,撮合成交价等于买入价、卖出价和前一成交价三者中居中的一个价格即:<br>◆ $bp \geq sp \geq cp$,则最新成交价 = $sp$。<br>◆ $bp \geq cp \geq sp$,则最新成交价 = $cp$。<br>◆ $cp \geq bp \geq sp$,则最新成交价 = $bp$。[②] |
| 集合竞价 | (1)产生价格的方法。<br>①买入申报:由高到低按申报价价格排列,相同的申报价遵循时间优先原则排列。<br>②卖出申报:由低到高按申报价价格排列,相同的申报价遵循时间优先原则排列。<br>(2)交易系统会将买入申报和卖出申报配对成交,直到不能成交为止。[③]<br>①若最后一笔成交是全部成交,则集合竞价产生的价格(该价格按各期货合约的最小变动价位取整)为最后一笔成交的买入申报价和卖出申报价的算术平均价。<br>②若最后一笔成交是部分成交,则集合竞价产生的价格为部分成交的申报价。<br>(3)原则:最大成交量原则。<br>①若买入申报高于集合竞价产生的价格则全部成交。<br>②若卖出申报低于集合竞价产生的价格则全部成交。<br>③若买入或卖出申报等于集合竞价产生的价格则按申报量少的一方成交。<br>(4)开盘价的产生。<br>①没夜盘的交易合约在每一交易日日盘开市前 5 分钟内进行,其中前 4 分钟为期货合约买、卖价格指令申报,后 1 分钟为集合竞价撮合时间,开市时则产生开盘价。<br>②有夜盘的交易合约在每一交易日夜盘开市前 5 分钟内进行。[④] |

[①] 我国境内的期货交易均采用计算撮合成交方式进行竞价。

[②] 连续竞价撮合成交价格考试中经常会考到,考生需要理解记忆,并多做题练习。

[③] 集合竞价中未成交的申报单会自动参与开盘后的连续竞价。

[④] 有夜盘交易的合约,日盘则继续连续竞价,不再集合竞价。

## 母题精选

【单选题】上海期货交易所在对某月份锌期货进行计算机撮合成交时，若交易者的最优申卖价为10 245元/吨，最优申买价为10 255元/吨，前一成交价为10 250元/吨，则（　　）。

母题精选 微信扫描

A. 自动撮合成交，撮合成交价等于10 255元/吨

B. 自动撮合成交，撮合成交价等于10 245元/吨

C. 自动撮合成交，撮合成交价等于10 250元/吨

D. 不能成交

【答案】 C 【解析】当买入价大于卖出价时自动撮合成交，成交价为买入价、卖出价和前一成交价三者中居中的一个价格。本题中买入价 > 前一成交价 > 卖出价，则最新成交价格为前一成交价10 250元/吨。故选C。

### （二）成交回报与确认

| 项　目 | 内　容 |
|---|---|
| 成交回报 | （1）计算机下单的成交回报：可立即通过期货公司提供的下单系统获取。<br>（2）书面下单和电话下单的成交回报：按约定方式即时予以成交回报。 |
| 确认 | （1）若客户对交易结算单记载事项有异议，应当在下一交易日开市前向期货公司提出书面异议，期货公司应当根据原始指令记录和交易记录予以核实。<br>（2）若客户对交易结算单记载事项无异议，应当在交易结算单上签字确认或者按照期货经纪合同约定的方式确认。<br>（3）客户既未对交易结算单记载事项确认，也未提出异议的，视为对交易结算单的确认。 |

## 四、结算（重点掌握）

考查概率：100%，所占分值为2～3.5分。

考试题型：主要以单选题和综合题为主。

考查重点：①结算的概述。②结算的程序。

### （一）结算的概述

| 项　目 | 内　容 |
|---|---|
| 概念 | 结算是指交易双方的交易结果根据期货交易所公布的结算价格进行的资金清算和划转。 |
| 我国结算制度 | （1）商品期货交易所[①]：全员结算制度，交易所对所有会员的账户进行结算，收取和追收保证金。<br>（2）中国金融期货交易所的结算制度：实行会员[②]分级结算制度。<br>①期货交易所对结算会员结算，向结算会员收取和追收保证金。<br>②结算会员对非结算会员进行结算、收取和追收保证金。<br>（3）交易所、期货公司、客户三者之间的结算关系。<br>①期货交易所统一组织结算的进行，不直接对客户账户进行结算、收取和追收保证金。 |

[①] 我国商品交易所有：大连商品交易所、郑州商品交易所、上海期货交易所。

[②] 会员由结算会员和非结算会员组成。

续　表

| 项　目 | 内　容 |
|---|---|
| 我国结算制度 | ②期货公司根据期货交易所的结算结果负责对本公司客户账户的结算、收取和追收保证金,并按照约定的方式将结算结果告知客户。 |
| 我国境内期货保证金的分类 | (1)结算准备金(也称可用资金):在专用结算账户预先准备的资金,是未被合约占用的保证金。<br>(2)交易保证金(也称保证金占用):在专用结算账户中确保合约履行的资金,是已被合约占用的保证金。 |

(二)期货开平仓、持仓和结算价

| 项　目 | 内　容 |
|---|---|
| 开仓 | 亦称建仓,即建立期货头寸的行为,包括买入开仓和卖出开仓两类。 |
| 持仓 | 建仓之后手中持有的头寸,即未平仓合约。买入开仓后持有即多头持仓,卖出开仓后持有即空头持仓。 |
| 平仓 | 即了结持仓的交易行为。买入开仓的合约通过卖出平仓,卖出开仓的合约通过买入平仓。 |
| 结算价 | (1)概念:是一种结算基准价,主要是对当日交易结束后的未平仓合约进行的当日交易保证金及当日盈亏的结算。<br>(2)我国商品期货交易所的结算价。<br>①当日有成交的,取某一期货合约当日成交价格按照成交量的加权平均价。<br>②当日无成交的,取上一交易日的结算价。<br>(3)中国金融期货交易所的结算价:取某一期货合约最后1小时成交价格按照成交量的加权平均价。 |

(三)结算程序[①]

1. 交易所对会员的结算

(1)交易所对会员的结算的概述。

| 项　目 | 内　容 |
|---|---|
| 交易所的职责 | ①交易所每一个交易日交易结束后对会员提供的结算数据包括:“会员当日平仓盈亏表”“会员当日成交合约表”“会员当日持仓表”和“会员资金结算表”。<br>②交易所在交易结算完成后,给结算银行传递资金划转数据,同时结算银行应及时给交易所反馈划账结果。 |

①我国境内期货交易所的结算程序:交易所对会员进行结算,期货公司(会员)对客户进行结算。此处是以商品期货交易所的结算程序为例进行表述的。

续　表

| 项　目 | 内　容 |
| --- | --- |
| 会员的职责 | ①会员每天应及时核对交易所提供的结算数据，并将结算数据妥善保存（至少保存两年）。若对有关期货交易有争议的，应当保存至该争议消除时为止。<br>②会员如对结算结果有异议，应在下一交易日开市前30分钟内以书面形式通知交易所。遇特殊情况时，会员可在下一交易日开市后两小时内以书面形式通知交易所。若在规定时间内没有对结算数据提出异议，则视作会员认可结算数据的准确性。 |
| 保证金划转 | ①划入会员结算准备金的情形：当日盈利，当日结算时的交易保证金低于昨日结算时的交易保证金部分。<br>②扣划会员结算准备金的情形：当日亏损，当日结算时的交易保证金超过昨日结算时的交易保证金部分，手续费、税金等各项费用。 |
| 结算准备金 | 若每日结算完毕后，会员的结算准备金低于交易所规定的结算准备金最低余额时，会员必须在下一交易日开市前补足至交易所规定的结算准备金最低余额。 |

（2）交易所对会员的结算项目的计算公式。

| 项　目 | 内　容 |
| --- | --- |
| 当日结算准备金余额 | 当日结算准备金余额＝上一交易日结算准备金余额＋上一交易日交易保证金－当日交易保证金＋当日盈亏＋入金－出金－手续费等。 |
| 当日盈亏的计算 | ①商品期货：当日盈亏＝∑［（卖出成交价－当日结算价）×卖出量］＋∑［（当日结算价－买入成交价）×买入量］＋（上一交易日结算价－当日结算价）×（上一交易日卖出持仓量－上一交易日买入持仓量）。<br>②股指期货[1]：当日盈亏＝∑［（卖出成交价－当日结算价）×卖出手数×合约乘数］＋∑［（当日结算价－买入成交价）×买入手数×合约乘数］＋（上一交易日结算价－当日结算价）×（上一交易日卖出持仓手数－上一交易日买入持仓手数）×合约乘数。 |
| 当日交易保证金 | ①商品期货：当日交易保证金＝当日结算价×当日交易结束后的持仓总量×交易保证金比例。<br>②股指期货：当日交易保证金＝当日结算价×合约乘数×当日交易结束后的持仓总量×交易保证金比例。 |

[1] 股指期货交易的计算公式中，“成交价”与“结算价”均以“点数”表示。

**2. 期货公司对客户的结算**

（1）期货公司对客户的结算概述。

①期货公司每一交易日交易结束后，对每一客户结算盈亏、交易手续费、交易保证金等款项进行结算。[①]

②期货投资者可以通过中国期货市场监控中心查询期货公司传送的结算单等结算信息。

③每日结算后客户的交易保证金低于期货公司规定水平时，期货公司应按合同约定方式通知客户追加保证金。

（2）期货公司对客户的结算的计算公式。[②]

| 项　目 | 内　容 |
| --- | --- |
| 逐日盯市结算的相关计算公式 | ①平仓盈亏。<br>◆平仓盈亏＝平当日仓盈亏＋平历史仓盈亏。<br>◆平当日仓盈亏＝∑[（卖出成交价－买入成交价）×交易单位×平仓手数]。[③]<br>◆平历史仓盈亏＝∑[（卖出成交价－上日结算价）×交易单位×平仓手数]＋∑[（上日结算价－买入成交价）×交易单位×平仓手数]。<br>②持仓盯市盈亏。<br>◆持仓盯市盈亏＝当日持仓盈亏＋历史持仓盈亏。<br>◆当日持仓盈亏＝∑[（卖出成交价－当日结算价）×交易单位×卖出手数]＋∑[（当日结算价－买入成交价）×交易单位×买入手数]。<br>◆历史持仓盈亏＝∑[（上日结算价－当日结算价）×交易单位×卖出手数]＋∑[（当日结算价－上日结算价）×交易单位×买入手数]。<br>③当日盈亏：当日盈亏＝平仓盈亏（逐日盯市）＋持仓盯市盈亏（逐日盯市）。<br>④当日结存：当日结存＝上日结存（逐日盯市）＋当日盈亏＋入金－出金－手续费（等）。<br>⑤客户权益：客户权益＝当日结存（逐日盯市）。 |
| 逐笔对冲结算的相关计算公式 | ①平仓盈亏：平仓盈亏＝∑[（卖出成交价－买入成交价）×交易单位×平仓手数]。<br>②浮动盈亏：浮动盈亏＝∑[（卖出成交价－当日结算价）×交易单位×卖出手数]＋∑[（当日结算价－买入成交价）×交易单位×买入手数]。<br>③当日结存：当日结存＝上日结存（逐笔对冲）＋平仓盈亏（逐笔对冲）＋入金－出金－手续费（等）。<br>④客户权益＝当日结存（逐笔对冲）＋浮动盈亏。 |

[①]期货公司会员向客户收取的交易保证金不得低于交易所向会员收取的交易保证金。

[②]结算方式分类：逐日盯市和逐笔对冲两种结算方式。

[③]若是股指期货，则算式中的价格改为“点数”；“交易单位”改为“合约乘数”。

## 母题精选

【单选题】某客户卖出铜期货合约10手，成交价格为67 500元/吨，当天该合约结算价是67 400元/吨，该客户的持仓盈亏是（　　）元（铜期货交易单位为5吨/手）。

A. 亏损5 000　　B. 亏损1 000　　C. 盈利5 000　　D. 盈利1 000

【答案】C　【解析】持仓盯市盈亏＝∑[（卖出成交价－当日结算价）×交易单位×卖出手数]。本题中，持仓盈亏＝（67 500－67 400）×5×10＝5 000（元）。故选项C正确。

【单选题】某交易者在 CME 买进 1 张欧元期货合约，成交价为 EUR/USD = 1.321 0，在 EUR/USD = 1.325 0 价位上全部平仓（每合约规模为 12.5 万欧元），在不考虑手续费情况下，这笔交易（　　）。

A. 盈利 500 美元　　B. 亏损 500 美元　　C. 盈利 500 欧元　　D. 亏损 500 欧元

【答案】 A 【解析】平仓盈亏 = ∑[（卖出成交价 − 买入成交价）× 交易单位 × 平仓手数] =（1.325 0 − 1.321 0）× 125 000 × 1 = 500（美元）。

【单选题】某机构卖出中国金融期货交易所 5 年期国债期货 20 手（合约规模为 100 万/手）。卖出价格为 97.700，若当天合约的结算价格为 97.640，此时该机构的浮动盈亏是（　　）元。

A. 1 200 000　　B. 12 000　　C. −1 200 000　　D. −12 000

【答案】 B 【解析】浮动盈亏 = ∑[（卖出成交价 − 当日结算价）× 交易单位 × 卖出手数] =（97.7 − 97.64）/100 × 1 000 000 × 20 = 12 000（元）。

【提示】中国金融期货交易所 5 年期国债期货合约的报价是百元净价报价。具体内容考生可参考第八章第二节内容进行理解。

（3）逐日盯市结算和逐笔对冲结算方式的相同点与不同点。

| 项　目 | 内　容 |
| --- | --- |
| 相同点 | ①参数的值没有差别：保证金占用、当日出入金、当日手续费、客户权益、质押金、可用资金、追加保证金和风险度等参数值相同。<br>②计算当日开仓平仓合约的盈亏方法相同。 |
| 不同点 | ①逐日盯市计算的是当日盈亏；逐笔对冲计算的是自开仓之日起至结算当日的累计盈亏，是最终盈亏。<br>②对于未平仓合约的盈亏，逐日盯市结算方式将其计入当日结存，视为持仓盯市盈亏；逐笔对冲结算方式不计入当日结存，视为浮动盈亏，若平仓则浮动盈亏归零，转为平仓盈亏。<br>③对历史持仓结算时，所用的价格不同。<br>◆逐日盯市平仓盈亏使用的是上日结算价和平仓价，持仓盯市盈亏使用的是当日结算价和上日结算价。<br>◆逐笔对冲的平仓盈亏使用的是开仓价和平仓价，浮动盈亏使用的是开仓价和当日结算价。 |

（4）风险度。

风险度的计算是期货公司风险管理中的重要环节。目前业界广泛应用金仕达系统的默认算法即：

保证金占用 = 当日结算价 × 合约乘数 × 持仓手数 × 公司要求的保证金比例

客户权益 = 可用资金 + 保证金占用

风险度 = 保证金占用/客户权益 × 100%

若风险度越接近 100%，则风险越大，等于 100%，则表明客户的可用资金为 0。当风险度大于 100% 时，客户则会收到期货公司“追加保证金通知书”。

## 母题精选

【单选题】某客户当日账户权益 50 000 元，开仓买入大豆期货合约 20 手（每手 10 吨），成交价格是 2 020 元/吨，当日的结算价格是 2 010 元/吨，交易保证金比率是 10%，则该客户的风险度是（　　）%。

A. 8.04　　B. 80.4　　C. 84　　D. 184

【答案】B　【解析】当日交易保证金 = 当日结算价 × 当日交易结束后的持仓总量 × 交易保证金比例，风险度 = 保证金占用/客户权益 × 100% = 2 010 × 20 × 10 × 10%/50 000 × 100% = 80.4%。

### 五、交割（重点掌握）

考查概率：100%，所占分值为 2 ~ 2.5分。

考试题型：主要以单选题、多选题、综合题形式出现。

考查重点：①实物交割。②实物交割的标准仓单。③期转现。

（一）交割的分类与作用

| 项　目 | 内　容 |
|---|---|
| 分类 | （1）实物交割：期货合约到期时，根据交易所的规则和程序，交易双方通过该期货合约所载标的物所有权的转移，了结未平仓合约的过程。商品期货通常采用这种交割方式。<br>（2）现金交割[①]：期货合约到期时，根据交易所的规则、程序及其公布的交割结算价进行现金差价结算，了结到期未平仓合约的过程。股票指数期货、短期利率期货通常采用这种交割方式。<br>中国金融期货交易所的股指期货的交割结算价：最后交易日标的指数最后 2 小时的算术平均价。 |
| 作用 | （1）交割是联系期货与现货的纽带。<br>（2）期货交割是促使期货价格和现货价格趋向一致的制度保证，使期货市场真正发挥价格晴雨表的作用。<br>①当期货价格过高、现货价格过低时，交易者在期货市场上卖出期货合约，在现货市场上买进商品，这样，现货需求增多，现货价格上升，期货合约供给增多，期货价格下降，期现价差缩小。<br>②当期货价格过低、现货价格过高时，交易者在期货市场上买进期货合约，在现货市场卖出商品，这样，期货需求增多，期货价格上升，现货供给增多，现货价格下降，使期现价差趋于正常。 |

[①] 中国金融期货交易所的股指期货合约采用现金交割方式。

（二）实物交割

| 项　目 | 内　容 |
|---|---|
| 实物交割的分类 | （1）集中交割（一次性交割）：所有到期合约在交割月份最后交易日过后一次性集中交割的交割方式。<br>（2）滚动交割。<br>①概念：指在合约进入交割月以后，期货合约可以在交割月第一个交易日至交割月最后交易日前一交易日之间进行交割的交割方式。 |

续 表

| 项 目 | 内 容 |
| --- | --- |
| 实物交割的分类 | ②作用:交易者对交易时间的选择更为灵活,减少了现货储存时间,降低交割成本。<br>(3)我国商品期货交易所采用的交割方式。[①]<br>①上海期货交易所采用集中交割方式。<br>②郑州商品交易所采用滚动交割和集中交割相结合的方式:在合约进入交割月后就可以申请交割(滚动交割),当最后交易日过后,对未平仓合约进行一次性集中交割。<br>③大连商品交易所。<br>◆采用滚动交割和集中交割相结合方式的品种:黄大豆1号、黄大豆2号、豆粕、豆油、玉米合约。<br>◆采用集中交割方式的品种:棕榈油、线型低密度聚乙烯和聚氯乙烯合约。 |
| 实物交割结算价 | (1)公式:交割商品计价 = 交割结算价 + 不同等级商品质量升贴水 + 异地交割仓库与基准交割仓库的升贴水。<br>(2)我国商品期货交易所交割结算价的算法。<br>①郑州商品交易所(三日交割法)交割结算价 = (期货合约配对日交易结算价 + 期货合约配对日前十个交易日交易结算价)/11。<br>②上海期货交易所交割结算价 = 期货合约最后交易日的结算价。<br>③大连商品交易所。<br>◆滚动交割的交割结算价 = 配对日结算价。<br>◆集中交割的交割结算价为交割月第一个交易日至最后交易日所有成交价的加权平均价。 |
| 实物交割流程[②] | (1)交割配对:由交易所实施对交割月份持仓合约配对。<br>(2)标准仓单与货款交换(通过交易所进行):买卖双方分别通过其会员期货公司、交易所将货款和标准仓单交付给对方。<br>(3)增值税发票流转:交易所会员负责转交、领取并协助核实,由交易所监督。 |
| 注意事项 | 实物交割要求以会员名义进行,由会员在交易所进行代理交割。 |

[①]考生学习时需要分清我国四大交易所的交割方式,考试时以单选题或多选题形式考查。

[②]采用集中交割的,最后交易日未平仓合约必须进行交割。

(三)实物交割的标准仓单

| 项 目 | 内 容 |
| --- | --- |
| 用途 | 经交易所注册后生效,用于交割、转让、提货和质押等。 |
| 持有形式 | 标准仓单持有凭证:受法律保护,用于在交易所办理标准仓单交割、交易、转让、质押、注销的凭证。若标准仓单发生变化,交易所应收回旧的持有凭证,签发新的。 |

续　表

| 项　目 | 内　容 |
| --- | --- |
| 标准仓单形式 | (1)仓库标准仓单(最主要形式):是依据交易所的规定,由指定交割仓库完成入库商品验收、确认合格后,在交易所标准仓单管理系统中签发给货主的,用于提取商品的凭证。<br>(2)厂库标准仓单:指经过交易所批准的、指定某种现货生产企业的仓库按照交易所规定的程序签发的、在交易所标准仓单管理系统生成的实物提货凭证。<br>(3)通用标准仓单:指按照交易所的规定和程序,仓单持有人可以到仓单载明品种所在的交易所任一交割仓库选择提货的财产凭证。<br>(4)非通用标准仓单:是指按照交易所的规定和程序,仓单持有人只能到仓单载明的交割仓库提取所对应货物的财产凭证。 |
| 标准仓单的应用 | (1)既可采用仓库标准仓单,也可采用厂库标准仓单。<br>①大连商品交易所的豆粕、豆油、棕榈油期货合约。<br>②上海期货交易所的螺纹钢、线材期货合约。<br>(2)通用标准仓单和非通用标准仓单:适用于郑州商品交易所期货品种。 |

(四)期转现[①]

| 项　目 | 内　容 |
| --- | --- |
| 概念 | 持有方向相反的同一品种同一月份合约的会员(客户)协商一致并向交易所提出申请,在获得交易所批准后,分别将各自持有的合约按双方商定的期货价格(当日涨跌停幅度限制内)由交易所代为平仓,同时按双方协议价格与期货合约标的物数量相当、品种相同、方向相同的仓单进行交换的行为。我国大连商品交易所、上海期货交易所、郑州商品交易所均推出了期转现交易业务。 |
| 期转现的两种情况 | (1)在期货市场上,持有方向相反的仓位,拟用标准仓单或其他符合条件的货物进行期转现。<br>(2)现货市场上的贸易商之间有远期交货意向,于是在期货市场上选择与远期交收货物最近的合约月份建立和远期货物量相当的仓位(自行决定建仓时机和价格),在需要交收货的时候,进行非标准仓单的期转现。 |
| 期转现的优点 | (1)对于加工企业和生产经营企业来说,可以节约期货交割成本,灵活商定交货品级、地点和方式,提高资金的利用效率。具体来说加工企业可以根据需要分批、分期地购回原料,减轻资金压力,减少库存量;生产经营企业可以提前回收资金。 |

[①]期转现的知识内容难度较大,考生在学习时要结合母题及相关练习题进行理解。考试时可能会出计算类题目,考生需要多加重视。

续 表

| 项　目 | 内　容 |
| --- | --- |
| 期转现的优点 | (2)同时锁定期货与现货市场风险,比"平仓后购销现货"更便捷。<br>(3)同远期合同交易和期货实物交割相比,期转现更有利:期转现有效解决了远期合同交易的违约问题、被迫履约问题及期货实物交割存在的成本较高,交割品级、交割时间和地点的选择等没有灵活性问题。 |
| 基本流程 | 寻找交易对手→交易双方商定价格(符合交易所规定范围)→向交易所提出申请→交易所核准→办理手续→缴纳税费。 |
| 操作中应考虑的问题 | (1)使用标准仓单期转现,要考虑仓单提前交收所节省的利息和储存等费用。<br>(2)使用符合条件的其他货物期转现,要考虑节省的交割费用、仓储费和利息以及货物的品级差价。<br>(3)在商定平仓价和交货价时,应使二者价格差额低于节省的上述费用总和。 |

## 母题精选

【单选题】在期转现时买卖双方的期货平仓价(　　)。

A. 不受审批涨跌盘限制

B. 必须为审批前一交易日的收盘价

C. 需在审批日期货价格限制范围内

D. 必须为审批前一交易日结算价

【答案】 C 【解析】在期转现时要先寻找交易对手,找到对方后,向交易所提出申请,在获得交易所批准后,分别将各自持有的合约按双方商定的期货价格(当日涨跌停幅度限制内)由交易所代为平仓。

【综合题】在优质强筋小麦期货市场上,甲为买方,开仓价格为 1 900 元/吨;乙为卖方,开仓价格为 2 100 元/吨。小麦搬运、储存、利息等交割成本为 60 元/吨,双方商定的平仓价为 2 040 元/吨,商定的交收小麦价格比平仓价低 40 元/吨,即 2 000 元/吨。进行期转现交易后甲乙共实现(　　)元/吨的好处。

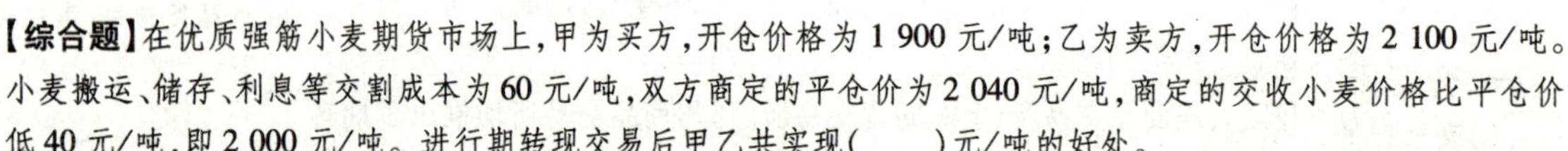

A. 20　　　　B. 40　　　　C. 60　　　　D. 80

【答案】 C 【解析】期转现后,甲实际购入小麦价格:2 000 − (2 040 − 1 900) = 1 860(元/吨);乙实际销售小麦价格:2 000 + (2 100 − 2 040) = 2 060(元/吨)。如果双方不进行期转现而在期货合约到期时进行实物交割,则甲按开仓价 1 900 元/吨购入小麦;乙按照开仓价 2 100 元/吨销售小麦扣除交割成本 60 元/吨,实际售价为 2 040 元/吨。通过比较可知,甲期转现操作的实际采购成本 1 860 元/吨,比实物交割成本 1 900 元/吨低 40 元/吨;乙期转现操作的实际售价 2 060 元/吨,比实物交割的实际售价 2 040 元/吨高 20 元/吨。通过期转现交易,甲少花 40 元/吨,乙多卖 20 元/吨,期转现给双方带来的好处总和为 60 元/吨。

## 章节测评

用手机微信扫描"章节测评"旁边的二维码或用电脑浏览器打开网址 http://cj.ek100.cn 即可进入智能题库进行章节测评。

# 第四章　套期保值

## 本章应试分析

本章主要介绍套期保值的概念、原理、种类以及基差与套期保值效果。在考试中，本章所占分值为8.5分左右，单选题、多选题、判断题和综合题均有涉及，综合题所占比重较大，难度也较大。本章知识很重要，后面第七章、第八章、第九章都会用到本章的知识，考生需要认真学习，要在理解的基础上加以运用。

## 本章思维导图

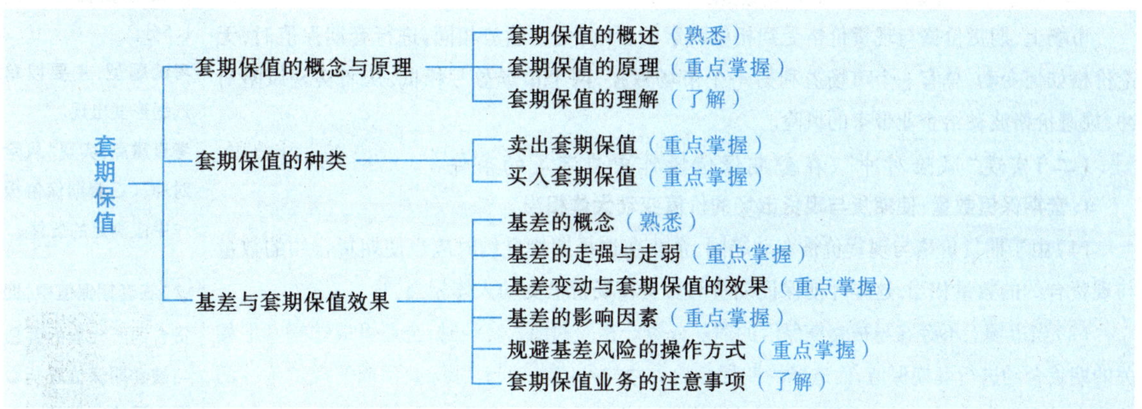


## 名师同步精讲

### 第一节　套期保值的概念与原理

随书赠送
智能题库
详见本书
最后一页

#### 一、套期保值的概述（熟悉）

（1）套期保值的概念（广义）：套期保值（也称避险、对冲）是企业利用一个或一个以上的工具进行交易，预期对冲其生产经营中所面临的全部或者部分价格风险的方式。

（2）套期保值的本质：是一种转移风险的方式，是通过买卖衍生工具将风险转移给其他交易者的方式。

（3）转移的风险：信用风险和价格风险。其中价格风险是企业经营中最常见的风险，主要包括商品的价格风险、利率风险、汇率风险以及股票价格风险等。

（4）套期保值的工具：期货、期权、远期、互换等衍生工具。

（5）套期保值的作用：企业可以通过套期保值降低价格风险对企业经营活动的影响，实现稳健经营。

（6）期货套期保值的概念：期货的套期保值是指企业通过持有与其现货市场头寸相反的期货合约，或者将期货合约作为其现货市场未来要进行交易的替代物，以对冲价格风险的方式。

名师指导

**考查概率**：较低，所占分值最多为0.5分。

**考试题型**：主要以单选题和判断题形式出现。

**考查重点**：①套期保值的本质与工具。②期货套期保值的含义。

## 母题精选

【多选题】套期保值活动主要转移(　　)。

A. 价格风险　　B. 信用风险

C. 提前赎回风险　　D. 利率风险

【答案】 ABD 【解析】套期保值活动转移的风险为价格风险和信用风险。价格风险主要包括商品价格风险、利率风险、汇率风险和股票价格风险等。

## 二、套期保值的原理(重点掌握)

考查概率:100%,所占分值为0.5~1.5分。

考试题型:主要以单选题形式出现。

考查重点:实现"风险对冲",在套期保值操作中应满足的条件。

### (一)实现"风险对冲"的根本原理

市场上,期货价格与现货价格受到相似因素的影响,变动趋势相同,进行套期保值时,无论价格如何变动,总有一个市场盈利另一个市场亏损,两个市场盈亏相抵,从而实现风险对冲,规避价格波动给企业带来的风险。

### (二)实现"风险对冲",在套期保值操作中应满足的条件

**1. 套期保值数量:使期货与现货市场的价值变动大体相当**

(1)由于期货价格与现货价格变动趋同,企业在选择期货合约时应当使期货合约的数量与现货合约的数量相当,这样才能保证期货与现货市场价值变动大体相当。[①]

①在套期保值中,期货合约所代表的数量与被套期保值现货数量之间的比率被称为套期保值比率,通常是1。

(2)当市场上不存在与被套期保值的商品或资产相同的期货合约时,企业可以选择其他相关的期货合约进行套期保值,而选择的期货合约头寸的价值变动与实际的、预期的现货头寸的价值变动大致相当。这种情况属于交叉套期保值,即选择与被套期保值商品或者资产不同但相关的期货合约进行的套期保值。

交叉套期保值时,选择的期货合约最好是该商品或者资产的替代品,替代性越强,套期保值的效果越好。

## 母题精选

【单选题】榨油厂要在3个月后购买191吨大豆做原料,为套期保值,该厂需要购入(　　)手大豆期货。

A. 190　　B. 19　　C. 191　　D. 19.1

【答案】 B 【解析】豆期货合约每手10吨。期货合约买卖必须是整数倍,则要购进191吨大豆,期货合约需要取整19手,190吨与191吨大体相当,故选B。

**2. 期货头寸方向:与现货头寸相反或作为现货未来交易的替代物[②]**

②把握期货头寸的方向是关键,否则不但起不到套期保值的效果,反而加重了现货商的风险。

(1)现货头寸可以分为多头和空头。

①现货多头:企业持有实物商品或资产,或者已经按照固定的价格约定在未来购买某种商品或资产。企业处于现货多头时,要在期货市场上建立空头头寸进行套期保值,即卖空。

②现货空头:企业已经按照固定的价格约定在未来出售某商品或资产,但尚未持有该实物商品或资产。企业处于现货空头时,进行套期保值要在期货市场上建立多头头寸。

(2)企业计划未来买入或者卖出某商品或资产时:在期货市场上建立的头寸是未来要进行交易商品的替代物,方向与未来要进行的现货交易方向相同。

## 母题精选

【单选题】某钢材贸易商签订供货合同，约定在3个月后按固定价格出售钢材，但手头尚未有钢材现货，此时该贸易商的现货头寸为（　　）。

A. 多头　　B. 空头　　C. 买入　　D. 卖出

母题精选　微信扫描

【答案】B　【解析】企业已经按照固定的价格约定在未来出售某商品或资产，但尚未持有该实物商品或资产时处于现货空头。

3. 期货头寸持有时间段与现货承担风险的时间段对应

（1）企业在现货市场的头寸已经了结或者现货交易已经实现时，企业应该将套期保值的期货头寸进行平仓，或者通过到期交割的方式将现货头寸和期货头寸同时进行了结。

①企业将商品或者资产出售，不再承担其价格波动风险时，企业应将期货头寸进行平仓。

②企业可以持有期货合约到期交割，以实物交收的方式将商品或资产在期货市场卖出，同时了结现货和期货头寸。

③当企业的现货头寸已经了结时，如果仍保留着期货头寸，那么其持有的期货头寸就变成了投机性头寸。

④如果期货头寸提前平仓，那么企业的现货头寸将处于风险暴露状态，一旦价格发生剧烈波动，就会影响其经营的稳健性。

（2）时间段的对应。

①期货合约月份的选择与现货市场承担风险的时期不一定要完全对应起来，一般期货合约月份要等于或者远于这一时间段。

②在具体合约月份的选择上还要考虑合约的流动性。流动性不足的合约会给企业开仓和平仓带来困难，影响套期保值效果。

③对于套期保值时间跨度特别长的企业，选择合约时可以运用展期，即先买入目前挂牌的1年后交割的合约，在它到期之前进行平仓，同时在更远期的合约上建仓。也就是用远月合约调换近月合约，将持仓向后移。

## 母题精选

【多选题】2017年4月初，某铜加工企业与贸易商签订了一批两年后实物交割的销售合同，为规避铜价格下跌风险，该企业卖出CU1804。2018年1月，该企业进行展期，合理的操作有（　　）。

A. 买入平仓CU1804，卖出CU1810　　B. 买入平仓CU1804，卖出CU1802

C. 买入平仓CU1804，卖出CU1812　　D. 买入平仓CU1804，卖出CU1801

母题精选　微信扫描

【答案】AC　【解析】根据题意，企业进行展期应该选择在更远期的合约上建仓，即4月份以后的合约，故选项A、选项C均符合条件。

## 三、套期保值的理解（了解）

考查概率：较低，所占分值最高为0.5分。考试题型：主要以单选题和多选题形式出现。考查重点：套期保值的理解。

（1）套期保值本质上是风险对冲，评价套期保值的效果时，要将期货头寸的盈亏和现货的盈亏结合起来看作一个整体，期货头寸盈亏与现货盈亏之间冲抵的程度越大，规避风险的效果就越好。不可仅以期货头寸的盈亏来评价套期保值的效果，否则容易出现套期保值投机化的倾向，也可能会出现企业或者套期保值操作人员套期保值行为目标的扭曲。

（2）套期保值是企业规避价格风险的工具，但是并不是所有的企业都适用。规模大的企业从事套期保值的平均成本要低于规模小的企业。

(3)企业对未来价格的判断、企业自身对风险的承受程度以及企业的风险偏好程度，决定了企业是否需要进行套期保值。以下情况企业可不必进行套期保值：①价格的波动幅度不大。②企业的抗风险能力较强。③价格的波动对企业利润的影响不大。④企业希望承担一定的风险来获得较高的利益。

### 母题精选

【多选题】下列对套期保值的理解，描述不正确的有(　　)。

A. 风险偏好程度越高的企业，越适合套期保值操作

B. 套期保值尤其适合中小企业

C. 套期保值就是用期货市场的盈利弥补现货市场的亏损

D. 所有企业都应该进行套期保值操作

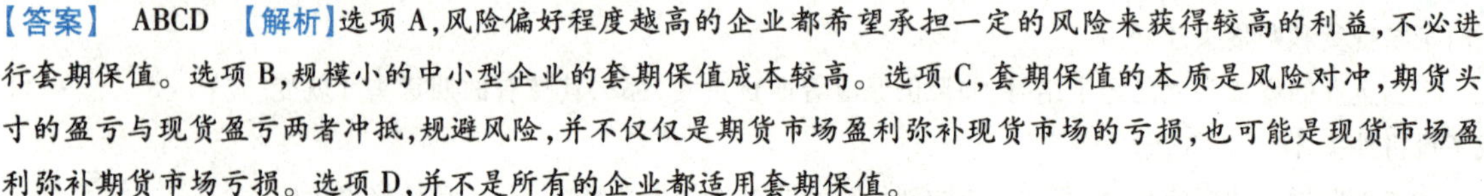
【答案】 ABCD 【解析】选项A，风险偏好程度越高的企业都希望承担一定的风险来获得较高的利益，不必进行套期保值。选项B，规模小的中小型企业的套期保值成本较高。选项C，套期保值的本质是风险对冲，期货头寸的盈亏与现货盈亏两者冲抵，规避风险，并不仅仅是期货市场盈利弥补现货市场的亏损，也可能是现货市场盈利弥补期货市场亏损。选项D，并不是所有的企业都适用套期保值。

## 第二节　套期保值的种类

### 一、卖出套期保值(重点掌握)

| 项　目 | 内　容 |
|---|---|
| 概念 | (1)卖出套期保值(也称空头套期保值)，是套期保值者通过在期货市场建立空头头寸，预期对冲其目前持有的或者未来将卖出的商品或资产的价格下跌风险的操作。<br>(2)目的：防范现货市场价格下跌的风险。<br>(3)现货市场头寸：现货多头或者未来要卖出的现货；期货市场应建立的头寸：期货空头。 |
| 主要适用的情形① | (1)持有某种商品或资产(此时持有现货多头头寸)，担心市场价格下跌，导致其商品或资产的市场价值下降，或者其销售收益下降。<br>(2)已经按照固定的价格买入未来交收的商品或资产(此时持有现货多头头寸)，担心市场价格下跌，导致其商品或资产市场价值下降，或者其销售收益下降。<br>(3)预计在未来要销售某种商品或资产，但销售价格尚未确定，担心市场价格下跌，使其销售收益下降。 |

考查概率：100%，所占分值为1～1.5分。

考试题型：主要以单选题和综合题形式出现。

考查重点：卖出套期保值的适用情形与运用。

①考生在学习卖出套期保值的适用情形时，需要结合下面母题进行理解和运用。

## 母题精选

**【单选题】**套期保值可以分为卖出套期保值和买入套期保值。其中，卖出套期保值的目的是(　　)。

A. 防范期货市场价格下跌的风险　　B. 防范现货市场价格下跌的风险

C. 防范期货市场价格上涨的风险　　D. 防范现货市场价格上涨的风险

【答案】 B 【解析】卖出套期保值的目的是防范现货市场价格下跌的风险。

**【综合题】**3月1日，某经销商以1 200元/吨价格买入1 000吨小麦。为了避免小麦价格下跌造成存货贬值，决定在郑州商品交易所进行小麦期货交易套期保值交易。该经销商以1 240/吨价格卖出100手5月份小麦期货合约。5月1日，小麦价格下跌，他在现货市场上以1 110元/吨的价格将1 000吨小麦出售，同时在期货市场上以1 130元/吨将100手5月份小麦期货合约平仓。该套期保值交易的结果为(　　)元/吨。

A. 净盈利20　　B. 净亏损20　　C. 净亏损40　　D. 净盈利40

【答案】 A 【解析】

| | 现货市场 | 期货市场 |
|---|---|---|
| 3月1日 | 买入1 000吨小麦，1 200元/吨 | 卖出100手5月份小麦期货合约，1 240元/吨 |
| 5月1日 | 卖出1 000吨小麦，1 110元/吨 | 买入100手5月份小麦期货合约，1 130元/吨 |
| 盈亏 | 亏损90元/吨 | 盈利110元/吨 |
| 总盈亏 | 110－90＝20(元/吨) | |

本题小麦的实际销售价格＝现货市场实际销售价格＋期货市场每吨盈利＝1 110＋110＝1 220(元/吨)。

若经销商预计错误，小麦价格上涨，就可能出现现货市场盈利，期货市场亏损的情形。套期保值在规避风险的同时，放弃了获取投机收益的机会。

### 二、买入套期保值(重点掌握)

| 项　目 | 内　容 |
|---|---|
| 概念 | (1)买入套期保值(也称多头套期保值)，是套期保值者通过在期货市场建立多头头寸，预期对冲其现货商品或资产空头，或者未来将买入的商品或资产的价格上涨风险的操作。<br>(2)目的：防范现货市场价格上涨的风险。<br>(3)现货市场头寸：现货空头或者未来要买入现货。期货市场应建立的头寸：期货多头。 |
| 适用的情形 | (1)预计未来要购买某种商品或资产，购买价格尚未确定时，担心市场价格上涨，使其购入成本提高。<br>(2)目前尚未持有某种商品或资产，但已按固定价格将该商品或资产卖出(此时处于现货空头头寸)，担心市场价格上涨，影响其销售收益或者采购成本。 |

**考查概率**：100%，所占分值为0.5～1分。

**考试题型**：主要以单选题和综合题形式出现。

**考查重点**：买入套期保值的适用情形与运用。

## 母题精选

【多选题】某企业若希望通过套期保值来回避原料价格上涨风险，应采取(　　)方式。

A. 多头套期保值　　B. 空头套期保值

C. 买入套期保值　　D. 卖出套期保值

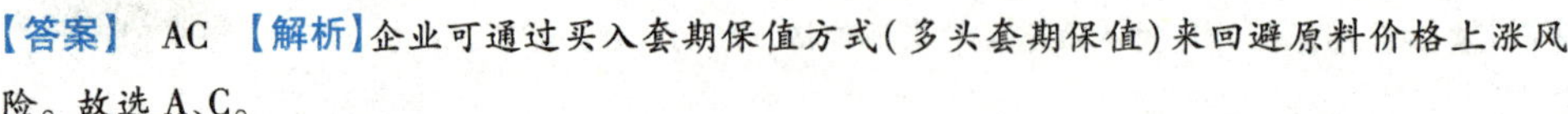
【答案】 AC 【解析】企业可通过买入套期保值方式(多头套期保值)来回避原料价格上涨风险。故选 A、C。

【综合题】1 月中旬，某食糖购销企业与一个食品厂签订购销合同，按照当时该地的现货价格 3 600 元/吨在 2 个月后向该食品厂交付 2 000 吨白糖。该食糖购销企业经过市场调研，认为白糖价格可能会上涨。为了避免 2 个月后为了履行购销合同采购白糖的成本上升，该企业买入 5 月份交割的白糖期货合约 200 手(每手 10 吨)，成交价为 4 350 元/吨。春节过后，白糖价格果然开始上涨，至 3 月中旬，白糖现货价格已达 4 150 元/吨，期货价格也升至 4 780 元/吨。该企业在现货市场采购白糖交货，与此同时将期货市场多头头寸平仓，结束套期保值。则该企业(　　)。

A. 净损失 200 000 元　　B. 净损失 240 000 元　　C. 净盈利 240 000 元　　D. 净盈利 200 000 元

【答案】 B 【解析】

| | 现货市场 | 期货市场 |
|---|---|---|
| 1 月中旬 | 市场价格 3 600 元/吨 | 买入 5 月白糖期货合约 200 手，4 350 元/吨 |
| 3 月中旬 | 买入价格 4 150 元/吨 | 卖出平仓 5 月白糖期货合约 200 手，4 780 元/吨 |
| 盈亏 | 相当于亏损 550 元/吨 | 盈利 430 元/吨 |
| 总盈亏 | 总盈亏 = 430 × 200 × 10 − 550 × 2 000 = −240 000(元)，即净损失 240 000 元 | |

本题的食糖的实际采购价 = 现货市场实际采购价格 − 期货市场每吨盈利 = 4 150 − 430 = 3 720(元/吨)。

# 第三节　基差与套期保值效果

## 一、基差的概念(熟悉)

(1)基差是某一特定地点某种商品或资产的现货价格与相同商品或资产的某一特定期货合约价格间的价差。

(2)公式：基差 = 现货价格 − 期货价格。

不同的交易者关注的商品品质、参考的期货合约月份、现货地点各有不同，基差也会各不相同。

考查概率：较低，所占分值最多为 0.5 分。
考试题型：主要以单选题和判断题形式出现。
考查重点：基差的公式。

## 二、基差的走强与走弱(重点掌握)

考查概率：100%，所占分值为 0.5 ~ 1.5分。
考试题型：主要以单选题形式出现。
考查重点：基差走强和走弱的表现。

| 项　目 | 内　容 |
|---|---|
| 基差走强的表现 | (1)基差同为负值时，绝对值变小则走强。<br>(2)基差由负值到正值。<br>(3)基差同为正值时，绝对值变大则走强。 |

续 表

| 项 目 | 内 容 |
| --- | --- |
| 基差走弱的表现 | (1)基差同为正值时,绝对值变小则走弱。<br>(2)基差由正值变为负值。<br>(3)基差同为负值时,绝对值变大则走弱。 |

## 母题精选

【综合题】3月初,某铝型材厂在3个月后购进一批铝锭,决定利用铝期货进行套期保值。3月5日该厂在7月份铝期货合约上建仓,成交价值为21 300元/吨。此时铝锭的现货价格为20 400元/吨。至6月5日,期货价格为19 200元/吨,现货价格为20 200元/吨。则下列说法正确的有(　　)。

A.3月5日基差为900元/吨　　B.6月5日基差为-1 000元/吨

C.从3月到6月,基差走弱　　D.从3月到6月,基差走强

【答案】 D 【解析】基差=现货价格-期货价格;3月5日基差=20 400-21 300=-900(元/吨);6月5日基差=20 200-19 200=1 000(元/吨);基差从-900元/吨变为1 000元/吨,基差走强。

## 三、基差变动与套期保值的效果(重点掌握)

考查概率:100%,所占分值为1.5分左右。

考试题型:单选题、多选题、综合题。

考查重点:基差变动与套期保值的效果。

### (一)基差变动与卖出套期保值

(1)进行卖出套期保值时,基差走强,期货市场与现货市场盈亏相抵后存在净盈利。

(2)进行卖出套期保值时,基差走弱,期货市场与现货市场盈亏相抵后存在净亏损。

## 母题精选

【综合题】1月初某糖厂与饮料厂签订销售合同,约定4月初销售200吨白糖,价格按交易时市价计算。该糖厂为规避白糖价格下跌的风险,进行如下套期保值操作。

| 时间 | 现货市场 | 期货市场 |
| --- | --- | --- |
| 1月初 | 4 200元/吨 | 卖出20手(10吨/手)5月份交割的白糖期货合约,成交价为4 350元/吨 |
| 4月初 | 3 850元/吨 | 买入20手(10吨/手)5月份交割的白糖期货合约平仓,成交价为3 900元/吨 |

该糖厂最终的套期保值效果为(　　)。

A.净盈利40 000元　　B.净损失40 000元

C.净盈利20 000元　　D.净损失20 000元

【答案】 C 【解析】

| | 现货市场 | 期货市场 | 基差 |
|---|---|---|---|
| 1月初 | 市场价格4 200元/吨 | 卖出20手(10吨/手)5月份交割的白糖期货合约,成交价为4 350元/吨 | -150元/吨 |
| 4月初 | 卖出价格3 850元/吨 | 买入20手(10吨/手)5月份交割的白糖期货合约平仓,成交价为3 900元/吨 | -50元/吨 |
| 盈亏 | 亏损350元/吨 | 盈利450元/吨 | 走强100元/吨 |
| 净盈利 | 净盈利=100×10×20=20 000(元)<br>基差走强,现货市场与期货市场盈亏相抵后存在净盈利。 | | |

(二)基差变动与买入套期保值

(1)进行买入套期保值,基差走强,期货市场与现货市场盈亏相抵后存在净亏损。

(2)进行买入套期保值,基差走弱,期货市场与现货市场盈亏相抵后存在净盈利。

## 母题精选

【综合题】3月初,我国某铝型材厂计划在三个月后购进1 000吨铝锭,决定利用铝期货进行套期保值。该厂于3月5日买入7月份铝期货合约,建仓价格为19 900元/吨,此时的现货价格为19 700元/吨。至6月5日,现货价格跌至17 500元/吨。该厂按照此价格购入铝锭,同时以18 100元/吨的价格把期货合约对冲平仓。则下列对该厂套期保值的说法中,正确的是(　　)(不计手续费等费用,我国铝期货的交易单位为每手5吨)。

A. 期货市场亏损1 600元/吨

B. 期货市场和现货市场盈亏刚好相抵

C. 基差走强400元/吨

D. 通过套期保值操作,铝锭的采购成本相当于19 300元/吨

【答案】 D 【解析】

| | 现货市场 | 期货市场 | 基差 |
|---|---|---|---|
| 3月5日 | 市场19 700元/吨 | 买入7月份铝期货合约,19 900元/吨 | -200元/吨 |
| 6月5日 | 买入价格17 500元/吨 | 卖出7月份铝期货,18 100元/吨 | -600元/吨 |
| 盈亏 | 相当于盈利2 200元/吨 | 亏损1 800元/吨 | 走弱400元/吨 |
| 净损益 | 净盈利400元/吨 | | |

选项A,期货市场亏损1 800元/吨。选项B,期货市场与现货市场盈亏相抵后存在净盈利。选项C,基差走弱400元/吨。选项D,铝锭的实际采购成本=现货市场实际采购价格+期货市场每吨亏损=17 500+1 800=19 300(元/吨)。

【单选题】某粮食经销商在国内期货交易所做买入套期保值，在某月份菜籽油期货合约上建仓 10 手，当时的基差为 100 元/吨。若该经销商在套期保值中实现净盈利 30 000 元，则其平仓时的基差应为（　　）元/吨（菜籽油合约规模为每手 10 吨，不计手续费等费用）。

A. 300　　B. －100　　C. －500　　D. －200

【答案】 D 【解析】进行买入套期保值，如果基差走弱，两个市场盈亏相抵后存在净盈利。平仓基差 = 100 － 30 000/(10 × 10) = －200（元/吨）。故选项 D 正确。

（三）基差变动与套期保值的效果关系

| 基差变化 | 卖出套期保值 | 买入套期保值 |
| --- | --- | --- |
| 基差不变 | 完全套期保值，两个市场盈亏刚好完全相抵。 | 完全套期保值，两个市场盈亏刚好完全相抵。 |
| 基差走强 | 不完全套期保值，两个市场盈亏相抵后存在净盈利。 | 不完全套期保值，两个市场盈亏相抵后存在净亏损。 |
| 基差走弱 | 不完全套期保值，两个市场盈亏相抵后存在净亏损。 | 不完全套期保值，两个市场盈亏相抵后存在净盈利。 |

## 四、基差的影响因素（重点掌握）

考查概率：100%，所占分值为 1 ~ 1.5分。
考试题型：主要以单选题和多选题形式出现。
考查重点：基差的影响因素。

基差风险是指基差变动给套期保值效果带来的不确定性。套期保值实质上是用较小的基差风险代替较大的现货价格风险。

（1）基差大小的主要影响因素是持仓费。持仓费（也称持仓成本）是企业为持有某种商品或资产而支付的仓储费、保险费、利息等费用的总和。

（2）持仓费的大小：距离交割时间越远持仓费越高，距离交割时间越近持仓费越低。理论上合约到期时，持仓费为 0，基差也为 0。

（3）正向市场上，基差为负值。

①正向市场就是期货价格高于现货价格或者远期期货合约价格高于近期期货合约价格时的市场。期货价格高出现货价格的部分与持仓费的高低有关。[①]

②通常情况下，距离交割时间越近，持有商品的成本就越低，期货价格高于现货价格的部分就越少。交割时间到的时候，持仓费用为 0，期货价格与现货价格基本相同。

（4）反向市场时，基差为正值。

①反向市场（也称逆转市场、现货溢价）是现货价格高于期货价格或者近期合约价格高于远期合约价格时的市场。

②出现反向市场的主要原因有以下两方面。

◆近期现货需求较高，远大于近期的产量和库存，使得现货价格大幅增加高于期货价格。

◆预计将来现货供给会大幅增加，导致期货价格下降，使得期货价格低于现货价格。

③反向市场上，现货持有者也有持仓费，但是由于市场对现货和近期合约的需求较大，购买者愿意承担全部的持仓费来持有现货。

④反向市场上，随着时间的推移，现货价格与期货价格会逐步接近，到交割时间时，两者的价格基本相等。

[①] 企业如果买入现货，就要支付持仓费（即与现货商品有关的仓储费、保险费、利息等）。如果期货价格 = 现货价格 + 持仓费，则企业购买期货和购买现货就没有区别。

## 母题精选

【单选题】4月18日,5月份玉米期货价格为1 750元/吨,7月份玉米期货价格为1 800元/吨,9月份玉米期货价格为1 830元/吨,该市场为(　　)。

A. 熊市　　B. 牛市

C. 反向市场　　D. 正向市场

母题精选 微信扫描

【答案】 D 【解析】题中,远期期货合约的价格大于近期期货合约的价格,属于正向市场。

【多选题】在商品市场上,反向市场出现的原因主要有(　　)。

A. 近期对某种商品或资产需求非常疲软

B. 预计将来该商品的供给会大幅度增加

C. 预计将来该商品的供给会大幅度减少

D. 近期对某种商品或资产需求非常迫切

【答案】 BD 【解析】选项B、选项D均属于反向市场出现的主要原因。

### 五、规避基差风险的操作方式(重点掌握)

考查概率:100%,所占分值为0.5~1分。

考试题型:主要以单选题和多选题形式考查,综合题也偶有出现。

考查重点:①点价交易。②点价交易与套期保值的结合。

#### (一)点价交易

(1)概念:点价交易是以某月的期货价格为基础,在期货价格上加上或者减去双方协商同意的升贴水来确定双方买卖现货商品价格的定价方式。[①]

(2)本质:是现货贸易的定价方式,交易双方不需要参与期货交易。

(3)应用:①大豆的国际贸易中,一般以芝加哥期货交易所(CBOT)的大豆期货价格作为点价交易的基础。②在铜精矿和阴极铜的贸易中,一般以伦敦金属交易所(LME)或纽约商品交易所(COMEX)的铜期货价格作为点价的基础。

(4)升贴水的高低的影响因素:①选取的期货合约月份的远近。②期货交割地与现货交割地之间的运费。③期货交割商品品质与现货交割商品品质的差异。

(5)点价交易的分类:根据确定具体时点的实际交易价格的权利归属可以分为买方叫价交易(确定交易时间的权利属于买方)和卖方叫价交易(确定交易时间的权利属于卖方)。

[①] 以期货价格作为点价交易的定价基础是因为:期货价格是通过集中交易、公开竞价方式形成的,具有公开性、连续性、预测性和权威性。

#### (二)点价交易与套期保值的结合

(1)概念:基差交易是企业在进行点价交易的同时,在期货市场上进行套期保值的操作,即点价交易与套期保值的结合的一种操作方式。

(2)作用:点价交易与套期保值相结合操作,在套期保值头寸了结时,对应的基差基本上等于点价交易时确立的升贴水。保证了套期保值在建仓时就知道平仓时的基差,减少了基差变动的不确定性,降低了基差风险。

## 母题精选

【综合题】12月1日,某小麦贸易商与某面粉厂签订出售一批小麦的合同,以次年3月份小麦期货价格为基准,以高于期货价格10元/吨的价格作为现货交收价格。同时该贸易商进行套期保值,以2 220元/吨的价格卖出次年3月份小麦期货合约,此时小麦现货价格为2 210元/吨。次年2月12日,该贸易商实施点价,以2 600元/吨的期货价格为基准价,进行实物交收,同时以该期货价格将期货合约对冲平仓。此时现货价格为2 540元/吨,则该贸易商(　　)(合约规模10吨/手,不计手续费等费用)。

A. 期货市场盈利 380 元/吨

B. 与面粉厂实物交收的价格为 2 590 元/吨

C. 结束套期保值时该贸易商的基差为 -60 元/吨

D. 通过套期保值操作，小麦的售价相当于 2 230 元/吨

母题精选　微信扫描

【答案】 D 【解析】

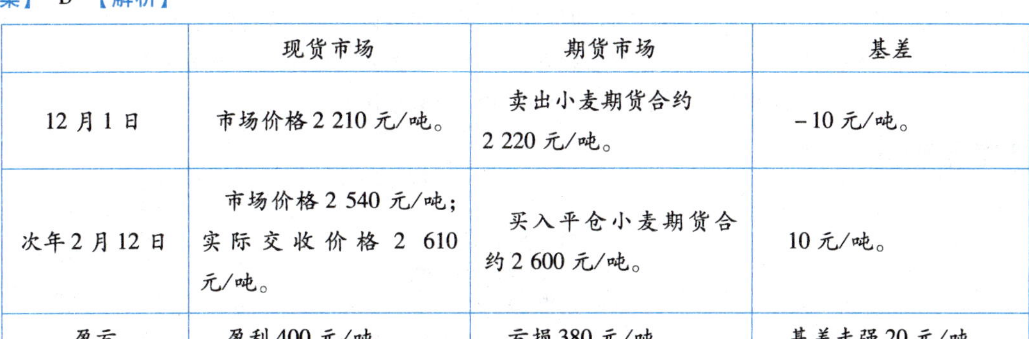

| | 现货市场 | 期货市场 | 基差 |
|---|---|---|---|
| 12 月 1 日 | 市场价格 2 210 元/吨。 | 卖出小麦期货合约 2 220 元/吨。 | -10 元/吨。 |
| 次年 2 月 12 日 | 市场价格 2 540 元/吨；实际交收价格 2 610 元/吨。 | 买入平仓小麦期货合约 2 600 元/吨。 | 10 元/吨。 |
| 盈亏 | 盈利 400 元/吨。 | 亏损 380 元/吨。 | 基差走强 20 元/吨。 |

小麦的实际销售价格 =2 610 -380 =2 230(元/吨)。

**【单选题】**2 月 1 日，某油脂企业与某饲料厂签订合约，约定出售一批豆粕，协商以下一年 3 月份豆粕期货价格为基准，以高于期货价格 20 元/吨的价格作为现货交收价格。同时该油脂企业进行套期保值，以 3 215 元/吨的价格卖出下一年 3 月份豆粕期货。则通过这些操作，该油脂企业将下一年 3 月份豆粕实际交收价格锁定为(　　)元/吨。

A. 3 195　　B. 3 235　　C. 3 255　　D. 无法判断

【答案】 B 【解析】豆粕实际交收价格 =3 215 +20 =3 235(元/吨)。

## 六、套期保值业务的注意事项(了解)

**考查概率**：较低，所占分值最多为0.5分。
**考试题型**：主要以单选题形式出现。
**考查重点**：套期保值业务的注意事项。

企业在进行套期保值时会面临基差风险、流动性风险、现金流风险、操作风险等，所以应当注意以下几点。

(1)在参与套期保值之前，企业需要评估自身情况，判断是否有套期保值的需求和实施套期保值的操作能力。

(2)企业应完善套期保值的机构设置。

(3)企业需要具备健全的风险管理制度和内部控制制度。

(4)企业需要对套期保值交易中现金流风险、流动性风险和操作风险等加强管理。

## 章节测评

用手机微信扫描“章节测评”旁边的二维码或用电脑浏览器打开网址 http://cj.ek100.cn 即可进入智能题库进行章节测评。

# 第五章　期货投机与套利交易

## 本章应试分析

本章主要介绍期货投机交易、期货套利交易、期货套利的基本策略以及期货价差套利指令。在考试中，本章所占分值为12分左右，单选题、多选题、判断题、综合题都会涉及。本章知识很重要，后面第七章、第八章、第九章都会用到本章的知识，考生需要认真学习，考生要在理解的基础上加以运用。

## 本章思维导图

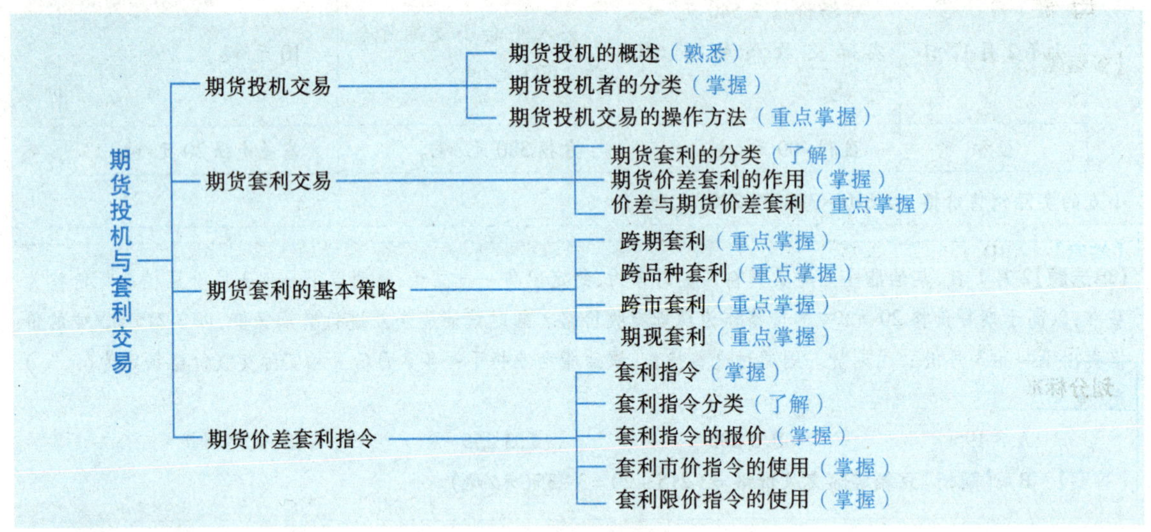


## 名师同步精讲

### 第一节　期货投机交易

随书赠送
智能题库
详见本书
最后一页

#### 一、期货投机的概述（熟悉）

| 项　目 | 内　容 |
|---|---|
| 期货投机的含义 | 期货投机是指交易者通过预测期货合约未来价格变化，目的是在期货市场上获取价差收益的期货交易行为。 |
| 期货投机与套期保值的区别 | (1)交易目的。<br>①期货投机——赚取价差收益。<br>②套期保值交易——利用期货市场规避现货市场价格波动。<br>(2)交易方式。<br>①期货投机交易——在期货市场上进行买空卖空，获得价差收益。<br>②套期保值交易——在现货市场与期货市场同时操作，来对冲现货市场的价格波动风险。 |

**名师指导**

**考查概率：**较低，所占分值最多为0.5分。

**考试题型：**主要以单选题形式出现。

**考查重点：**①期货投机的含义。②期货投机与套期保值的区别。

续 表

| 项 目 | 内 容 |
| --- | --- |
| 期货投机与套期保值的区别 | (3)交易风险。<br>①期货投机者——为博取价差收益主动承担相应的价格风险。<br>②套期保值者——利用期货交易规避现货价格风险。<br>(4)风险偏好。<br>①期货投机者——价格风险偏好者。<br>②套期保值者——价格风险厌恶者。 |

## 母题精选

【多选题】期货投机与套期保值的区别主要表现在(　　)。

A. 期货投机以赚取价差收益为目的,套期保值是为了规避现货价格波动风险

B. 期货投机只在期货市场买空卖空,套期保值在现货和期货市场同时操作

C. 期货投机占用资金较多,套期保值占用资金较少

D. 期货投机者比套期保值者更偏好风险

母题精选 微信扫描

【答案】 ABD 【解析】选项 A、选项 B、选项 D 正确。选项 C,期货投机与套期保值在占用资金的多少上没有明确的区分。

## 二、期货投机者的分类(掌握)

考查概率:60%,所占分值为0.5~1分。
考试题型:主要以单选题或者多选题形式出现。
考查重点:期货投机者的分类。

| 划分标准 | 内 容 |
| --- | --- |
| 按交易主体划分 | (1)机构投机者:用自有资金或者从分散的公众手中筹集的资金专门进行期货投机活动的机构,包括各类基金、金融机构、工商企业等。<br>(2)个人投机者:以自然人身份从事期货投机交易的投机者。 |
| 按持有头寸方向划分 | (1)多头投机者:预测价格上涨买进期货合约,持有多头头寸的投机者。<br>(2)空头投机者:预测价格下跌卖出期货合约,持有空头头寸的投机者。 |

## 三、期货投机交易的操作方法(重点掌握)

考查概率:100%,所占分值为0.5~1.5分。
考试题型:主要以单选题和多选题形式出现。
考查重点:①金字塔式建仓。②合约交割月份的选择。③止损指令的使用。④止损单中价格的选择。

### (一)开仓阶段

#### 1. 入市时机的选择

| 步 骤 | 内 容 |
| --- | --- |
| 判断市场 | (1)基本面分析法:利用基本分析法,判断市场处于牛市还是熊市。<br>(2)技术分析法。[①]<br>①牛市:利用技术分析法进一步分析升势有多大以及持续的时间。<br>②熊市:利用技术分析法进一步分析跌势有多大以及持续的时间。 |
| 权衡风险和获利前景 | 投机者在决定入市时,要充分考虑自身承担风险的能力,且在判断获利的概率较大时,才能入市。 |
| 决定入市的具体时间 | (1)在市场趋势已明确上涨时,才买入期货合约;在市场趋势已明确下跌时,才卖出期货合约。<br>(2)趋势不明朗或不能判定市场发展趋势,不要匆忙建仓。 |

[①]关于基面分析法和技术分析法考生可以结合第十章第二节和第三节进行理解。

2. **金字塔式建仓**

(1)含义:金字塔式建仓是一种增加合约仓位的方法,即如果建仓后市场行情走势与预期相同并已使投机者获利,可采取渐次递减增加持仓的行为。

(2)增仓应遵循的原则:①只有在现有持仓已盈利的情况下,才能增仓。②持仓的增加应渐次递减。

(3)金字塔式建仓的特点:将不断买入(卖出)的期货合约的平均价格保持在较低(高)水平。

## 母题精选

【单选题】某交易者以3 340元/吨买入10手7月白糖期货合约,符合金字塔式增仓原则的操作是(　　)。

A. 该合约价格跌至3 320元/吨时,再买入10手

B. 该合约价格涨至3 380元/吨时,再买入10手

C. 该合约价格跌至3 330元/吨时,再买入5手

D. 该合约价格涨至3 360元/吨时,再买入6手

【答案】 D 【解析】金字塔式增仓原则:已经盈利;增仓递减。故选项D符合条件。

3. **倒金字塔式建仓**

(1)概念:即建仓后市场行情走势与预期相同并已使投机者获利,投机者增加仓位不按金字塔式行事,每次买入或卖出的合约份数总是大于前一次的合约份数的加持仓行为。

(2)弊端:使合约的平均价接近最新成交价,价格的小幅波动便会导致利润的回撤甚至亏损。

4. **合约交割月份的选择**

| 项　目 | 内　容 |
|---|---|
| 需要注意的问题 | (1)合约的流动性。<br>(2)远月合约价格与近月合约价格之间的关系。 |
| 活跃月份合约和不活跃月份合约的选择 | 通常情况下,应当选择活跃的合约月份,不选不活跃的合约月份。<br>活跃的合约月份市场流动性较高,方便投机者在合适的价位平仓所持有的头寸;在不活跃的合约月份,投机者平仓可能会等待较长的时间或者平仓的价差不理想。 |
| 正向市场上的近月合约与远月合约的操作方向 | 正向市场上,多头投机者应买入近月合约;空头投机者应卖出远月合约。<br>(1)当商品期货的市场行情上涨且远月合约价格相对偏高时,如果远月合约价格上升,那么近月合约价格也会上升,且近月合约的价格上升可能更多。<br>(2)当商品期货的市场行情下降时,远月合约的跌幅会大于近月合约,因为远月合约对近月合约的升水一般与近月合约间相差的持仓费相当。 |

续　表

| 项　目 | 内　容 |
| --- | --- |
| 反向市场上的近月合约与远月合约的操作方向 | 在反向市场上，多头投机者应买入交割月份较远的远月合约，行情看涨时可获得较多利润；空头投机者应卖出交割月份较近的近月合约，行情下跌时可获得较多利润。<br>原因：反向市场上，远月合约的价格比近月合约的价格要低。当商品期货市场行情上涨且远月合约价格相对偏低时，如果近月合约价格上升，那么远月合约的价格也会上升，且远月合约价格上升的可能更多；市场行情下降时，近月合约受的影响较大，跌幅很可能大于远月合约。 |

特殊情形：在因现货供应极度紧张而出现反向市场时，可能会出现近月合约涨幅大于远月合约的局面，投机者应当多加注意，避免进入交割期发生违约风险。

（二）平仓阶段

（1）平仓时机：行情变动有利时，平仓获利；行情变动不利时，平仓止损。

（2）投机者应当灵活运用止损指令实现“限制损失、累积盈利”：在交易出现损失，且损失已经达到事先确定的数额时，应立即对冲了结；在行情变动有利时，应尽量延长持仓时间，充分获取市场有利变动产生的利润。在市场行情有利时可以不断调整指令价格，下达新的止损指令，达到限制损失累计盈利的目的。

（3）止损单中的价格选择：可以利用技术分析法来确定，不能太接近于当时的市场价格，以免价格稍有波动就不得不平仓；也不能离市场价格太远，否则易遭受不必要的损失。

## 第二节　期货套利交易

### 一、期货套利的分类（了解）

考查概率：较低，所占分值最多为0.5分。
考试题型：主要以单选题形式出现。
考查重点：期货套利的分类。

期货套利按照套利是否涉及现货市场，可分为价差套利和期现套利。价差套利包括跨期套利、跨品种套利和跨市套利。

（1）价差套利：指利用期货市场上不同合约之间的价差进行套利的行为。

（2）期现套利：指利用期货市场与现货市场之间不合理价差，通过在在两个市场上进行反向交易，待价差趋于合理而获利的交易。

### 二、期货价差套利的作用（掌握）

考查概率：80%，所占分值为1分左右。
考试题型：主要以单选题和多选题形式出现。
考查重点：期货价差套利的作用。

期货价差套利的存在对期货市场的健康发展起到了重要作用。主要表现在两方面。

（1）期货价差套利行为有助于不同期货合约价格之间合理价差关系的形成。价差套利在纠正市场不合理的价差水平的同时起到市场润滑和减震的作用。

（2）期货价差套利行为有助于提高市场流动性。

## 三、价差与期货价差套利(重点掌握)

| 项　目 | 内　容 |
|---|---|
| 含义 | (1)期货价差:期货市场上两个不同月份或不同品种期货合约之间的价格差。<br>(2)期货价差套利:交易者同时在相关合约上进行方向相反的交易(即同时建立一个多头头寸和一个空头头寸)。<br>期货价差套利中建立的多头和空头头寸被形象地称为套利的"边"(也称为"腿")。套利交易通常有两条"边",在特别情况下也可能会有三条"边"。 |
| 价差的计算与价差的变化 | (1)价差计算方法。<br>①建仓时的价差是用价格较高的期货合约减去价格较低的期货合约。①<br>②平仓时的价差仍按照建仓时两合约的相减顺序计算。②<br>(2)价差的变化。<br>①实时(或平仓时)价差>建仓时价差,则价差扩大:正的程度增加;零变为正。<br>举例:价差由10扩大到50;价差由0扩大到10。<br>②实时(或平仓时)价差<建仓时价差,则价差缩小:正的程度减少;正变为零或负;零变为负。<br>举例:价差由50缩小到10;价差由10缩小到0;价差由10缩小到-50;价差由0缩小到-50。 |
| 套利盈亏计算方法 | 分别计算每个期货合约的盈亏,加总后得到整个套利交易的盈亏。<br>公式:套利结果=(卖出建仓价-买入平仓价)+(卖出平仓价-买入建仓价)。 |
| 价差扩大与买入套利 | (1)买入套利:当套利者预期两个或两个以上期货合约的价差将扩大时,套利者建仓时买入其中价格较高的合约,同时卖出价格较低的合约进行的套利。<br>(2)总盈亏=平仓时的价差-建仓时的价差。 |
| 价差缩小与卖出套利 | (1)卖出套利:当套利者预期两个或两个以上相关期货合约的价差将缩小,套利者建仓时卖出其中价格较高的合约,同时买入价格较低的合约进行的套利。<br>(2)总盈亏=建仓时的价差-平仓时的价差。 |

考查概率:100%,所占分值为2.5~3分。

考试题型:主要以单选题、多选题和综合题形式出现。

考查重点:价差与期货价差套利。

①建仓时的价差总是正的或者是零。

②平仓时的价差相减顺序不分正反向市场,严格按照建仓时的两合约的相减顺序。

### 母题精选

【单选题】3月5日,某套利交易者在我国期货市场卖出5手5月锌期货合约同时买入5手7月锌期货合约,价格分别为15 550元/吨和15 650元/吨。3月9日,该交易者对上述合约全部对冲平仓,5月和7月锌合约平仓价格分别为15 650元/吨和15 850元/吨。该套利交易的价差(　　)元/吨。

A. 扩大100　　B. 扩大90　　C. 缩小90　　D. 缩小100

母题精选 微信扫描

【答案】 A 【解析】期货价差是指期货市场上两个不同月份或不同品种期货合约之间的价格差。计算建仓时的价差,应用价格较高的期货合约减去价格较低的期货合约;平仓时的价差仍按照建仓时两合约的相减顺序计算。本题中,建仓时价差=15 650-15 550=100(元/吨);平仓时价差=15 850-15 650=200(元/吨),故价差扩大了100元/吨。

【单选题】某交易者以9 520元/吨买入5月菜籽油期货合约1手，同时以9 590元/吨卖出7月菜籽油期货合约1手。当两合约价格为（　　），将所持合约同时平仓，该交易者盈利最大。

A.5月9 550元/吨，7月9 600元/吨　　B.5月9 530元/吨，7月9 620元/吨

C.5月9 580元/吨，7月9 560元/吨　　D.5月9 540元/吨，7月9 550元/吨

【答案】C　【解析】买入5月（9 520），卖出7月（9 590），故属于卖出套利，价差缩小盈利。则应选择两合约价差最小的情况。选项A价差为50，选项B价差为90，选项C价差为-20，选项D价差为10，故选C。

【单选题】7月初，某套利者在国内市场买入9月份天然橡胶期货合约的同时，卖出11月份天然橡胶期货合约，成交价分别为28 175元/吨和28 550元/吨。7月中旬，该套利者同时将上述合约对冲平仓，成交价格分别为29 250元/吨和29 550元/吨，则该套利者（　　）。

A. 盈利75元/吨　　B. 亏损75元/吨　　C. 盈利25元/吨　　D. 亏损25元/吨

【答案】A　【解析】9月份天然橡胶期货盈利=29 250-28 175=1 075（元/吨）；11月份天然橡胶期货亏损=28 550-29 550=-1 000（元/吨），所以盈利为75元/吨。

## 第三节　期货套利的基本策略

### 一、跨期套利（重点掌握）

考查概率：100%，所占分值为2.5～3.5分。

考试题型：单选题、多选题、判断题、综合题都会涉及。

考查重点：牛市套利、熊市套利、蝶式套利。

（一）概念

（1）跨期套利含义：在同一市场（交易所）同时买入、卖出同一期货品种的不同交割月份的期货合约，以期在有利时机同时将这些期货合约对冲平仓获利。

（2）相关因素：与现货市场价格无关，只与期货可能发生的升水和贴水有关。

（二）分类

| 项　目 | 内　容 |
| --- | --- |
| 牛市套利 | （1）概念：当市场出现供给不足、需求旺盛或者远期供给相对旺盛的情形，导致较近月份合约价格上涨幅度大于较远月份合约价格的上涨幅度，或者较近月份合约价格下降幅度小于较远月份合约价格的下跌幅度时，无论是正向市场还是反向市场，在这种情况下，买入较近月份的合约同时卖出较远月份的合约进行套利，盈利的可能性比较大。<br>（2）适用商品：对可储存且作物年度相同的商品较为有效，包括小麦、棉花、大豆、糖、铜等。<br>（3）不适用商品：对于不可储存的商品，如活牛、生猪等，不同交割月份的商品期货价格间的相关性很低或不相关，则不适合进行牛市套利。<br>（4）在正向市场上，只要两个月份合约的价差趋于缩小，交易者就可以实现盈利。<br>（5）反向市场上，牛市套利是买入较近月份合约的同时卖出较远月份合约，可看成是买入套利，在价差扩大时才能够盈利。<br>（6）正向市场牛市套利损失有限而获利潜力无限。<br>①正向市场牛市套利实质是卖出套利，卖出套利的盈利标准是价差缩小。而价差的扩大受到持仓费的制约，当价差大幅超过持仓费时，则会产生套利行为来修正这一溢价，从而限制了价差的扩大幅度。但价差缩小不受限制，所以获利潜力无限而亏损有限。 |

续 表

| 项 目 | 内 容 |
|---|---|
| 牛市套利 | ②若市场出现现货短缺，则会出现较近月份合约价格大幅度上涨远远超过较远月份合约的可能性，使正向市场变为反向市场，价差可能从正值变为负值，价差会大幅度缩小，使牛市套利获利巨大。 |
| 熊市套利 | (1)概念：熊市套利是指当市场出现供给过剩，需求相对不足时，通常较近月份的合约价格下降幅度要大于较远月份合约价格的下降幅度，或者较近月份的合约价格上升幅度小于较远月份合约价格的上升幅度。无论是在正向市场还是在反向市场，在这种情况下，卖出较近月份的合约同时买入较远月份的合约进行套利，是盈利的可能性比较大的套利行为。<br>(2)当较近月份合约的价格已经相当低，不可能进一步偏离较远月份合约时，进行熊市套利是很难获利的。<br>(3)正向市场上，两个合约月份的价差趋于扩大，交易者就可以实现盈利，而与期货价格的涨跌无关。<br>(4)反向市场上，熊市套利交易者卖出较近月份合约的同时买入较远月份合约，属于卖出套利，只有在两个合约价差缩小时才能够盈利。 |
| 蝶式套利 | (1)概念：蝶式套利是跨期套利的一种常见形式，是由共享居中交割月份一个牛市套利和一个熊市套利组合而成。即较近月份合约与居中月份合约之间的牛市(或熊市)套利和在居中月份与较远月份合约之间的熊市(或牛市)套利的一种组合。<br>(2)操作方法：买入(或卖出)较近月份合约，同时卖出(或买入)居中月份合约，并买入(或卖出)较远月份合约。[①]<br>(3)与普通跨期套利的相似之处：认为同一商品但不同交割月份之间的价差出现了不合理的情况。<br>(4)与普通跨期套利的不同之处：普通跨期套利只涉及两个交割月份合约的价差，而蝶式套利(两个跨期套利互补平衡的组合)认为居中交割月份的期货合约价格与两旁交割月份合约价格之间的相关关系出现了不合理价差；蝶式套利从理论上看，风险和利润都较小。 |

第七章、第八章、第九章的外汇期货、国债期货和股指期货都会涉及套利，但本节是对期货套利的讲解是最详细的，学好本节的内容对后面章节的作用非常大，考生一定要认真学习和理解。

三种跨期套利比较容易出计算类题目，尤其是综合题，考生在学习后可以扫描母题旁的二维码，多做相关的题目加以巩固。

[①]蝶式套利的居中月份合约的数量等于较近月份和较远月份合约数量之和。

## 母题精选

【单选题】3月2日，某交易者在我国期货市场买入10手5月玉米期货合约，同时卖出10手7月玉米期货合约，价格分别为1 700元/吨和1 790元/吨。3月9日，该交易者将上述合约全部对冲平仓，5月和7月玉米合约平仓价格分别为1 770元/吨和1 820元/吨。该套利交易属于(　　)。

A. 正向市场牛市套利　　B. 正向市场熊市套利

C. 反向市场牛市套利　　D. 反向市场熊市套利

【答案】 A 【解析】近期合约价格小于远期合约属于正向市场，买近月合约，卖远月合约属于牛市套利，故本题属于正向市场牛市套利。

【综合题】6月18日，某交易所10月份玉米期货合约的价格为2.35美元/蒲式耳，12月份玉米期货合约的价格为2.40美元/蒲式耳。某交易者采用熊市套利策略，则下列选项中使该交易者的净收益持平的有（　　）。

A. 10月份玉米合约涨至2.40美元/蒲式耳，12月份玉米合约价格跌至2.35美元/蒲式耳

B. 10月份玉米合约跌至2.30美元/蒲式耳，12月份玉米合约价格跌至2.35美元/蒲式耳

C. 10月份玉米合约涨至2.40美元/蒲式耳，12月份玉米合约价格涨至2.40美元/蒲式耳

D. 10月份玉米合约跌至2.30美元/蒲式耳，12月份玉米合约价格涨至2.45美元/蒲式耳

【答案】　B　【解析】熊市套利策略是买进远期合约同时卖出近期合约。故该交易者的建仓行为应是买入12月份玉米期货，同时卖出10月份玉米期货。根据题干可知买入价大于卖出价，故本题属于熊市买入套利，期望价差扩大才能盈利，价差为0.05。选项A、选项C的价差小于0.05，故排除；选项D的价差为0.15，因此交易者有盈利，故不选；选项B的价差为0.05，刚好使得交易者净收益持平。

【综合题】4月29日，某交易者在国内交易所进行套利交易，同时买入100手7月LLDPE期货合约、卖出200手9月LLDPE期货合约、买入100手11月LLDPE期货合约；成交价格分别为9 180元/吨、9 250元/吨和9 180元/吨。5月7日对冲平仓时的成交价格分别为9 200元/吨、9 290元/吨和9 230元/吨。则该交易者（　　）。

A. 盈利5 000元　　B. 亏损5 000元　　C. 盈利6 000元　　D. 亏损6 000元

【答案】　B　【解析】LLDPF期货合约交易单位为5吨/手，7月份买入价格为9 180元/吨、卖出价格9 200元/吨，则盈利20元/吨，100手则盈利＝20×5×100＝10 000（元）；9月份卖出价格为9 250元/吨、买入价格9 290元/吨，则亏损40元/吨，200手则亏损＝40×5×200＝40 000（元）；11月份买入价格为9 180元/吨、卖出价格9 230元/吨，则盈利50元/吨，100手则盈利＝50×5×100＝25 000（元），综上，交易者盈利＝10 000－40 000＋25 000＝－5 000（元），即交易者亏损5 000元。

## 二、跨品种套利（重点掌握）

考查概率：80%，所占分值为1分左右。
考试题型：主要以单选题、多选题和综合题形式出现。
考查重点：①相关商品间的套利。②原材料与成品之间的套利。

### （一）概念

跨品种套利，指利用两种或三种不同的但相互关联的商品之间的期货合约价格差异进行套利，即同时买入或卖出某一交割月份的相互关联的商品期货合约，以期在有利时机同时将这些合约对冲平仓获利。

### （二）分类

| 项　目 | 内　容 |
|---|---|
| 相关商品间的套利 | （1）原因：不同的商品可能存在内在联系，如需求替代品、需求互补品、生产替代品或生产互补品等，使得它们的价格存在着某种稳定的合理的比值关系。因市场、季节、政策等因素的影响，使这些相关联的商品之间的比值关系经常偏离合理的区间，便给跨品种套利带来了可能。<br>（2）具体做法：买入（或卖出）一定数量的期货合约，同时卖出（或买入）与该期货合约交割月份相同价值量相当的相关期货合约，待将来价差发生有利变化时再分别平仓了结，以期获得价差变化的收益。 |
| 原材料与成品之间的套利 | （1）含义：原材料与成品之间的套利是指利用原材料商品和它的制成品之间的价格关系进行套利。<br>（2）典型案例：大豆与其两种制成品——豆油和豆粕之间的套利。<br>①平衡公式：100%大豆×购进价格＋加工费用＋利润＝18%豆油×销售价格＋78.5%豆粕×销售价格。 |

续 表

| 项 目 | 内 容 |
| --- | --- |
| 原材料与成品之间的套利 | ②大豆提油套利。<br>◆操作前提：大豆加工商在市场价格关系基本正常时进行。<br>◆目的：防止大豆价格突然上涨，或豆油、豆粕价格突然下跌，从而产生亏损，或者将已产生的亏损降至最低。<br>◆操作方法：购买大豆期货合约的同时卖出豆油和豆粕的期货合约，当在现货市场上购入大豆或将成品最终销售时再将期货合约对冲平仓。[①]<br>③反向大豆提油套利。<br>◆操作前提：大豆加工商在市场价格反常时采用的套利。即当大豆价格受某些因素的影响出现大幅上涨时，大豆可能与其制成品出现价格倒挂。<br>◆操作方法：卖出大豆期货合约，买进豆油和豆粕期货合约，同时缩减生产，减少豆粕和豆油的供给量。<br>◆作用：大豆加工商在期货市场中的盈利利于弥补现货市场中的亏损。 |

[①]大豆加工商可以锁定产成品和原料间的价差，防止市场价格波动带来的损失。

## 母题精选

【单选题】大豆提油套利的做法是（　　）。

A. 购买大豆期货合约的同时卖出豆油和豆粕的期货合约

B. 购买大豆期货合约

C. 卖出大豆期货合约的同时买入豆油和豆粕的期货合约

D. 卖出大豆期货合约

【答案】 A 【解析】大豆提油套利是大豆加工商在市场价格关系基本正常时进行的，其做法是购买大豆期货合约的同时卖出豆油和豆粕的期货合约。当在现货市场上购入大豆或将成品最终销售时再将期货合约对冲平仓。

## 三、跨市套利（重点掌握）

考查概率：100%，所占分值为1.5～2分。

考试题型：主要以综合题形式出现。

考查重点：跨市套利。

（1）概念：跨市套利（市场间套利）：指在某个交易所买入（或卖出）某一交割月份的某种商品合约的同时，在另一个交易所卖出（或买入）同一交割月份的同种商品合约，当出现有利时机时，分别将在两个交易所所持有的合约同时对冲平仓以获利的行为。

（2）操作方法：当相同或相似的不同交易所期货商品的稳定的差额发生偏离时，交易者就可通过买入价格相对较低的合约，卖出价格相对较高的合约而在这两个市场间套利，以期两市场价差恢复正常时平仓，获取利润。

（3）举例：芝加哥期货交易所、大连商品交易所、东京谷物交易所的玉米、大豆期货合约；伦敦金属交易所、上海期货交易所、纽约商业交易所的铜、铝等有色金属期货合约。

## 母题精选

【单选题】7月30日，某套利者卖出10手堪萨斯交易所12月份小麦期货合约，同时买入10手芝加哥期货交易所12月份小麦期货合约，成交价格分别为1 250美分/蒲式耳和1 260美分/蒲式耳。9月10日，该投资者同时将两个交易所的小麦期货合约平仓，平仓价格分别为1 240美分/蒲式耳、1255美分/蒲式耳。则该套利者（　　）（1手＝5 000蒲式耳）。

A. 盈利5 000美元　　B. 亏损5 000美元

C. 盈利2 500美元　　D. 盈利250 000美元

【答案】C 【解析】堪萨斯交易所12月份小麦期货合约每手获利10美分/蒲式耳(1 250－1 240)，芝加哥期货交易所12月份小麦期货合约每手亏损5美分/蒲式耳(1 255－1 260)，净获利5美分/蒲式耳。则该套利者盈利＝5×10×5 000＝250 000(美分)＝2 500(美元)。

## 四、期现套利(重点掌握)

(1)期现套利前提：期货价格和现货价格之间的价差与持仓费出现较大偏差。

(2)具体情形如下(通过交割方式完成期现套利)：

①价差远高于持仓费(常见的期现套利情形)：套利者可以买入现货，同时卖出相关期货合约，待合约到期时，用所买入的现货进行交割。

套利利润＝价差收益－现货持仓费用。

②价差远低于持仓费：套利者可以卖出现货，同时买入相关期货合约，待合约到期时，用交割获得的现货来补充之前所卖出的现货。

套利利润＝节约的现货持仓费用－价差亏损。

(3)实际操作中，也可不通过交割方式实现期现套利。当价差变化对套利者有利，可通过将期货合约和现货部位分别了结的方式来结束期现套利操作。

(4)期现套利对现货商的要求：熟悉现货商品的生产、经营、运输和储存，具有现货生产经营背景。

考查概率：100%，所占分值为0.5～1分。
考试题型：主要以单选题形式出现。
考查重点：期现套利。

### 母题精选

【综合题】某企业有一批商品存货，目前现货价格为3 000元/吨，2个月后交割的期货合约价格为3 500元/吨。2个月期间的持仓费和交割成本等合计为300元/吨。该企业通过比较发现，如果将该批货在期货市场按3 500元/吨的价格卖出，待到期时用其持有的现货进行交割，扣除300元/吨的持仓费之后，仍可以有200元/吨的收益。在这种情况下，企业将货物在期货市场卖出要比现在按3 000元/吨的价格卖出更有利，也比两个月卖出更有保障，此时，可以将企业的操作称为(　　)。

A. 期转现　　B. 期现套利　　C. 套期保值　　D. 跨期套利

母题精选　微信扫描

【答案】B 【解析】期现套利是通过利用期货市场和现货市场的不合理价差进行反向交易而获利。

## 第四节　期货价差套利指令

### 一、套利指令(掌握)

(1)使用：不需要标明买卖各个期货合约的具体价格，只要标注两个合约价差即可。

(2)相关因素：使用套利指令的优惠政策：保证金、佣金优惠。我国大连和郑州商品交易所套利指令保证金单边收取，取持仓组合里的交易保证金较高者。

考查概率：60%，所占分值为0.5分。
考试题型：主要以单选题和判断题形式出现。
考查重点：套利指令的使用。

### 二、套利指令分类(了解)

| 分　类 | 内　容 |
|---|---|
| 套利市价指令和套利限价指令 | 根据指令种类可分为套利市价指令和套利限价指令。<br>(1)套利市价指令：交易所按照市场当前可能获得的最好的价差成交的指令。 |

考查概率：较低，所占分值最多为0.5分。
考查重点：不做重点要求，了解各指令的概念即可。

续 表

| 分 类 | 内 容 |
| --- | --- |
| 套利市价指令和套利限价指令 | (2)套利限价指令:当价差达到指定价差时,指令将以指定的或更优的价差成交。 |
| 跨期套利指令和跨品种套利指令 | 根据具体套利种类可分为跨期套利指令、跨品种套利指令等。<br>(1)跨期套利指令:买入(卖出)同一品种较近月份的期货合约,同时卖出(买入)相同数量较远月份期货合约,不标明买卖合约的具体价位,只标明买卖合约价差的指令。<br>(2)跨品种套利指令:同时买进和卖出两个不同标的物期货合约的指令。 |
| 取消指令 | 撤销前一笔套利交易的指令。 |

## 三、套利指令的报价(掌握)

### (一)大连商品交易所的套利指令报价[①]

| 名 称 | 交易方式(买方角度) | 报价方式 |
| --- | --- | --- |
| 同品种跨期套利交易指令 | 买入近月合约,卖出同等数量远月合约。 | 买(卖)套利价格 = 近月合约买(卖)申报价格 - 远月合约卖(买)申报价格。 |
| 两个品种间套利交易指令 | 买入某品种某月份合约,卖出另一品种相同或不同月份合约。 | 买(卖)套利价格 = 第一品种买(卖)申报价格 - 第二品种卖(买)申报价格。 |
| 压榨利润套利交易指令 | 卖大豆合约、买相同月份或不同月份豆粕和豆油合约。 | 买(卖)套利价格 = 豆粕合约买(卖)申报价格 + 豆油合约买(卖)申报价格 - 大豆合约卖(买)申报价格。 |

### (二)下单界面中组合指令[②]的价差变化

(1)组合指令买入报价(买近卖远):价差增大盈利。价差增大具体表现为负的程度减少、负变零或正、零变正、正的程度增加。

(2)组合指令卖出报价(卖近买远):价差缩小盈利。具体表现为正的程度减少、正变零或负、零变负、负的程度增加。

## 四、套利市价指令的使用(掌握)

(1)套利市价指令的使用 :下单时标明买、卖期货合约的种类和月份,由市场行情决定成交价差的大小(滑点风险)。

(2)适用:投资者希望以当前的价差水平尽快成交,适用价差套利市价指令。

(3)优点:成交速度快。

(4)缺点:在市场行情发生较大变化时,成交的价差可能与交易者最初的意图有较大差距。

**考查概率**:60%,所占分值为0.5~1分。
**考试题型**:主要以单选题形式出现。
**考查重点**:套利指令的报价。

①我国大连商品交易所有跨期套利指令、跨品种套利指令和压榨利润套利交易指令。郑州商品交易所有跨期套利指令、跨品种套利指令。郑州商品交易所的套利指令的报价方式与大连商品交易所类似。

②组合指令中的买入、卖出报价指令都是相对于近月合约而言的。

**考查概率**:60%,所占分值为0.5~1分.
**考试题型**:主要以单选题和多选题形式出现。
**考查重点**:价差套利市价指令的使用。

## 五、套利限价指令的使用（掌握）

（1）套利限价指令：当价格达到指定价位时，指令将以指定的或更优的价差来成交。

（2）作用：可以保证交易能够以指定的甚至更好的价位来成交。

（3）限价指令的使用：需要注明具体的价差和买入、卖出期货合约的种类和月份。

（4）适用：投资者希望以一个理想的价差成交，适用价差套利限价指令。

（5）优点：可以保证交易者以理想的价差进行套利。

（6）缺点：使用该指令不能保证立刻成交（限价指令只有在价差达到所设定的条件时才能成交）。

**考查概率**：60%，所占分值为0.5～1分。
**考试题型**：主要以单选题和多选题形式出现。
**考查重点**：价差套利限价指令的使用。

## 母题精选

**【多选题】**若当前大连商品交易所玉米期货合约A与B的价差为34元/吨。某交易者认为价差过小，打算利用这两个合约套利，故下达套利限价指令，设定价差为32元/吨。则下列可能成交的价差有（　　）。

A. 32元/吨　　　B. 30元/吨
C. 34元/吨　　　D. 36元/吨

**【答案】** AB　**【解析】**当价差等于或小于32元/吨时，该指令才能够被执行。故选项A、选项B正确。

## 章节测评

用手机微信扫描“章节测评”旁边的二维码或用电脑浏览器打开网址http://cj.ek100.cn即可进入智能题库进行章节测评。

# 第六章 期 权

## 本章应试分析

本章主要介绍期权及期权交易、期权价格及影响因素、期权的基本策略。在考试中，本章所占分值为 13 分左右，是全书涉及分值比重最高的章节，单选题、多选题、判断题、综合题题目均会考查。本章属于重点章节，考查内容较多，考生一定要认真学习，结合母题进行强化理解和记忆，多做题训练，做到活学活用。

## 本章思维导图

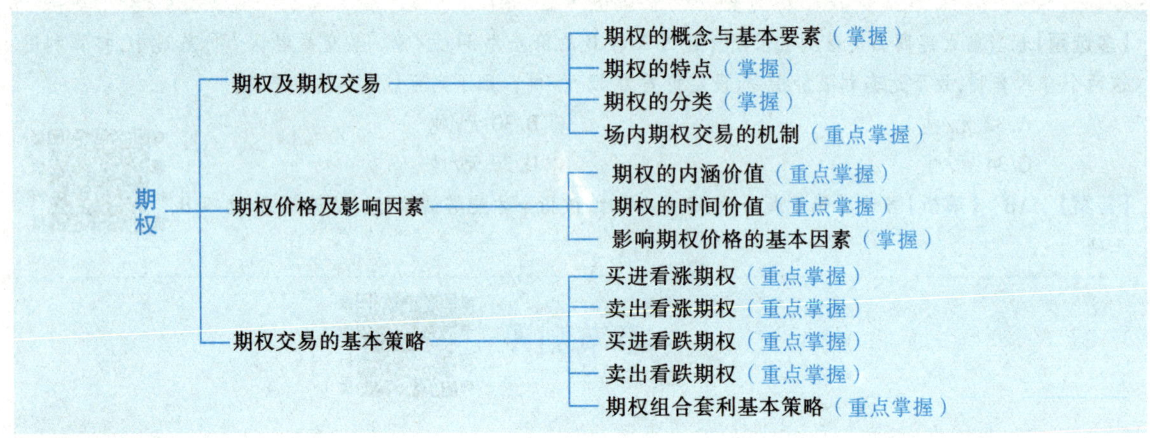


## 名师同步精讲

## 第一节 期权及期权交易

随书赠送
智能题库
详见本书
最后一页

### 一、期权的概念与基本要素（掌握）

#### （一）概念

期权（也称选择权）[①]是指期权的买方有权在约定的期限内，按照事先确定的价格，买入或卖出一定数量某种特定商品或金融指标的权利。

#### （二）基本要素[②]

| 项 目 | 内 容 |
|---|---|
| 期权的价格 | 也称权利金、期权费、保险费，期权买方为获得按约定价格购买或出售标的资产的权利而支付给卖方的费用。 |
| 标的资产（标的物） | （1）概念：是期权合约的标的，是期权合约中约定的、买方行使权利时所购买或出售的资产。<br>（2）类型：现货资产、期货资产、实物资产、金融资产、金融指标（股票价格指数）。 |

名师指导

考查概率：80%，所占分值为 1 分。
考试题型：主要以多选题形式出现。
考查重点：期权的概念与基本要素。

①期权是一种权利凭证。

②期权的五项基本要素容易出多选题。

续 表

| 项 目 | 内 容 |
| --- | --- |
| 标的资产（标的物） | ①郑州商品交易所和大连商品交易所分别开展的白糖和豆粕期权交易，白糖和豆粕期权属于商品期货期权。<br>②上海证券交易所上市的上证 50ETF 期权的合约标的是上证 50 指数成分股。<br>③中国金融期货交易所推出的仿真股指期权，合约标的有上证 50 股票价格指数和沪深 300 股票价格指数。 |
| 行权方向 | (1)行权方向是期权买方行权时的操作方向。<br>(2)买入和卖出两种：买方既可以买入标的资产也可以卖出标的资产，由期权的类型是看涨期权还是看跌期权决定。 |
| 执行价格 | 也称为履约价格、行权价格，是期权合约中约定的、买方行使权利时购买或出售标的资产的价格。 |
| 有效期限 | 买方在给卖方支付一定期权费用后，可以在约定时间内，行使其以约定价格购买或出售特定资产的权利。超过这一期限，则期权失效。 |

## 母题精选

【多选题】期权基本要素应该包括（ ）。

A. 期权到期日　　B. 期权的价格

C. 行权方向　　D. 标的资产

【答案】 ABCD 【解析】期权基本要素应该包括期权的价格、标的资产、行权方向、执行价格及期权到期日。

## 二、期权的特点（掌握）

考查概率：60%，所占分值为 1 分。

考试题型：主要以多选题形式出现。

考查重点：期权的特点。

| 项 目 | 内 容 |
| --- | --- |
| 买卖双方的权利义务不同 | 期权的买方只有权利而不必承担履约义务，卖方只有履约义务而没有相应权利。① |
| 买卖双方的收益和风险特征不同 | 买方的损失是有限的，最大损失是支付的期权费，潜在的收益巨大；卖方最大的收益是获得的期权费，潜在的损失巨大。 |
| 对买卖双方保证金缴纳要求不同 | (1)买方的最大风险是已经支付的期权费，不需要缴纳保证金。<br>(2)卖方的损失可能会很大，需要缴纳保证金作为履约担保。 |
| 买进期权和卖出期权的功能不同（避险角度） | (1)买进期权可以规避标的资产的价格风险；卖出期权只能收取固定的费用，达不到对规避标的资产价格风险的目的。<br>(2)利用期货和期权多头规避风险的比较。<br>①利用期货规避标的资产价格风险，在规避掉价格不利变动所带来的可能损失时，也放弃了价格有利变动可能带来的收益。<br>②利用期权多头对冲标的资产价格风险。 |

①期权买方支付了期权费获得权利，卖方将权利出售给买方从而拥有了履约的义务。

续 表

| 项　目 | 内　容 |
| --- | --- |
| 买进期权和卖出期权的功能不同（避险角度） | ◆持有标的资产价格下跌，或计划购买标的资产而价格上涨，交易者可通过执行期权来避免损失。<br>◆当价格变化方向对标的资产持仓有利时，交易者可放弃执行期权，享受价格有利变化带来的利润。 |
| 独特的非线性损益结构 | （1）期权交易者的损益不随着标的资产价格的变化呈线性变化，其到期时的损益状态图是折线而不是一条直线，即在执行价格的位置发生转折。<br>（2）投资者可以将不同期权、期权与其他投资工具进行组合，构造出不同风险和损益状况的组合策略。 |

## 母题精选

【单选题】期权的特点不包括（　　）。

A. 买卖双方的权利义务不同　　B. 买卖双方的收益和风险特征不同

C. 独特的线性损益结构　　D. 买卖双方的经济功能不同

母题精选 微信扫描

【答案】 C 【解析】期权具有独特的非线性损益结构。故选项 C 错误。

## 三、期权的分类（掌握）

| 类　型 | 内　容 |
| --- | --- |
| 美式期权和欧式期权 | （1）分类标准：多方行权时间。<br>（2）美式期权：期权多方在期权到期日前的任何交易日都可以行使权利的期权。<br>举例：交易所的交易的股票期权、CME 集团交易的股指期货期权。<br>（3）欧式期权：期权多方只能在期权到期日行使权利的期权。<br>举例：香港交易所的股指期权和股票期权、中国金融期货交易所的仿真股票价格指数期权、上海证券交易所的股票期权。[①]<br>（4）共同点：在期权到期日之后买卖双方权利义务都会消除。<br>（5）价值对比：美式期权的行权机会要比欧式期权多，所以其他条件（标的资产、执行价格和到期时间）相同的美式期权的价值一般不小于对应的欧式期权的价值。 |
| 看涨期权和看跌期权 | （1）分类标准：买方行权方向。<br>（2）看涨期权（也称买权、认购期权）。<br>①概念：赋予买方未来按约定价格购买标的资产的权利。[②]<br>②行权情形。<br>◆当标的资产未来价格上涨到执行价以上时，买方将行使权利。<br>◆当价格下跌时，买方便放弃行使权利，期权费便是其购买行使权利的费用。<br>（3）[③]看跌期权（卖权、认沽期权）。<br>①概念：赋予买方未来按约定价格出售标的资产的权利。 |

考查概率：60%，所占分值为 1～1.5 分。

考试题型：单选题、多选题、判断题。

考查重点：①美式期权和欧式期权。②看涨期权和看跌期权。

[①] CME 集团交易的外汇期货期权，既有美式期权，又有欧式期权。

[②] 买入看涨期权是买方预期标的资产价格上涨，所以支付权利费用买入将来购买标的资产的权利。

[③] 买入看跌期权是买方预期标的资产价格下跌，所以支付权利费用买入将来卖出标的资产的权利。

续 表

| 类 型 | 内 容 |
| --- | --- |
| 看涨期权和看跌期权 | ②行权情形。<br>◆当标的资产未来价格下跌到执行价以下时,买方将行使权利。<br>◆当价格上涨时,买方便放弃行使权利,期权费便是其购买行使权利的费用。 |
| 商品期权和金融期权 | (1)分类标准:期权标的资产类型。<br>(2)商品期权(也称实物期权):标的资产为实物资产的期权。<br>举例:我国大连商品交易所的以豆粕期货为标的的豆粕期权。<br>(3)金融期权:标的资产为金融资产或金融指标的期权。<br>举例:上海证券交易所推出的上证50股票基金期权、中国金融期货交易所的仿真股票价格指数期权和银行间交易的人民币外汇期权等。 |
| 场内期权和场外期权 | (1)分类标准:交易市场类型。<br>(2)场内期权(也称交易所期权):在交易所上市交易的期权。[①]<br>举例:CME集团上市的商品期货期权(实物期货期权)和金融期货期权、香港交易所上市的股票期权和股指期权、上海证券交易所的股票期权、郑州商品交易所的白糖期权。<br>(3)场外期权:在交易所以外交易的期权。<br>举例:我国银行间市场交易的人民币外汇期权。<br>(4)场外期权的特点(与场内期权相比)。<br>①合约非标准化:合约条款由交易双方自行拟订。<br>②交易品种多样、形式灵活、规模巨大:场外期权更能够满足投资者的个性化需求,场外交易双方可以直接商谈,期权品种、交易形式和交易规模等均可以按照交易者的需求进行定制。<br>③交易对手机构化:场外期权交易多在机构投资者之间进行,交易对手多为经验丰富的投资银行、商业银行等专业金融机构,期权合约的内容、交易方式等均由经验丰富的交易对手设计。<br>④流动性风险和信用风险大:场外期权交易无法保证合约的转让及卖方的履约。 |
| 奇异期权 | (1)概念:收益风险特征区别于传统期权的非标准化期权,统称为奇异期权。<br>(2)分类。<br>①路径依赖性期权:亚式期权[②]、回望期权、阶梯期权。<br>②时间依赖性期权:选择性期权、远期开始期权。<br>③极值依赖性期权:障碍期权[③]、自定义执行期权。<br>④支付修正性期权:数值期权、指数期权。<br>⑤多因子期权:复合期权、价差期权、彩虹期权。 |

[①]场内期权可以是现货期权(正文中除CME集团上市的标的资产为期货期权外,其他均为金融现货期权),也可以是期货期权。为履约方便,期货期权一般在相关期货交易所上市交易。

[②]某个时间段平均股价与执行价格之差,或到期价格与某个时间段平均股价之差,决定了亚式期权的到期收益。

[③]障碍期权被激活生效或终止废除的条件是标的价格达到某个临界值。

## 母题精选

【多选题】下列关于欧式期权和美式期权的说法，正确的是(　　)。

母题精选 微信扫描

A. 美式期权的买方在期权到期前的任何交易日都可以行权

B. 欧式期权的买方只能在期权到期日行权

C. 同一标的、相同到期日、相同执行价格的美式期权的价格不应该低于对应的欧式期权的价格

D. 美式期权的行权机会少于欧式期权

【答案】 ABC 【解析】美式期权的买方在期权到期日和到期日之前的任何交易日都可以行权，欧式期权的买方只能在到期日行权。由于美式期权的行权机会多于欧式期权，所以通常情况下，其他条件相同的美式期权的价格应该高于对应的欧式期权的价格。但研究分析表明，标的资产不支付红利的美式期权不应该提前行权，所以此情形下，美式期权的价格与欧式期权的价格应该相等。故选项 A、选项 B、选项 C 正确。

## 四、场内期权交易的机制(重点掌握)

考查概率：100%，所占分值为 0.5 分。

考试题型：主要以单选题和多选题形式出现。

考查重点：场内期权交易的机制。

| 项　目 | 内　容 |
| --- | --- |
| 标准化合约 | (1)交易单位(合约规模)：不同的标的资产，交易单位不同。相同的标的资产，在不同的交易所，交易单位也不一定相同。<br>举例：股票期权交易单位为 100 股，美国市场指数期权交易单位为标的指数执行价 ×100 美元；期货期权的交易单位为 1 张标的期货合约；外汇期权交易单位视交易所和货币种类而定。<br>(2)执行价格：由交易所事先选定，上市期权首日先确定中心执行价，再根据该中心执行价在特定幅度内设定若干级距。<br>(3)到期循环、到期月、到期日、最后交易日和执行日：是期权交易所对期权时间的预先规定，与期货类似。<br>①到期月举例：上海证券交易所的上证 50ETF 期权为当月、下月及随后两个季月。<br>②到期日、最后交易日举例：CBOE 股票期权的到期日[①]在事实上是在到期日之前一交易日美国东部时间下午 5:30 之前做出是否行权的决定，最后交易日是到期月的第三个星期五；上海证券交易所的上证 50ETF 期权的到期日、最后交易日均为合约月份的第四个星期三。<br>③执行日举例：上海证券交易所的上证 50ETF 期权行权交收日为到期日或最后交易日的下一交易日。<br>(4)交割规定[②]：可通过平仓了结头寸，也可持有至到期进行交割(期权交割比例高于期货)。<br>①现货期权交割：以执行价进行交收。<br>②指数期权交割：执行价与行权当日收盘价差额进行现金结算交收。<br>③期货期权交割：买方行权时，交收所得为执行价与期货价的差额加上卖方交付的期货头寸。 |
| 买卖指令 | (1)建仓：买入建仓、卖出建仓。<br>(2)平仓：卖出平仓、买入平仓。[③] |

[①] CBOE 股票期权的到期日在理论上是在到期月第三个星期五之后紧随的星期六当天美国东部时间下午 5:00。

[②] 美式期权可随时要求交割。

[③] 对建仓和平仓理解可以结合本书第三章第三节的“期货开平仓、持仓与结算价”进行理解。平仓指令也称对冲指令，是用于对冲和结清现有头寸的指令。

续　表

| 项　目 | 内　容 |
| --- | --- |
| 保证金制度 | (1)期权多方无须缴纳保证金。<br>(2)期权空方根据不同种类市场缴纳不同比例的保证金。 |

## 第二节　期权价格及影响因素

### 一、期权的内涵价值(重点掌握)

| 项　目 | 内　容 |
| --- | --- |
| 概念 | 期权的内涵价值(内在价值):不考虑交易费用和期权费的情况下,多方立即执行期权合约可获取的收益。① |
| 价格关系 | 看涨期权的内涵价值 = max(标的资产即期价格 - 执行价格,0)。<br>看跌期权的内涵价值 = max(执行价格 - 标的资产即期价格,0)。 |
| 期权的内涵价值分类 | (1)实值期权(也称期权处于实值状态)。<br>①概念:内涵价值计算结果大于0的期权。在不考虑交易费用和期权权利金时,买方立即执行期权合约所获得的行权收益大于0,且行权收益等于内涵价值。<br>②实值看涨期权:执行价格低于其标的资产价格。<br>③实值看跌期权:执行价格高于其标的资产价格。<br>④深度实值期权:看涨期权的执行价格远远低于其标的资产价格,看跌期权的执行价格远远高于其标的资产价格。<br>(2)虚值期权②(也称期权处于虚值状态)。<br>①概念:内涵价值等于0且标的资产价格与执行价格不相等的期权。<br>②虚值看涨期权:执行价格高于其标的资产价格。<br>③虚值看跌期权:执行价格低于其标的资产价格。<br>④深度虚值期权:看涨期权的执行价格远远高于其标的资产价格,看跌期权的执行价格远远低于其标的资产价格。<br>(3)平值期权(也称期权处于平值状态):内涵价值等于0且标的资产价格与执行价格相等的期权。 |

考查概率:100%,所占分值为1~2分。
考试题型:单选题、多选题、判断题。
考查重点:期权的内涵价值。

①期权的内涵价值总是大于等于0。

②如果某个看涨期权处于实值状态,执行价格和标的资产相同的看跌期权一定处于虚值状态,反之亦然。

【名师点拨】

| | 看涨期权 | 看跌期权 |
| --- | --- | --- |
| 实值期权 | 执行价格 < 标的资产价格 | 执行价格 > 标的资产价格 |
| 虚值期权 | 执行价格 > 标的资产价格 | 执行价格 < 标的资产价格 |
| 平值期权 | 执行价格 = 标的资产价格 | 执行价格 = 标的资产价格 |

## 母题精选

【单选题】以下原油期货权中，属于虚值期权的是（　　）。

A. 执行价格为100美元/桶，标的物市场价格为100美元/桶的看涨期权

B. 执行价格为120美元/桶，标的物市场价格为100美元/桶的看涨期权

C. 执行价格为120美元/桶，标的物市场价格为100美元/桶的看跌期权

D. 执行价格为100美元/桶，标的物市场价格为120美元/桶的看涨期权

【答案】B 【解析】虚值期权也称期权处于虚值状态，是指内涵价值计算结果小于0的期权。虚值看涨期权的执行价格高于其标的资产价格，看跌期权的执行价格低于其标的资产价格。

## 二、期权的时间价值（重点掌握）

| 项　目 | 内　容 |
|---|---|
| 概念 | 期权的时间价值（外涵价值），期权权利金超出内涵价值的部分，是期权有效期内标的资产价格波动为期权持有者带来收益的可能性所隐含的价值。① |
| 公式 | 时间价值 = 权利金 − 内涵价值 |
| 不同期权的时间价值 | （1）平值期权和虚值期权的时间价值总是大于等于0。<br>（2）美式期权的时间价值。<br>①虚值期权和平值期权美式期权的时间价值总是大于等于0。<br>②实值美式期权时间价值：若不考虑交易费用，时间价值总是大于等于0；若考虑交易费用，时间价值可能小于0。<br>（3）实值欧式期权的时间价值。<br>①实值欧式看跌期权和标的资产支付较高收益的实值欧式看涨期权的时间价值可能小于0。<br>②标的资产不支付收益和支付较低收益的实值欧式看涨期权的时间价值大于等于0。 |

考查概率：100%，所占分值为1.5～2分。考试题型：单选题、多选题、判断题、综合题。考查重点：期权的时间价值。

①标的资产价格的波动率越高，期权的时间价值就越大。

## 母题精选

【单选题】黄金期货看跌期权的执行价格为1 600.50美元/盎司，当标的期货合约价格为1 580.50美元/盎司，权利金为30美元/盎司时，则该期权的时间价值为（　　）美元/盎司。

A. 20　　B. 10　　C. 30　　D. 0

【答案】B 【解析】时间价值 = 权利金 − 内涵价值，看跌期权内涵价值 = 执行价格 − 标的物市场价格，内涵价值 = 1 600.50 − 1 580.50 = 20（美元/盎司），时间价值 = 30 − 20 = 10（美元/盎司）。

## 三、影响期权价格的基本因素（掌握）

| 项　目 | 内　容 |
|---|---|
| 标的资产价格与执行价格 | （1）标的资产价格与执行价格影响内涵价值。<br>执行价格与标的资产价格的相对差额决定了内涵价值的有无及其大小。<br>①看涨期权的标的资产价格比执行价格高时，期权具有内涵价值，高出越多，内涵价值越大；当市场价格等于或低于执行价格时，内涵价值为0。 |

考查概率：80%，所占分值为0.5～1分。考试题型：单选题、多选题、判断题。考查重点：影响期权价格的基本因素。

续 表

| 项 目 | 内 容 |
| --- | --- |
| 标的资产价格与执行价格 | ②看跌期权的标的资产价格比执行价格低时,期权具有内涵价值,低得越多,内涵价值越大;当市场价格等于或高于执行价格时,内涵价值为0。<br>(2)标的资产价格与执行价格影响时间价值。<br>执行价格与标的资产价格的相对差额决定时间价值的大小。一般情况下,执行价格与标的资产价格的相对差额越大,期权的时间价值越小;反之,相对差额越小,期权的时间价值越大。<br>①时间价值趋于0的情形:期权处于深度实值或深度虚值状态。<br>◆当期权处于深度实值状态时,标的资产价格变动使内涵价值继续增加的可能性很小,而使内涵价值减小的可能性却较大,人们不愿意支付较高的时间价值。<br>◆当期权处于深度虚值状态时,其变为实值期权的可能性渺茫,人们也不愿意支付较高的时间价值。<br>②时间价值可能小于0的情形[①]:不考虑交易成本时,处于深度实值状态的看跌期权;考虑交易成本时,所有的深度实值期权。<br>③时间价值最大时的情形:期权处于或接近平值状态。此时标的资产价格变动最有可能增加内涵价值,人们也愿意为买入期权而付出代价。<br>④深度实值期权价格的变化与内涵价值的变化趋于一致,深度虚值期权价格趋于或等于0。<br>⑤关于美式和欧式期权的总结。<br>◆期权处于或接近平值状态时,时间价值最大,标的资产价格变化对时间价值的影响也最大,看涨期权价格与标的资产价格同方向变动,看跌期权价格与标的资产价格反方向变动。<br>◆期权处于深度实值和深度虚值状态时,时间价值最小,深度虚值期权的价格几乎不受标的资产价格变化的影响。 |
| 标的资产价格波动率 | 在其他因素不变的条件下,标的资产价格波动率越高:[②]<br>(1)买方获取较高收益的可能性增加,而损失却不会随之增加。<br>(2)期权卖方的市场风险会大幅增加。 |
| 期权合约有效期 | (1)美式期权。<br>①价值情形:在其他条件相同的情况下,距最后交易日长的美式期权价值不应该低于距最后交易日短的期权的价值。<br>②原因:有效期长的期权[③]不但包含了有效期短的期权的所有执行机会,而且有效期越长,标的资产价格向买方所期望的方向变动的可能性就越大,买方行使期权的机会也就越多,获利的机会也越多。<br>(2)欧式期权。<br>①价值情形:欧式期权的价值并不随着有效期的增加必然增加。<br>②原因:有效期长的期权并不包含有效期短的期权所有执行机会,且在到期时也存在标的资产价格向不利方向变动,甚至会导致剩余期限长的欧式 |

[①]深度期权时间价值小于0时不存在套利机会;当期权处于平值状态时,时间价值最大。

[②]标的资产价格的波动率越高,期权的价格也越高。

[③]期权合约的有效期是指距期权合约到期日剩余的时间。

续 表

| 项 目 | 内 容 |
| --- | --- |
| 期权合约有效期 | 期权的时间价值和权利金可能低于剩余期限短的欧式期权的时间价值和权利金。<br>(3)标的资产不支付收益的美式和欧式看涨期权。<br>①价值情形:标的资产不支付收益时,美式和欧式看涨期权相同,剩余期限越长,价格也越高。<br>②原因:由于不应该提前行权,剩余期限对标的资产不支付红利的欧式和美式看涨期权的影响相同(期权价格范围分析也支持该结论)。 |
| 无风险利率 | (1)无风险利率会影响期权的时间价值和内涵价值。①<br>①当利率提高时,期权买方收到的未来现金流的现值将减少,从而使期权的时间价值降低;利率下降时,则相反。<br>②在经济过热时期,政府提高利率,将导致股票价格下跌,股票看涨期权的内涵价值降低,股票看跌期权的内涵价值提高;②在经济正常增长时期,提高利率,所得情形则相反。<br>(2)总结:无风险利率对期权价格的影响,要根据当时的经济环境以及利率变化对标的资产价格影响的方向,考虑对期权内涵价值的影响方向及程度,综合对时间价值的影响,得出最终的影响结果。 |
| 标的资产收益 | 标的资产支付收益对期权价格的影响,主要是股票股息对股票期权和股票价格指数期权价格的影响。<br>(1)股票分红不调整期权执行价格时,标的资产支付收益对看涨期权价格的影响是负向的,对看跌期权价格的影响则是正向的。即看涨期权价格下移,看跌期权价格上移。<br>(2)股票分红调整期权执行价格(以上海证券交易所股票期权为例)。调整后的公式:<br>新合约单位 = 原合约单位 × (1 + 流通股份实际变动比例) × 除权(息)前一日合约标的收益价/[前一日合约标的收盘价 - 现金红利 + 配(新)股价格 × 流通股份实际变动比例]<br>新行权价格 = 原行权价格 × 原合约单位/新合约单位 |

①利率水平对期权时间价值的整体影响十分有限。

②在经济过热时期,政府提高利率,看涨期权的价值会降低,而看跌期权的价值会提高。

## 母题精选

【多选题】在期权交易市场,影响期权价格的因素有(　　)。

A. 期权合约的有效期　　B. 期权的执行价格

C. 标的资产价格波动率　　D. 无风险利率

【答案】 ABCD 【解析】影响期权价格的因素有:标的资产价格、期权的执行价格、标的资产价格波动率、期权合约的有效期、无风险利率及标的资产收益等。

## 第三节 期权交易的基本策略

### 一、买进看涨期权(重点掌握)

> 考查概率:100%,所占分值为2~3分。
> 考试题型:单选题、判断题、综合题。
> 考查重点:买进看涨期权。

(一)目的和基本操作

| 项 目 | 内 容 |
|---|---|
| 目的 | 买方通过支付权利金享有按约定的执行价格买入相关标的资产的权利,避免了直接购买标的资产后价格下跌造成的更大损失。 |
| 基本操作 | (1)行权:标的资产价格上涨至执行价格以上,可执行期权获利。<br>(2)平仓:在期权价格上涨平仓获得价差收益;在下跌时卖出期权平仓避免损失全部权利金。 |

(二)损益分析

1. 看涨期权多头的损益状态图(见图6-1)

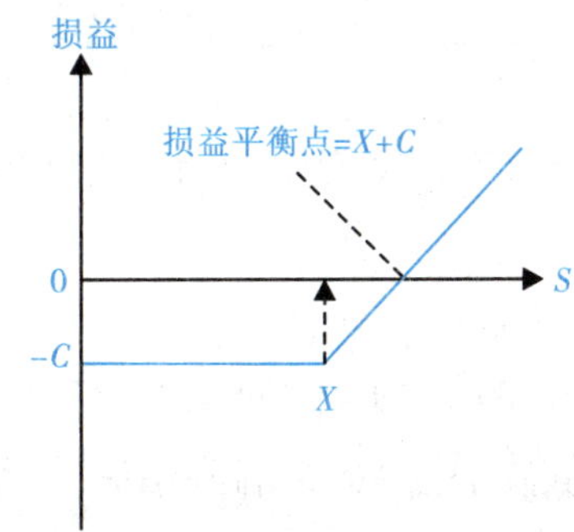


图6-1 看涨期权多头的损益状态图

图6-1中,$C$为期权的价格,$X$为执行价格,$S$为标的资产价格。

2. 标的资产价格变化对看涨期权多头损益的影响

> 考试时可能会结合实际案例,让考生判断买方的损益情况。

| 标的资产的价格范围 | 标的资产价格的变动方向及买方损益 | 期权头寸处置方法 |
|---|---|---|
| $0 \leq S \leq X$ | 处于亏损状态,不管$S$上涨还是下跌,买方损失不变,等于权利金。 | 不执行期权:<br>(1)卖出期权对冲平仓。<br>(2)持有到期使期权作废。 |
| $X < S < X + C$ | 处于亏损状态,买方损益随$S$的上涨而减少,但小于权利金。 | (1)卖出期权对冲平仓。<br>(2)在期权有效期内行权。<br>(3)持有至到期行权。 |
| $S = X + C$ | 损益为0。 | |
| $S > X + C$ | 处于盈利状态,盈利随$S$的上涨而增加,且理论上盈利可以无限大。 | |

### 3. 买进看涨期权综合分析[①]

| 项　目 | 内　容 |
|---|---|
| 标的资产价格状态 | (1)牛市。<br>(2)预期后市价格看涨。<br>(3)价格见底,市场波动率正在扩大,或隐含价格波动率低。[②] |
| 损益 | (1)平仓损益=权利金卖出价-权利金买入价。<br>(2)行权损益=标的资产卖价-执行价格-权利金。 |
| 最大风险 | 损失全部权利金。 |
| 损益平衡点 | 执行价格+权利金。 |
| 保证金 | 不用缴纳保证金。 |
| 履约后头寸 | 多头头寸。 |

①考试时会出题计算买进看涨期权的损益平衡点以及投资者的损益。

②隐含价格波动率低是指期权价格反映的波动率小于理论计算的波动率。

### (三)基本运用

| 项　目 | 内　容 |
|---|---|
| 获取价差收益 | 当标的资产价格上涨,权利金也会上涨,交易者可以在市场上以更高的价格卖出期权获利。 |
| 追逐更大的杠杆效应 | 同期货交易和持有现货资产相比,期权提供的杠杆更高。<br>(1)通常购买虚值期权或平值期权比购买期货合约的成本要低。<br>(2)通常购买实值期权或接近平值期权比购买期货合约的成本要高。 |
| 限制卖出标的资产的风险 | (1)操作策略:卖出所持资产,买进该资产看涨期权。[③]<br>(2)原理:标的资产卖出后,若标的资产价格上涨,购买的看涨期权可实现继续持有标的资产的目的;若标的资产价格下跌,放弃执行期权,规避了标的资产价格下跌的风险。 |
| 锁定现货成本,对冲标的资产价格风险 | (1)当现货价格趋势不明朗时,买入看涨期权进行保值,实现购货成本的锁定及平稳企业利润的目的。<br>(2)买入期货合约与买进看涨期权对冲现货价格上涨的特征对比:<br>①买进看涨期权初始投入更低,杠杆效用更大。<br>②若标的资产价格上涨对现货持仓不利,看涨期权可弥补所提高的现货购买成本,但可能要多付出权利金或时间价值的代价。<br>③若标的资产价格下跌对现货持仓有利,看涨期权买方虽然亏损,但无须追加保证金,而且限制了最大损失额(购买期权的成本);若标的资产价格下跌远高于期权费时,可享受标的资产价格有利变动所产生的利润。 |

③此策略是资产保险的策略,期权费即保险成本。

## 母题精选

**【综合题】**假设某一时刻股票指数为 2 280 点，投资者以 15 点的价格买入一手股指看涨期权合约并持有到期，行权价格为 2 300 点，若到期时标的指数价格为 2 310 点，则在不考虑交易费用、行权费用的情况下，投资者收益为（ ）。

A. 10 点　　B. －5 点　　C. －15 点　　D. 5 点

【答案】 B 【解析】买入看涨期权损益平衡点＝执行价格＋权利金＝2 300＋15＝2 315（点），执行价格＜标的资产价格＜损益平衡点，行权损益＝标的资产价格－执行价格－权利金＝2 310－2 300－15＝－5（点）。

## 二、卖出看涨期权（重点掌握）

考查概率：100%，所占分值约为 1.5 分。
考试题型：单选题、判断题、综合题。
考查重点：卖出看涨期权。

### （一）目的和基本操作

| 项　目 | 内　容 |
|---|---|
| 目的 | 获取期权费。 |
| 基本操作 | （1）被动行权：当买方要求行权时，卖方有义务向买方出售资产标的。<br>（2）平仓：买入看涨期权进行平仓以获得权利金价差收益或减少价格向不利方向变动时的损失。 |

### （二）损益分析

1. 看涨期权空头损益状态图[①]（见图 6－2）

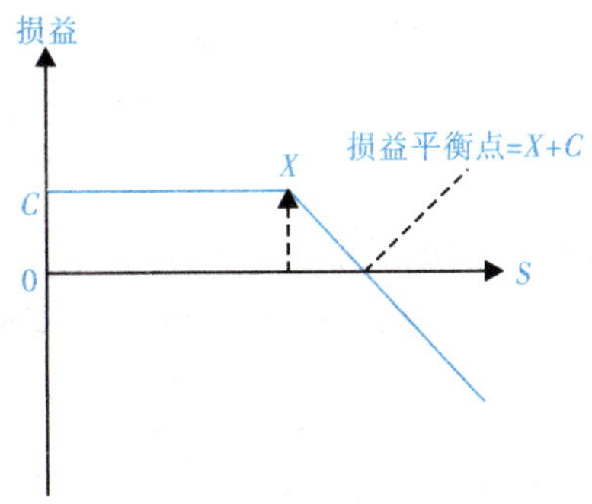


图 6－2　看涨期权空头损益状态图

①标的资产价格处于横盘整理或下跌，对看涨期权的卖方有利。

2. 标的资产价格变化对看涨期权卖方损益的影响

| 标的资产的价格范围 | 标的资产价格的变动方向及卖方损益 | 期权头寸处置方法 |
|---|---|---|
| $0\leq S\leq X$ | 处于盈利状态，不管 $S$ 上涨还是下跌，盈利不变，等于权利金。 | 买方不行权，卖方的头寸处置：<br>（1）买入期权对冲平仓。<br>（2）持有至到期获得全部权利金。 |
| $X<S<X+C$ | 处于盈利状态，盈利随 $S$ 的增加而减少，但小于权利金。 | （1）买入期权对冲平仓。<br>（2）接受买方行权。<br>（3）以执行价卖出标的资产。 |
| $S=X+C$ | 损益为 0。 | |
| $S>X+C$ | 处于亏损状态，亏损随 $S$ 的增加而增加，且理论上亏损无限大。 | |

3. **卖出看涨期权综合分析**

| 项　目 | 内　容 |
| --- | --- |
| 标的资产价格状态 | (1)熊市。<br>(2)预期标的资产横盘、市场波动率低或收窄,或隐含价格波动率高。[①] |
| 损益 | (1)平仓损益 = 权利金卖出价 - 权利金买入价。<br>(2)履约损益 = 执行价格 - 标的资产买价 + 权利金。 |
| 最大收益 | 权利金。 |
| 损益平衡点 | 执行价格 + 权利金。 |
| 保证金 | 需缴纳保证金(若是有保护的看涨期权,视保护情况而定)。 |
| 履约后头寸 | 空头头寸。 |

[①] 隐含价格波动率高是期权价格反映的波动率高于理论计算的波动率。

(三)基本运用

| 项　目 | 内　容 |
| --- | --- |
| 获取权利金或权利金价差收益[②] | (1)若认为资产价格会下跌,交易者可将看涨期权空头头寸对冲平仓,获得价差收益。<br>(2)若坚信标的资产价格不会上涨,交易者可持有期权至到期,实现获得权利金收入的目的。<br>(3)国外经验:期权卖方的收益往往高于买方。 |
| 增加标的资产多头的利润 | 谨慎看多时,在买入标的资产(已经持有标的资产)的同时卖出标的资产看涨期权(备兑开仓)。这种操作方法被称为有保险的看涨期权策略。 |

[②] 资金有限的投资者,应避免卖出无保护看涨期权。

(四)看涨期权空头和标的资产多头组合策略

1. **组合策略损益状态图(见图6-3)**

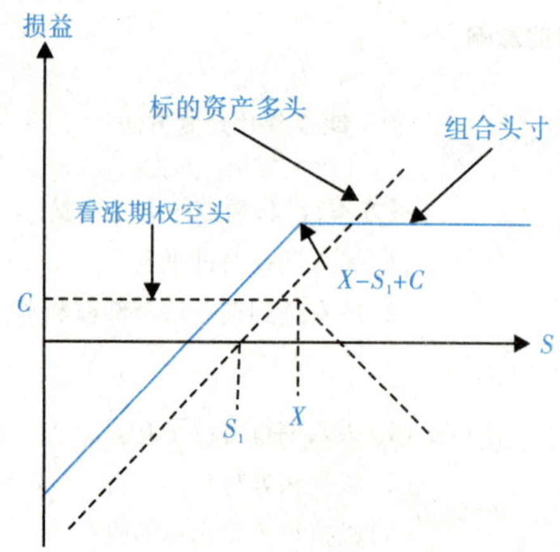


**图6-3　看涨期权空头和标的资产多头组合策略损益状态图**

**2. 构建组合策略应考虑的因素**

(1)看涨期权的执行价格。卖出期权的执行价格越高,买方行权的可能性越小,卖方赚取权利金的可能性越大,但同时对增加标的资产持仓利润的影响也就越小,因为所支付的权利金较低。

(2)标的资产价格变化趋势。

①当标的资产价格上涨至期权的执行价格与权利金之和以上时,不宜采用此策略。

②当标的资产价格下跌时,不会购买或继续持有标的资产,谨慎看多时宜采用该策略。

## 母题精选

【综合题】6 月份,大豆现货价格为 700 美分/蒲式耳,某榨油厂有一批大豆库存,该厂预计大豆价格在第三季度可能会小幅下跌,故卖出 10 月份大豆美式看涨期权,执行价格为 740 美分/蒲式耳,权利金为 7 美分/蒲式耳。则该榨油厂将蒙受损失的情况为(　　)。

A. 9 月份大豆现货价格下跌至 690 美分/蒲式耳,且看涨期权价格下跌至 4 美分/蒲式耳

B. 9 月份大豆现货价格下跌至 695 美分/蒲式耳,且看涨期权价格下跌至 1 美分/蒲式耳

C. 9 月份大豆现货价格上涨至 710 美分/蒲式耳,且看涨期权价格上涨至 9 美分/蒲式耳

D. 9 月份大豆现货价格上涨至 780 美分/蒲式耳,且看涨期权价格上涨至 42 美分/蒲式耳

【答案】 A 【解析】选项 A,大豆现货亏损 10 美分/蒲式耳,买进看涨期权对冲,盈利 3 美分/蒲式耳,合计亏损 7 美分/蒲式耳;选项 B,大豆现货亏损 5 美分/蒲式耳,买进看涨期权对冲,盈利 6 美分/蒲式耳,一共盈利 1 美分/蒲式耳;选项 C,现货赚 10 美分/蒲式耳,买进看涨期权对冲,亏损 2 美分/蒲式耳,一共盈利 8 美分/蒲式耳;选项 D,现货赚 80 美分/蒲式耳,买进看涨期权对冲,亏损 35 美分/蒲式耳,一共盈利 45 美分/蒲式耳。

【综合题】某投资者在 5 月 2 日以 20 美元/吨的权利金买入一张 9 月份到期的执行价格为 140 美元/吨的小麦看涨期权合约。同时以 10 美元/吨的权利金买入一张 9 月份到期执行价格为 130 美元/吨的小麦看跌期权。9 月时,相关期货合约价格为 150 美元/吨,则该投资者的投资结果是(　　)(每张合约 1 吨标的物,其他费用不计)。

A. 亏损 10 美元/吨　　B. 亏损 20 美元/吨

C. 盈利 10 美元/吨　　D. 盈利 20 美元/吨

【答案】 B 【解析】权利金支出 = 20 + 10 = 30(美元/吨);由于期货合约价格上涨,执行看涨期权,则盈利 = 150 − 140 = 10(美元/吨);总的盈利 = 10 − 30 = −20(美元/吨)。

### 三、买进看跌期权(重点掌握)

考查概率:100%,所占分值为 1~2 分。考试题型:单选题、判断题、综合题,偶尔会出多选题。考查重点:买进看跌期权。

(一)目的和基本操作

| 项　目 | 内　容 |
|---|---|
| 目的 | 规避了直接卖出标的资产后价格上涨造成的更大损失。 |
| 基本操作 | (1)标的资产价格下跌,可以执行价格卖出标的资产。<br>(2)标的资产价格上涨,可放弃执行期权,或将期权卖出平仓。 |

### (二)损益分析

**1. 看跌期权多头损益状态图(见图6－4)**

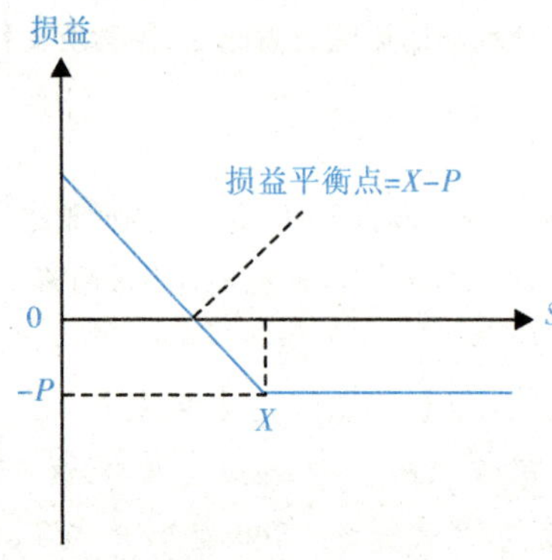


**图6－4　看跌期权多头损益状态图**

图6－4中，$P$为看跌期权的权利金，$X$为执行价格。

**2. 标的资产价格变化对看跌期权买方损益的影响**

| 标的资产的价格范围 | 标的资产价格的变动方向及买方损益 | 期权头寸处置方法 |
|---|---|---|
| $S \geqslant X$ | 处于亏损状态，不管$S$上涨还是下跌，买方损失不变，等于权利金。 | 不执行期权：<br>(1)卖出期权对冲平仓。<br>(2)持有至到期使期权作废。 |
| $X-P<S<X$ | 处于亏损状态，买方亏损随$S$的增加而扩大，但小于权利金。 | (1)卖出期权对冲平仓。<br>(2)在期权有效期内行权。<br>(3)持有至到期行权。 |
| $S=X-P$ | 损益为0。 | |
| $S<X-P$ | 处于盈利状态，盈利随$S$的减小而增加，且当$S$跌至0时盈利最大，等于$X-P$。 | |

**3. 买进看跌期权综合分析**

| 项　目 | 内　容 |
|---|---|
| 标的资产价格状态 | (1)熊市。<br>(2)预期后市下跌。<br>(3)价格见顶，波动率正在扩大，或隐含价格波动率低。① |
| 损益 | (1)平仓损益＝权利金卖出价－权利金买入价。<br>(2)行权损益＝执行价格－标的资产价格－权利金。 |
| 最大风险 | 损失全部权利金。 |
| 损益平衡点 | 执行价格－权利金。 |
| 保证金 | 无须缴纳保证金。 |
| 履约后头寸 | 空头头寸。 |

①隐含价格波动率低是指期权价格反映的波动率低于理论计算的波动率。

（三）基本运用

| 项 目 | 内 容 |
|---|---|
| 获取价差收益 | （1）标的资产价格下跌，看跌期权的价格会上涨，交易者可将期权卖出平仓获利。<br>（2）如果标的资产价格上涨，期权价格会下跌，买方不执行期权时最大损失为支付的期权费。若将期权卖出平仓，也可以减少权利金损失。 |
| 博取更大杠杆效用 | （1）通常购买虚值期权或平值看跌期权比卖出期货合约的成本要低。<br>（2）通常购买实值期权或接近平值看跌期权比卖出期货合约的收益要低。 |
| 保护标的资产多头① | （1）操作策略：买进或持有标的资产时，买入该资产看跌期权。<br>（2）原理：若标的资产价格下跌，看跌期权的价差收益或行权收益会弥补持有标的资产的损失；若标的资产价格上涨，则持仓标的资产受益，交易者最大损失为期权费，提高了持仓成本。 |
| 锁定现货持仓收益，对冲标的资产价格下跌风险 | （1）当现货价格趋势不明朗时，买入看跌期权进行保值，实现售货价格的锁定及平稳企业利润的目的。<br>（2）卖出期货合约与买进看跌期权对冲现货价格下跌的特征对比。<br>①买进看跌期权初始投入更低，杠杆效用更大。<br>②若标的资产价格下跌对现货持仓不利，看跌期权可弥补降低的现货卖出收入，但可能要多付出权利金或时间价值的代价。<br>③若标的资产价格上涨对现货持仓有利，看跌期权买方虽然亏损，但无须追加保证金，而且限制了最大损失额（购买期权的成本）；若标的资产价格上涨远高于期权费时，可享受标的资产价格有利变动所产生的利润。 |

①期权多头保险功能是期货交易合约不能实现的。

## 母题精选

【综合题】某交易者以 6 美元/股的价格买入一张某股票 3 月份到期，执行价格为 100 美元/股的看跌期权（合约单位为 100 股，不考虑交易费用）。从理论上说，该交易从策略中承受的最大可能的损失是（　　）。

A. 10 600 美元　　B. 无限大　　C. 9 400 美元　　D. 600 美元

【答案】 D 【解析】看跌期权多头的承受最大损失是全部的权利金，全部权利金 = 100 × 6 = 600（美元）。

【多选题】以下关于买进看跌期权损益的说法，正确的是（　　）（不考虑交易费用）。

A. 当标的物价格下跌至执行价格以下时，买方可能会亏损

B. 当标的物价格下跌至执行价格以下时，买方行权比放弃行权有利

C. 当标的物价格下跌至执行价格以下时，买方开始盈利

D. 当标的物价格上涨至执行价格以上时，买方放弃行权比行权有利

【答案】 ABCD 【解析】当标的资产价格下跌至执行价格以下时，如果放弃行权，买方会损失购买期权的全部费用，即权利金；如果执行期权，则行权收益 = 执行价格 − 标的资产价格 − 权利金，由于（执行价格 − 标的资产价格）> 0，买方行权一定比放弃行权有利；并且在不考虑交易费用情况下，买方行权会有盈利，故选项 B、选项 C 正确。而当标

的物价格上涨至执行价格以上时，放弃行权只损失权利金，行权收益＝执行价格－标的资产价格－权利金，由于（执行价格－标的资产价格）<0，则损失更多，所以买方放弃行权比行权有利，故选项D正确。当标的物价格小于执行价格大于损益平衡点时买方处于亏损状态，小于损益平衡点时买方处于盈利状态，选项A的表述为买方可能会亏损，故选项A正确。

## 四、卖出看跌期权（重点掌握）

考查概率：100%，所占分值为0.5～1.5分。
考试题型：单选题、多选题、判断题、综合题。
考查重点：卖出看跌期权。

### （一）目的和基本操作

| 项目 | 内容 |
|---|---|
| 目的 | 获取期权费。 |
| 基本操作 | （1）当标的资产价格高于执行价格，买方不行权，卖方可获得全部权利金收入。<br>（2）当期权价格上涨时买入期权平仓，获得价差收益。<br>（3）当标的资产价格下跌至执行价格以下，买方执行期权，卖方被要求履约。 |

### （二）损益分析

**1. 看跌期权空头损益状态图[①]（见图6－5）**

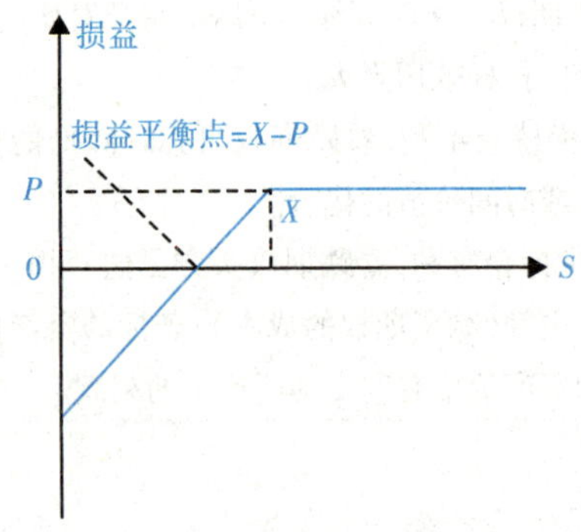


图6－5　看跌期权空头损益状态图

[①] 随着标的资产价格的下跌，卖方收益减少，直至出现亏损。理论上，当资产价格跌至0时，卖方亏损达到最大。

**2. 标的资产价格变化对看跌期权卖方的影响**

| 标的资产的价格范围 | 标的资产价格的变动方向及卖方损益 | 期权头寸处置方法 |
|---|---|---|
| $S \geqslant X$ | 处于盈利状态，不管$S$上涨还是下跌，盈利不变，等于权利金。 | 买方不会行权，卖方头寸处置：<br>（1）买入期权对冲平仓。<br>（2）持有至到期使期权作废。 |
| $X-P<S<X$ | 处于盈利状态，盈利随$S$的增加而增加，但小于权利金。 | （1）买入期权对冲平仓。<br>（2）接受买方行权。<br>（3）以执行价购买标的资产。 |
| $S=X-P$ | 损益为0。 | |
| $S<X-P$ | 处于亏损状态，亏损随$S$的增加而减小，当$S=0$时，亏损最大，等于$P-X$。 | |

3. **卖出看跌期权综合分析表**

| 项 目 | 内 容 |
|---|---|
| 标的资产市场环境 | (1)牛市。<br>(2)预期后市横盘。<br>(3)市场波动率低或收窄,隐含价格波动率高。① |
| 损益 | (1)平仓损益 = 权利金卖出价 - 权利金买入价。<br>(2)履约损益 = 标的资产卖价 - 执行价格 + 权利金。 |
| 最大收益 | 权利金。 |
| 损益平衡点 | 执行价格 - 权利金。 |
| 保证金 | 须缴纳保证金(若是有保护的看跌期权,视具体情况而定)。 |
| 履约后头寸 | 多头头寸。 |

①隐含价格波动率高是指期权价格反映的波动率大于理论计算的波动率。

(三)基本运用

| 项 目 | 内 容 |
|---|---|
| 获得权利金或价差收益 | (1)从买方角度看,若标的资产价格上涨至执行价格以上,则不行权,卖方持有至到期可获得全部权利金,也可在期权价格下跌时对冲平仓,获取价差收益。<br>(2)从卖方角度看,必须考虑价格不利变化时追加保证金要求,资金有限的投资者应慎重考虑卖出看跌期权。 |
| 对冲标的资产空头 | (1)操作策略:卖出标的资产或持有标的资产空头时,卖出执行价较低的看跌期权。<br>(2)原理:若标的资产价格下跌,买方要求行权,卖方以执行价买入标的资产,而卖方本身持有的标的资产空头则有部分利润被对冲,但降低了风险;若标的资产价格上涨,买方不行权时,卖方所获得权利金提高了标的资产的卖价,对冲了标的资产空头的部分损失。<br>(3)计划在未来购买现货的企业,利用看涨期权套期保值。<br>①操作策略:在买进看涨期权的同时卖出执行价格较低的看跌期权,根据企业未来购买现货的成本选择执行价格。<br>②若标的资产价格上涨,看涨期权头寸盈利,买入看跌期权则不行权,卖方则能获取权利金收入;若标的资产价格下跌,交易者可接受买方行权,按执行价格买进标的资产,实现购买标的现货的目的,其卖出看跌期权的权利金收入可使购买价格进一步降低。 |
| 低价买进标的资产 | 卖出执行价格较低的看跌期权。<br>(1)标的资产价格上涨,投资者可赚取权利金收益。<br>(2)标的资产价格下跌至执行价格以下,投资者被指定行权按执行价格买进标的资产,实现买进标的资产的目的。 |

### (四)标的资产空头与看跌期权空头组合策略

**1. 组合策略损益状态图(见图6-6)**

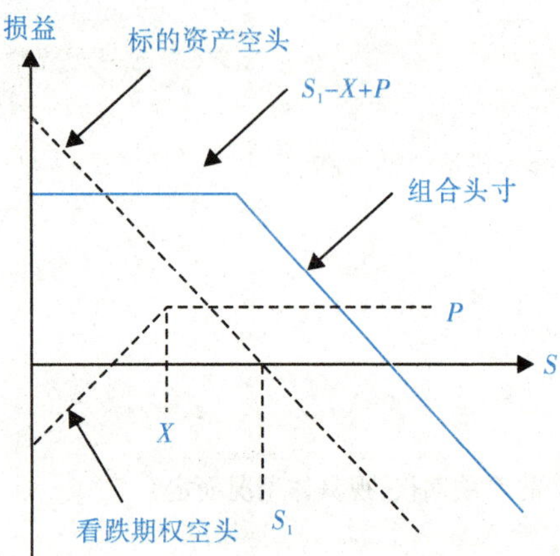


**图6-6 标的资产空头与看跌期权空头组合策略损益状态图**

**2. 构建组合策略应考虑的因素**

(1)看跌期权的执行价格。所卖出期权的执行价格越低,买方行权的可能性越小,卖方赚取权利金的可能性越大。但同时对增加标的资产持仓利润的影响就越小,因为所支付的权利金较低。

(2)标的资产价格变化趋势。

①当标的资产价格下跌至期权的执行价格与权利金之差以下时,不宜采用此策略。

②当标的资产价格上升时,不会卖出或继续持有标的资产空头,谨慎看空时宜采用该策略。

## 母题精选

**【单选题】**某交易者卖出执行价格为1.152 2的CME欧元兑美元看跌期货期权(美式),权利金为0.021 3。不考虑其他交易费用,履约时该交易者(　　)。

A. 卖出欧元兑美元期货合约的实际收入为1.130 9

B. 买入欧元兑美元期货合约的实际成本为1.152 2

C. 卖出欧元兑美元期货合约的实际收入为1.173 5

D. 买入欧元兑美元期货合约的实际成本为1.130 9

母题精选 微信扫描

【答案】 D 【解析】交易者卖出看跌期权后,便拥有了履约义务。当价格低于执行价格1.152 2元时,买方行权,卖方必须以执行价格1.152 2元从买方处买入标的资产。买入标的期货合约的成本为1.152 2-0.021 3=1.130 9(元)。故选项D正确。

## 五、期权组合套利基本策略(重点掌握)

### (一)期权差价组合

**1. 概念**

期权价差组合指持有相同期限、不同协议价格的两个或多个同种期权头寸组合。[①]

**考查概率**:100%,所占分值为0.5~1分。

**考试题型**:主要以单选题和多选题形式出现。

**考查重点**:期权组合套利基本策略。

①见下页①。

2. 分类

| 项 目 | 内 容 |
| --- | --- |
| 牛市差价组合 | (1)看涨期权多头与协议价格较高的看涨期权空头组合,其期初现金流为负(见图6-7)。<br>(2)看跌期权多头与协议价格较高的看跌期权空头,其期初现金流为正(见图6-8)。② 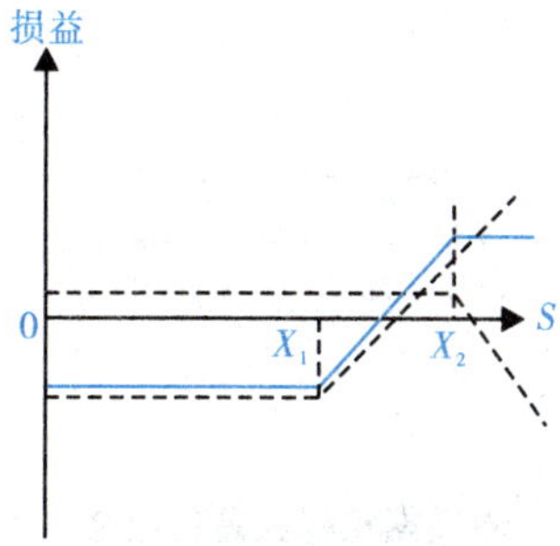<br>图6-7 看涨期权牛市差价组合 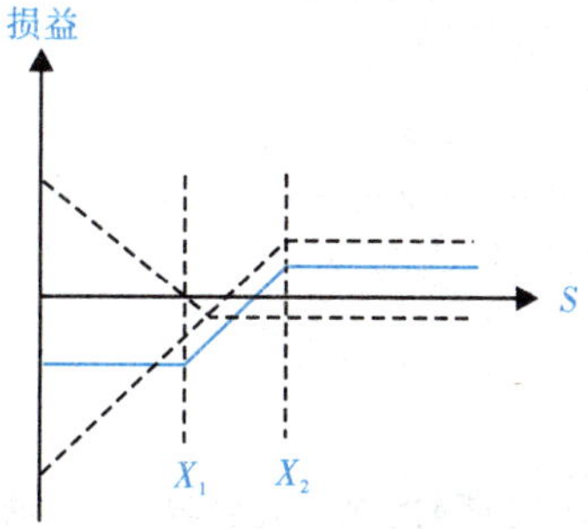 图6-8 看跌期权牛市差价组合 |
| 熊市差价组合 | (1)看涨期权多头与协议价格较低的看涨期权空头组合,其期初现金流为正(见图6-9)。<br>(2)看跌期权多头与协议价格较低的看跌期权空头,其期初现金流为负(见图6-10)。③ 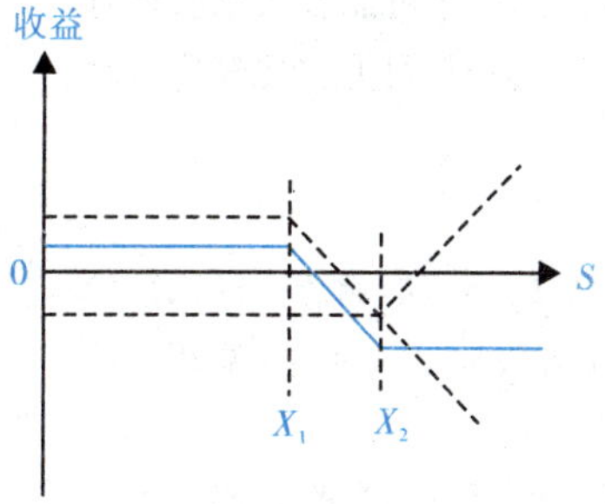<br>图6-9 看涨期权熊市差价组合 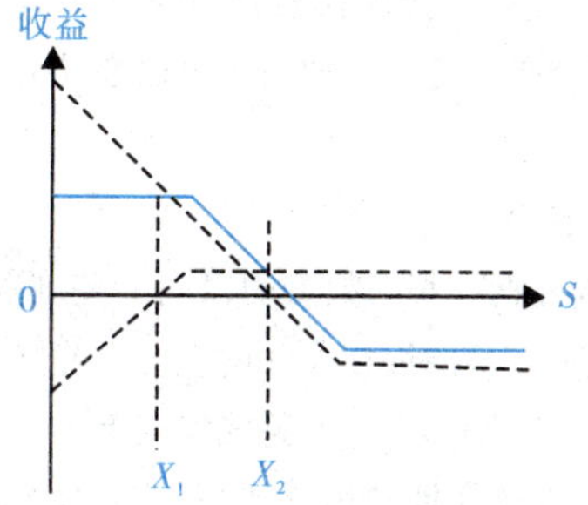 图6-10 看跌期权熊市差价组合 |
| 蝶式差价组合 | (1)概念:是由三种到期期限相同,执行价格[设执行价格为 $X_1 < X_2 < X_3$,且 $X_2 = (X_1 + X_3)/2$]不同的四份同种期权④组成。<br>(2)操作策略:若标的资产市场价格波动很小时,做多(多头)蝶式差价组合可获利;若标的资产价格方向不明确或预测价格波动大,做空(空头)蝶式差价组合可获利。⑤<br>(3)专业分类。<br>①看涨期权正向蝶式差价组合:由协议价格分别为 $X_1$ 和 $X_3$ 的看涨期权多头和两份协议价格为 $X_2$ 的看涨期权空头组成(见图6-11)。<br>②看涨期权反向蝶式差价组合:由协议价格分别为 $X_1$ 和 $X_3$ 的看涨期权空头和两份协议价格为 $X_2$ 的看涨期权多头组成(见图6-11)。<br>③看跌期权正向蝶式差价组合:由协议价格分别为 $X_1$ 和 $X_3$ 的看跌期权多头和两份协议价格为 $X_2$ 的看跌期权空头组成(见图6-12)。 |

①期权价差组合同是看涨期权或同是看跌期权。

②牛市看涨期权构建的组合的到期收益大于看跌期权构建的组合。

③熊市看涨期权构建的组合的到期收益小于看跌期权构建的组合。

④同种期权即全部为看涨期权或全部为看跌期权。

⑤做多(多头)蝶式差价组合也称为正向蝶式差价组合,做空(空头)蝶式差价组合也称为反向蝶式差价组合。

续 表

| 项 目 | 内 容 |
| --- | --- |
| 蝶式差价组合 | ④看跌期权反向蝶式差价组合：由协议价格分别为 $X_1$ 和 $X_3$ 的看跌期权空头和两份协议价格为 $X_2$ 的看跌期权多头组成（见图 6－12）。<br>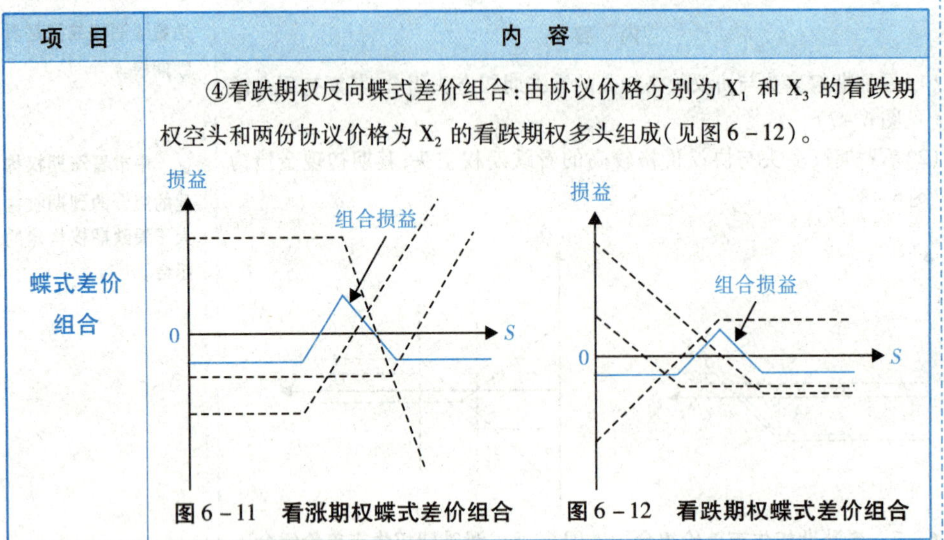<br><br>图 6－11　看涨期权蝶式差价组合　　图 6－12　看跌期权蝶式差价组合 |

（二）跨式期权组合

（1）概念[①]：投资者同时拥有同一标的资产相同数量的具有相同执行价格、相同到期日的看涨期权与看跌期权头寸的组合。若持有的是多头头寸则为多头跨式期权组合，若持有的是空头头寸则为空头跨式期权组合。

（2）操作策略：当投资者不确定标的资产价格变动方向，且预测价格可能会大幅波动时做多跨式期权组合；当投资者不确定标的资产价格变动方向，且预测价格可能会比较稳定时做空跨式期权组合。

（三）宽跨式期权组合

（1）概念[②]：投资者同时拥有相同数量的以同一基础资产为标的资产的具有不同执行价格、相同到期日的看涨期权与看跌期权头寸的组合。若持有的是多头头寸则为多头宽跨式期权组合，若持有的是空头头寸则为空头宽跨式期权组合。

（2）跨式期权组合与宽跨式期权组合比较：多头宽跨式期权组合与多头跨式期权组合相比，节约了购买期权的成本，但加大了获利所需标的资产波动的幅度（空头宽跨式期权组合则相反）。

[①] 跨式期权组合也叫同价对敲组合期权。

[②] 宽跨式期权组合也叫异价对敲组合期权。

## 章节测评

用手机微信扫描“章节测评”旁边的二维码或用电脑浏览器打开网址 http://cj.ek100.cn 即可进入智能题库进行章节测评。

# 第七章　外汇衍生品

## 本章应试分析

本章主要介绍外汇远期、外汇期货、外汇掉期与货币互换、外汇期权。在考试中，本章所占分值为10分左右，单选题、多选题、判断题、综合题均会出题考查。考生在学习本章内容时需要与前面第四至第六章的内容结合起来进行理解。本章记忆性知识点较多，计算类题目的考点较为集中，多加练习即可。

## 本章思维导图

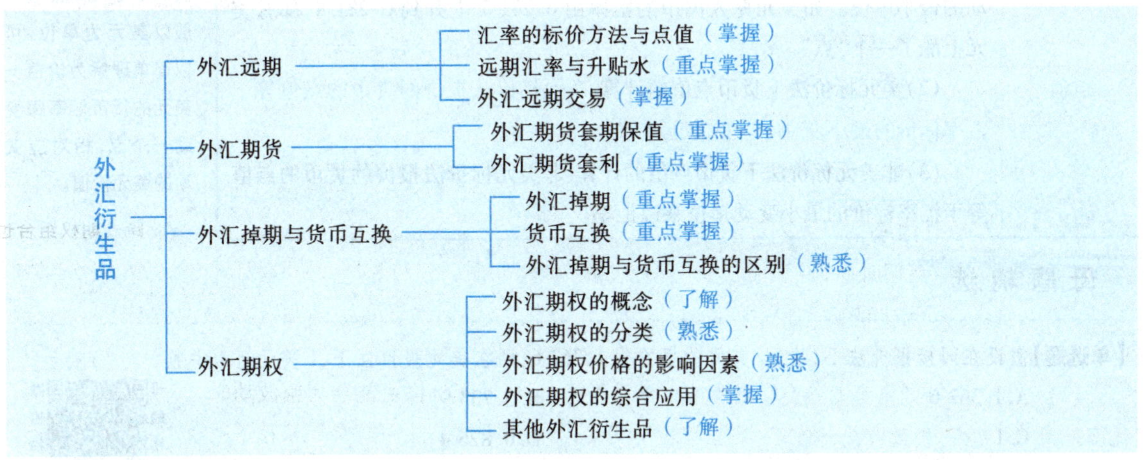


## 名师同步精讲

### 第一节　外汇远期

随书赠送
智能题库
详见本书
最后一页

名师指导

考查概率：60%，所占分值为1分左右。
考试题型：主要以多选题形式出现。
考查重点：汇率的标价方法。

#### 一、汇率的标价方法与点值（掌握）

| 项　目 | 内　容 |
| --- | --- |
| 直接标价法 | (1)概念：以一定单位(1个、100个或1 000个单位)的外国货币作为标准，折算成一定数额本国货币的标价方法，即以本币表示外币的价格。<br>(2)国际外汇市场上，采用直接标价法的外汇：日元、瑞士法郎、加元等。<br>(3)举例：100美元/人民币628.17，表示100美元可以兑换628.17元人民币。 |
| 间接标价法 | (1)概念：以一定单位(1个、100个或1 000个单位)的本国货币作为标准，折算为一定数额外国货币的方法，即用外币表示本币的价格。[①]<br>(2)国际外汇市场上，采用间接标价法的外汇：欧元、英镑、澳元等。<br>(3)举例：美国市场上，1美元/英镑=0.699 5，表示1美元可以兑换0.699 5英镑；在英国市场上，1英镑/美元=1.429 5，表示1英镑可以兑换1.429 5美元。 |

[①] 直接标价法的报价和间接标价法是常用的汇率标价方法，两种方法的报价可以相互推导。

续 表

| 项 目 | 内 容 |
|---|---|
| 美元标价法 | (1)概念:在美元标价法下,各国均以一定单位的美元为标准来计算应该汇兑多少他国货币,在非美元外汇买卖时,根据各自对美元的比率套算出买卖双方货币的汇价。<br>(2)举例:美元兑A国货币标价为$X$,美元兑B国货币标价为$Y$,则A国货币兑B国货币的标价为$Y/X$。 |
| 点值 | (1)概念:是外汇交易中某种货币标价变动一个“点”的价值,是汇率变动的最小单位。如美元兑人民币的汇率由6.281 7上升到6.281 8,那么美元上涨了一个“点”。<br>(2)美元标价法下货币点值的计算:美元标价法报价的货币的点值等于汇率标价的最小变动单位除以汇率。[①]<br>(3)非美元标价法下货币点值的计算:非美元标价法报价的货币的点值等于汇率标价的最小变动单位乘以汇率。 |

[①]目前外汇市场上汇率的报价大多采用美元标价法,点值一般以美元为单位,可以简单理解为价值一美元的货币汇率每变动一个点,相对应变动的美元价值。

## 母题精选

【单选题】假设在间接报价法下,欧元/美元的报价为1.362 6,则在美元报价法下,1美元可以兑换(　　)欧元。

A. 1.362 6　　B. 0.733 9

C. 1　　D. 0.826 4

母题精选 微信扫描

【答案】B　【解析】美元报价法下1美元=1/1.362 6=0.733 9(欧元)。

## 二、远期汇率与升贴水(重点掌握)

考查概率:100%,所占分值为0.5~1分。

考试题型:主要以单选题和多选题形式出现。

考查重点:升贴水。

### (一)即期汇率与远期汇率

(1)即期汇率(外汇现汇交易中使用的汇率):交易双方在交易后两个营业日以内办理交割所使用的汇率。

(2)远期汇率(外汇远期交易中使用的汇率):交易双方事先约定的,在未来一定日期进行外汇交割的汇率。

### (二)升贴水

| 项 目 | 内 容 |
|---|---|
| 概念 | (1)升水(远期升水):一种货币的远期汇率高于即期汇率。<br>(2)贴水(远期贴水):一种货币的远期汇率低于即期汇率。<br>(3)远期平价:两种货币远期升水和远期贴水相等。<br>一般情况下,利率较高的货币远期汇率表现为贴水(该货币的远期汇率比即期汇率低);利率较低的货币远期汇率表现为升水(该货币远期汇率比即期汇率高)。[②] |
| 百分比计算公式 | 升(贴)水=(远期汇率-即期汇率)/即期汇率×(12/月数) |

[②]在充分流动的市场上,远期汇率与即期汇率的差异是两种货币利率差的反映,否则就会出现套利的机会。

续 表

| 项 目 | 内 容 |
|---|---|
| 远期汇率的计算公式 | $远期汇率\left(\frac{货币1}{货币2}\right)=即期汇率\left(\frac{货币1}{货币2}\right)\times\frac{[1+(R_2\times d/360)]}{[1+(R_1\times d/360)]}$<br>上式中，$R$ 为利率，$d$ 为交易期限。 |
| 远期汇率的决定因素 | (1)升贴水的幅度大致等于两国利率差，但远期汇率变化与利率差不绝对一致。<br>(2)远期汇率的决定因素包括即期汇率、两种货币的利率、交易期限、交易者对市场的心理预期、中央银行对市场的干预、国际经济和政治问题等。 |

## 母题精选

**【单选题】**假设英镑兑美元的即汇率为 1.582 3，30 天远期汇率为 1.588 3。这表明英镑兑美元的 30 天远期汇率(　　)。

A. 升水 0.006 美元　　B. 升水 0.006 英镑

C. 贴水 0.006 英镑　　D. 贴水 0.006 美元

【答案】 A 【解析】题目中 30 天远期汇率高于即期汇率，则英镑兑美元的 30 天远期汇率升水 0.006 美元(即1.588 3 - 1.582 3)。

**【单选题】**4 月 1 日，英镑兑美元的即期汇率为 1 英镑兑换 1.587 8 美元，30 天后远期汇率为 1 英镑兑换 1.593 1 美元，这表明，30 天远期英镑升水，其升水是(　　)。

A. -4%　　B. 4%　　C. -3.9%　　D. 3.9%

【答案】 B 【解析】升水 = (远期汇率 - 即期汇率)/即期汇率 × (12/月数) = (1.593 1 - 1.587 8)/1.587 8 × (12/1) = 4%。

**【单选题】**12 月 9 日，美元兑人民币的即期汇率为 1 美元 = 6.899 0 元人民币，相关市场提供的利率如下表所示：

| 利率 | 人民币 | 美元 |
|---|---|---|
| 一个月上海银行间同业拆借利率(Shibor) | 5.011% | - |
| 一个月的伦敦银行间同业拆借利率(Libor) | - | 0.171 2% |

则一个月(30 天)远期美元兑人民币汇率为(　　)。

A. 1 美元 = 6.899 0 元人民币　　B. 1 美元 = 6.286 8 元人民币

C. 1 美元 = 6.926 8 元人民币　　D. 1 美元 = 7.286 8 元人民币

【答案】 C 【解析】根据汇率与利率之间的关系知，$\frac{USD}{CNY}=6.8990\times\left[\frac{1+\left(5.011\%\times\frac{30}{360}\right)}{1+\left(0.1712\%\times\frac{30}{360}\right)}\right]=6.9268$，所以，一个月(30 天)远期美元兑人民币汇率为 1 美元 = 6.926 8 元人民币。

## 三、外汇远期交易(掌握)

| 项　目 | 内　容 |
| --- | --- |
| 概念 | 交易双方在未来某一约定的日期,以约定的币种、金额、汇率交割的外汇交易。 |
| 应用 | (1)进出口商通过锁定外汇远期汇率以规避汇率风险。<br>(2)短期投资者或外汇债务承担者通过外汇远期交易规避汇率风险。 |
| 无本金交割的外汇远期(NDF) | (1)无本金交割的外汇远期属于外汇远期交易,但外汇交易的一方货币为不可兑换货币。<br>(2)操作:银行作为中介机构,交易双方根据自己对汇率预期的不同看法,签订无本金交割远期交易合约,合约到期只需对远期汇率与实际汇率的差额进行交割清算,无须对NDF的本金(受限制货币)进行交割,与本金金额、实际收支无关,对企业未来现金流量不会造成影响。<br>(3)适用:一般用于实行外汇管制国家的货币,为面对汇率风险的企业和投资者提供了一个对冲及投资的渠道。<br>(4)人民币NDF。<br>①概念:以人民币汇率为计价标准的外汇远期合约,按照合约本金金额以及约定的定价日中国外汇交易中心人民币即期挂牌价与合约汇率之间的差额,可计算远期交易的盈亏,并按照定价日人民币即期挂牌价将合约盈亏金额换算为美元后,以美元进行交割,契约本金无须交割,交易双方亦不用持人民币进行结算。<br>②主要参与者:欧美的大银行和投资机构。<br>③客户:在中国有大量人民币收入的跨国公司,包括总部设在香港的中国内地企业。<br>④新加坡和中国香港人民币NDF市场是亚洲最主要的离岸人民币远期交易市场,该市场的行情反映了国际社会对于人民币汇率变化的预期。 |

考查概率:60%,所占分值为0.5~1分。
考试题型:主要以单选题和多选题形式出现。
考查重点:外汇远期交易。

# 第二节　外汇期货

## 一、外汇期货套期保值①(重点掌握)

| 项　目 | 内　容 |
| --- | --- |
| 卖出套期保值 | (1)概念:外汇期货卖出套期保值(也称外汇期货空头套期保值),指为了防止汇率下跌,现汇市场上的多头交易者在外汇期货市场上卖出期货合约,对冲现货的价格风险的交易。<br>(2)适合外汇期货卖出套期保值的情形。<br>①持有外汇资产者,担心未来货币贬值。 |

考查概率:100%,所占分值为1.5~2.5分。
考试题型:单选题、多选题和综合题。
考查重点:外汇期货的三种套期保值。
①见下页①。

续 表

| 项 目 | 内 容 |
|---|---|
| 卖出套期保值 | ②出口商和从事国际业务的银行预计未来某一时间将会得到一笔外汇,为了避免外汇汇率下跌造成损失。<br>(3)外汇期货市场的套期保值操作的实质:为现货外汇资产"锁定汇价",消除或减少其受汇率上下波动的影响。 |
| 买入套期保值 | (1)概念:外汇期货买入套期保值(也称外汇期货多头套期保值),指为防止汇率上升,现汇市场的空头交易者在期货市场上买入外汇期货合约,对冲现货的价格风险。<br>(2)适合外汇期货买入套期保值的情形。<br>①外汇短期负债者担心未来货币升值。<br>②国际贸易中的进口商担心付汇时外汇汇率上升造成损失。 |
| 交叉套期保值 | (1)概念:交叉套期保值是利用两种相关的外汇期货合约为一种外汇保值。<br>(2)进行交叉套期保值的关键。<br>①正确选择承担保值任务的另外一种期货,只有相关程度高的品种,才是为手中持有的现汇进行保值的适当工具。<br>②正确调整期货合约的数量,使其与被保值对象相匹配。<br>(3)运用:在国际外汇期货市场上,可以运用交叉货币套期保值规避两种非美元货币之间的汇率风险。 |

①外汇期货套期保值的操作:交易者在期货市场和现汇市场上做币种相同、数量相等、方向相反的交易。

## 母题精选

【综合题】6月1日,某美国进口商预期3个月后需支付进口货款2.5亿日元,当时的即期汇率为USD/JPY = 96.70(JPY/USD = 0.010 341),该进口商为避免3个月后因日元升值而付出更多美元,在CME外汇期货市场买入20张9月份到期的日元期货合约(交易单位为1 250万日元)进行套期保值,成交价为JPY/USD = 0.010 384。至9月1日,即期汇率变为USD/JPY = 92.35(JPY/USD = 0.010 828),该进口商将所持日元期货合约对冲平仓,成交价格为JPY/USD = 0.010 840。该进口商套期保值效果是(　　)(不计手续费等费用)。

A. 以期货市场盈利弥补现货市场亏损后,还有净盈利

B. 不完全套期保值,且有净亏损5 250美元

C. 以期货市场盈利弥补现货市场亏损后,还有净盈利5 250美元

D. 不完全套期保值,且有净亏损7 750美元

【答案】 D 【解析】

| 时间 | 即期市场 | 期货市场 |
| --- | --- | --- |
| 6月1日 | 即期汇率为 JPY/USD＝0.010 341（表示1日元兑0.010 341美元），2.5亿日元价值为2 585 250美元。 | 买入20张9月份到期的日元期货合约，成交价为 JPY/USD＝0.010 384，即10 384点（外汇期货市场上1个点＝0.000 001）。 |
| 9月1日 | 即期汇率为 JPY/USD＝0.010 828，从即期市场买入2.5亿日元，需要付出2 707 000美元。与6月1日相比，需要多支付122 000美元。 | 卖出20张9月份到期的日元期货合约，成交价为10 840点。期货市场上每张日元期货合约共获利456点，每个点代表12.5美元，共20张合约，盈利114 000美元。 |
| 损益 | 损失121 750美元。 | 盈利114 000美元。 |

## 二、外汇期货套利[①]（重点掌握）

| 项目 | 内容 |
| --- | --- |
| 外汇期现套利 | （1）概念：外汇期现套利，是在外汇现货和期货中同时进行交易方向相反的交易，即通过卖出高估的外汇期货合约或现货，同时买入被低估的现货或者外汇期货合约的方式来达到获利的目的。<br>（2）实现盈利的原理：外汇期货价格波动时，可能会偏离合理的价格区间，而在交割制度的保证下，最终一定会回到合理的价格区间，交易者是利用价格的不合理性进行套利。但市场因素和冲击成本因素的存在使得外汇期货和现货价格的波动会有一个无套利区间，[②]当外汇期货价格超出这个范围才会出现无套利机会。<br>（3）外汇期货的交易成本[③]：交易所和期货经纪商收取的佣金、中央结算公司收取的过户费等买卖期货产生的费用。<br>（4）冲击成本（也称为流动性成本）：主要是指规模大的套利资金进入市场后对市场价格的冲击使交易未能按照预订价位成交，从而多付出的成本。 |
| 外汇期货跨期套利 | （1）概念：外汇期货跨期套利，是交易者同时买入或卖出相同品种不同交割月份的外汇期货合约，以期合约间价差朝有利方向发展后平仓获利的交易行为。<br>（2）牛市套利。<br>①概念：牛市套利是买入近期月份的外汇期货合约的同时卖出远期月份的外汇期货合约进行套利盈利的模式。<br>②套利结果影响因素：在牛市套利中，只要合约间的价差缩小，套利者就能获取盈利，而市场方向与套利者获利与否无关。<br>（3）熊市套利。<br>①概念：熊市套利是卖出近期月份的外汇期货合约同时买入远期月份的外汇期货合约进行套利盈利的模式。 |

考查概率：100%，所占分值为1.5～2分。
考试题型：单选题、多选题、综合题。
考查重点：外汇期货的四种套利。

[①]外汇期货套利交易是指交易者同时买进和卖出两种相关的外汇期货合约，以期价差朝有利方向变化后将手中合约同时对冲平仓而获利的交易行为。

[②]无套利区间可以结合本书第九章第三节中“交易成本与无套利区间”知识点进行学习。

[③]场内交易的交易成本是支付给外汇交易商的佣金和其他一些费用，做市商处交易的交易成本是点差，即买卖价差。部分现汇与期汇的交易成本中还有保证金成本。

续　表

| 项　目 | 内　容 |
| --- | --- |
| 外汇期货跨期套利 | ②套利结果影响因素：在熊市套利中，只要两个合约间的价差扩大，套利者就能获利，与交易者判断的市场方向和市场的实际走向无关。<br>(4)蝶式套利。<br>①概念：蝶式套利是一个共享居中交割月份的一个牛市套利和一个熊市套利的跨期套利组合。<br>②操作方法：交易者买入(或卖出)近期月份合约，同时卖出(或买入)居中月份合约并买入(或卖出)远期月份合约。其中，居中月份合约的数量等于近期月份和远期月份数量之和。 |
| 外汇期货跨币种套利 | 外汇期货跨币种套利是指交易者根据对交割月份相同而币种不同的期货合约在某一交易所的价格走势的预测，买进某一币种的期货合约，同时卖出另一币种相同交割月份的期货合约，从而进行套利交易。 |
| 外汇期货跨市场套利 | 外汇期货跨市场套利是指交易者根据对同一外汇期货合约在不同交易所的价格走势的预测，在一个交易所买入一种外汇期货合约，同时在另一个交易所卖出同种外汇期货合约，从而进行套利交易。 |

## 母题精选

**【综合题】**3 月 1 日，国内某交易者发现美元兑人民币的现货价格为 6.113 0，而 6 月份的美元兑人民币的期货价格为 6.119 0，因此该交易者以上述价格在 CMF 卖出 100 手 6 月份的美元兑人民币期货，并同时在即期外汇市场换入 1 000 万美元。4 月 1 日，现货和期货价格变成 6.114 0 和 6.118 0，交易者将期货平仓的同时换回人民币，从而完成外汇交易，套利盈亏情况为(　　)(美元兑人民币期货合约规模 10 万美元，交易成本忽略不计)。

A. 盈利 10 000 美元　　B. 亏损 10 000 美元
C. 盈利 20 000 元人民币　　D. 亏损 20 000 元人民币

母题精选　微信扫描

【答案】C　【解析】

|  | 现货市场 | 期货市场 | 价　差 |
| --- | --- | --- | --- |
| 3 月 1 日 | 买入 100 手，价格为 6.113 0。 | 卖出 100 手 6 月份美元兑人民币期货合约，价格为 6.119 0。 | 价差为 60 个点。 |
| 4 月 1 日 | 卖出 100 手，价格为 6.114 0。 | 买入 100 手 6 月份美元兑人民币期货合约，价格为 6.118 0。 | 价差为 40 个点。 |
| 各自盈亏情况 | 盈利 10 个点。 | 盈利 10 个点。 | 价差缩小 20 个点。 |
| 最终结果 | 总盈利 =(0.001 0 +0.001 0) ×100 ×100 000 =20 000(元)。 | | |

# 第三节 外汇掉期与货币互换

## 一、外汇掉期（重点掌握）

| 项 目 | 内 容 |
|---|---|
| 概念 | 外汇掉期(也称为汇率掉期),指交易双方约定在前后两个不同的起息日(货币收款或付款执行生效日)以约定的汇率进行方向相反的两次货币交换。 |
| 种类 | (1)即期对远期的掉期:交易者在向交易对手买进即期外汇的同时卖出金额和币种均相同的远期外汇,或在卖出即期外汇的同时买进金额和币种均相同的远期外汇,而交易对手的交易方向刚好相反。<br>(2)远期对远期的掉期:交易者向交易对手同时买进并卖出两笔金额相同但交割日不同的远期外汇,可在买进期限短的外汇的同时卖出期限长的外汇,也可在卖出期限短的远期外汇的同时买进期限长的远期外汇,且交易对手的交易方向刚好相反。<br>(3)隔夜掉期交易。其种类包括以下几种。<br>①O/N——买进当天外汇,卖出下一交易日到期的外汇;或卖出当天外汇,买进下一交易日到期的外汇。<br>②T/N——买进下一交易日到期的外汇,卖出第二个交易日到期的外汇;或卖出下一交易日到期的外汇,买进第二个交易日到期的外汇。<br>③S/N——买进第二个交易日到期的外汇,卖出第三个交易日到期的外汇;或卖出第二交易日到期的外汇,买进第三个交易日到期的外汇。 |
| 外汇掉期的报价① | (1)一般掉期交易中汇率的报价方式为做市商式(即做市商买价/做市商卖价)报价。如美元兑人民币即期汇率报价为6.230 0/6.234 0,表示报价方愿意以1美元兑换6.230 0元人民币的价格买入,以1美元兑6.234 0元人民币的价格卖出。<br>(2)发起方近端买入、远端卖出时。<br>①近端掉期全价 = 即期汇率的做市商卖价 + 近端掉期点的做市商卖价。<br>②远端掉期全价 = 即期汇率的做市商卖价 + 远端掉期点的做市商买价。<br>(3)发起方近端卖出、远端买入时。<br>①近端掉期全价 = 即期汇率的做市商买价 + 近端掉期点的做市商买价。<br>②远端掉期全价 = 即期汇率的做市商买价 + 远端掉期点的做市商卖价。 |

考查概率:100%,所占分值为2分左右。
**考试题型**:单选题、判断题、综合题。
**考查重点**:外汇掉期。

①掉期汇率可分为近端汇率(第一次交换货币时适用的汇率)和远端汇率(第二次交换货币时适用的汇率)。远端汇率和近端汇率的点差被称为"掉期点"。

续 表

| 项 目 | 内 容 |
| --- | --- |
| 外汇掉期的适用情形 | (1)对冲货币贬值风险:交易者持有货币 A,因为需要转换成另一种货币 B,而在远期又要将 B 换回成 A,通过掉期交易可避免 B 的贬值风险。<br>(2)调整资金期限结构:当外汇收付时间不匹配时,将所持有的即期外汇变成远期外汇或将远期外汇变成即期外汇(或是比原来期限短的远期)使得外汇收付时间一致。 |

## 母题精选

【综合题】某中国公司有一笔 100 万美元的货款,3 个月后有一笔 200 万美元的应收账款,同时 6 个月后有一笔 100 万美元的应付账款到期。在掉期市场上,USD/CNY 的即期汇率为 6.124 3/6.125 3,3 个月期 USD/CNY 汇率为 6.123 4/6.124 4,6 个月期 USD/CNY 汇率为 6.121 1/6.122 2。如果该公司计划用一笔即期对远期掉期交易与一笔远期对远期掉期来规避汇率风险,则交易后公司的损益为(　　)。

A. -0.07 万美元　　B. -0.07 万元人民币

C. 0.07 万美元　　D. 0.07 万元人民币

母题精选　微信扫描

【答案】 B 【解析】即期对远期掉期交易:以 6.125 3 汇率买入即期美元期货 100 万美元,同时以 6.123 4 的汇率卖出 3 个月美元期货合约 100 万美元,盈利 = (6.123 4 - 6.125 3) ×1 000 000 = -1 900(元人民币)。远期对远期掉期交易:以 6.123 4 的汇率卖出 3 个月美元期货 100 万美元,同时以 6.122 2 的汇率买入 6 个月美元,盈利 = (6.123 4 - 6.122 2) ×1 000 000 = 1 200(元人民币)。因此,投资者总盈利 = -1 900 +1 200 = -700(元人民币)。选项 B 正确。

## 二、货币互换(重点掌握)

考查概率:100%,所占分值为 0.5~1.5 分左右。
考试题型:主要以单选题和综合题形式出现。
考查重点:货币互换。

| 项 目 | 内 容 |
| --- | --- |
| 含义 | (1)货币互换是指在约定期限内交换约定数量两种货币的本金,同时定期交换两种货币利息的交易。<br>(2)本金交换的形式包括以下几种。<br>①在协议生效日双方按约定汇率交换两种货币本金,在协议到期日双方再以相同的汇率、相同的金额进行一次本金的反向交换。<br>②在协议生效日和到期日均不实际交换两种货币本金。<br>③在协议生效日不实际交换两种货币本金、到期日实际交换本金。<br>④主管部门规定的其他形式。<br>(3)利息交换指交易双方定期向对方支付以换入货币计算的利息金额,交易双方可以按照固定利率计算利息,也可以按照浮动利率计算利息。 |
| 相关时间节点含义 | (1)付息周期:交易双方每隔一段固定的期限会向双方支付换入货币计算的利息金额的期限。<br>(2)起息日:付款周期的起始日,也是付款周期开始计息的日期。<br>(3)付息日:付款周期的终止日,也是付款周期支付利息的日期。<br>(4)定价日(也称利率重置日):每个付息周期开始前根据参考利率确定该期利率值的日期。<br>(5)生效日(也称首次起息日、期初本金交换日):期初本金交换的日期,也是第一个付息周期的起息日。 |

续 表

| 项 目 | 内 容 |
|---|---|
| 相关时间节点含义 | (6)期末本金交换日和最后一次利息交换日为到期日。<br>(7)期限:生效日与到期日之间所跨的时间长度。 |
| 适用情形 | 货币互换中的双方交换利息的形式,可以是固定利率换浮动利率,也可以是浮动利率换浮动利率,还可以是固定利率换固定利率。货币互换中本金互换所约定的汇率,通常在期初与期末使用相同的汇率。 |

## 母题精选

【综合题】X 公司希望以固定利率借入人民币,而 Y 公司希望以固定利率借入美元,而且两公司借入的名义本金用即期汇率折算都为 1 000 万人民币,即期汇率 USD/CNY 为 6.123 5。市场上对两公司的报价如下:

| 公司 | 人民币 | 美元 |
|---|---|---|
| X 公司 | 5.5% | 3% |
| Y 公司 | 6% | 4.5% |

X、Y 两公司进行货币互换,平均分配互换带来的利益。若不计银行的中介费用,则 X 公司能借到人民币的利率为(    )。

A.3.5%　　B.4%　　C.5%　　D.6%

【答案】 C 【解析】与 Y 公司相比,X 公司的美元贷款有比较优势,因为 X 公司的美元贷款利率比 Y 公司的美元贷款利率低1.5%,而人民币贷款利率低0.5%。因此,美元贷款利率差 - 人民币贷款利率差 =1%。因此,X 公司、Y 公司双方的借贷总成本降低1%,各自能降低0.5%,所以 X 公司能借到人民币的利率为5%。选项 C 正确。

## 三、外汇掉期与货币互换的区别(熟悉)

考查概率:较低,所占分值为0.5分左右。
考试题型:主要以单选题和多选题形式出现。
考查重点:外汇掉期与货币互换的区别。

| 项 目 | 内 容 |
|---|---|
| 期限 | (1)外汇掉期:一般为1年以内的交易,也有1年以上的交易。<br>(2)货币互换:一般为1年以上的交易。 |
| 本金 | (1)外汇掉期:通常前后交换的本金金额不变,换算成相应的外汇金额不一致,由约定汇率决定。<br>(2)货币互换:期初、期末各交换一次本金,金额不变。 |
| 交换本金金额 | (1)外汇掉期:前期交换和后期收回的本金金额通常不一致。<br>(2)货币互换:前期交换和后期收回的本金金额通常一致。 |
| 汇率 | (1)外汇掉期:前后交换货币通常使用不同汇率。<br>(2)货币互换:前后交换货币通常使用相同汇率。 |
| 利息 | (1)外汇掉期:不进行利息交换。<br>(2)货币互换:通常进行利息交换,交易双方需向对方支付换进货币的利息。 |

# 第四节　外汇期权

## 一、外汇期权的概念（了解）

外汇期权指交易买方向卖方支付一定费用后，所获得的在未来约定日期或一定时间内，按照约定汇率可以买进或者卖出一定数量外汇资产的选择权。

考查概率：较低，所占分值为0.5分左右。
考试题型：主要以单选题形式出现。
考查重点：外汇期权的概念。

## 二、外汇期权的分类（熟悉）

| 项　目 | 内　容 |
| --- | --- |
| 按期权持有者的交易目的划分 | 买入期权（看涨期权）和卖出期权（看跌期权）。 |
| 按产生期权合约的原生金融产品划分 | （1）现汇期权（也称货币期权）：以外汇现货为期权合约的基础资产。<br>（2）外汇期货期权：以外汇期货合约为期权合约的基础资产。 |
| 按期权持有者可行使交割权利的时间 | （1）欧式期权：期权的持有者只能在期权到期日当天决定执行或不执行期权合约。<br>（2）美式期权[①]：期权持有者可以在期权到期日以前的任何一个工作日选择执行或不执行期权合约。 |

考查概率：较低，所占分值为0.5分左右。
考试题型：主要以单选题形式出现。
考查重点：外汇期权的分类。

[①]美式期权比欧式期权更灵活，期权费也更高。

## 三、外汇期权价格的影响因素（熟悉）

| 项　目 | 内　容 |
| --- | --- |
| 期权的执行价格与市场即期汇率 | （1）期货执行价格。<br>①看涨期权——执行价格越高，买方盈利的可能性越小，期权价格越低。<br>②看跌期权——执行价格越高，买方盈利的可能性越大，期权价格越高。<br>（2）市场即期汇率。<br>①看涨期权——即期汇率上升，内在价值上升，期权费升高。<br>②看跌期权——即期汇率上升，内在价值下跌，期权费降低。 |
| 到期期限（距到期日之间的天数） | 到期期限越长，汇率变化的不确定性越大，外汇期权的时间价值增加，期权的价格也随之增加。 |
| 预期汇率波动率大小 | （1）汇率的波动性越大，期权持有人获利的可能性越大，期权出售者承担的风险就越大，期权价格越高。<br>（2）汇率的波动性越小，期权价格越低。 |
| 国内外利率水平 | （1）外汇期权合约中规定卖出的货币的利率越高，期权持有者在执行期权合约前因持有该货币可获得的利息收入越高，期权价格也就越高。<br>（2）外汇期权合约中规定买入的货币的利率越高，期权持有者在执行期权合约前因放弃该货币的利息收入越高，期权价格也就越低。 |

考查概率：较低，所占分值为1分左右。
考试题型：主要以多选题形式出现。
考查重点：外汇期权价格的影响因素。

## 四、外汇期权的综合应用（掌握）

考查概率：60%，所占分值为0.5～1分。
考试题型：单选题、多选题、综合题。
考查重点：外汇期权的综合应用。

### （一）货币期权的应用

（1）交易者利用货币期权的灵活性，通过锁定未来汇率，既可套期保值，也可在汇率变动向有利方向发展时从中获利。

（2）货币期权具有杠杆性和保险性的特征，经常被作为外汇资产保值和投资策略的工具。

（3）优点：可以完全规避外汇汇率波动的风险，同时保留了获得机会收益的权利。

（4）缺点：权利金带来的费用支出比外汇期货套期保值更高，但企业最大的成本（权利金）支出之后不存在其他任何费用支出，企业的成本控制更加方便。

### （二）外汇期货期权的应用

外汇期货期权与货币期权的区别：执行外汇期货期权时，买方获得或交付的标的资产是外汇期货合约，而不是货币本身。

外汇期货合约比标的资产的流动性好，价格更容易获得，人们更愿意使用外汇期货期权来避险、套利和投机。

外汇期货期权行权后的交割与外汇期货交割相同，与货币期权不同的是外汇期货期权的行使有效期一般为美式（可以在到期日前任何时候行使）。

当外汇风险敞口较大时，企业应从稳定经营的角度出发，进行外汇风险管理，以免遭受意外损失。

## 母题精选

【综合题】2018年3月，某英国外贸企业为对冲美元上涨风险，以1.502 1的汇率买入一手CME的11月英镑兑美元期货（GBP/USD），同时买入一张11月到期的英镑兑美元看跌期货期权，执行价格为1.509 3，权利金为0.02英镑/美元。如果5月初，英镑兑美元期货价格上涨到1.682 3英镑/美元，此时英镑兑美元看跌期货期权的权利金为0.01英镑/美元，企业将期货合约和期权合约全部平仓。该策略的损益为（　　）英镑/美元。

A. 0.150 2　　B. 0.170 2　　C. 0.210 2　　D. 0.200 2

【答案】B　【解析】由于5月初，英镑兑美元期货价格上涨到1.682 3英镑/美元，1.682 3 > 1.509 3，所以放弃行权，损失的是权利金。以1.502 1的汇率买入一手CME的11月英镑兑美元期货，1.682 3 > 1.502 1，期货市场盈利1.682 3 − 1.502 1 = 0.180 2（英镑/美元）。故该策略的总损益为（1.682 3 − 1.502 1）−（0.02 − 0.01）= 0.170 2（英镑/美元）。选B。

## 五、其他外汇衍生品（了解）

考查概率：较低，所占分值最多为0.5分左右。
考试题型：主要以单选题形式出现。
考查重点：其他外汇衍生品。

其他典型的外汇衍生品还有汇率类结构化产品等。

（1）汇率类结构化产品表现形式：债券、票据。

（2）汇率类结构化产品与普通的债券或者票据的区别：产品的未来利息支付或（和）本金回收都在一定程度上由特定的汇率变化决定。

（3）举例。

①双货币债券——会定期支付利息并在期末偿还本金，但债券利息的计价货币与本金偿还的计价货币不同。

②指数货币期权票据——是普通债券类资产与货币期权的组合，其内嵌货币期权价值会以乘数因子的方式按特定比例来影响票据的赎回价值。

## 章节测评

用手机微信扫描“章节测评”旁边的二维码或用电脑浏览器打开网址 http://cj.ek100.cn 即可进入智能题库进行章节测评。

# 第八章 利率期货及衍生品

## 本章应试分析

本章主要介绍利率期货及其价格影响因素、国债期货及其应用、其他利率类衍生品。考试中,本章所占分值为13分左右,属于考试中的重要章节,单选题、多选题、判断题、综合题都会涉及。本章内容难度较大,考生在学习时需要多花一些时间和精力,多做题训练,做到融会贯通、活学活用。

## 本章思维导图

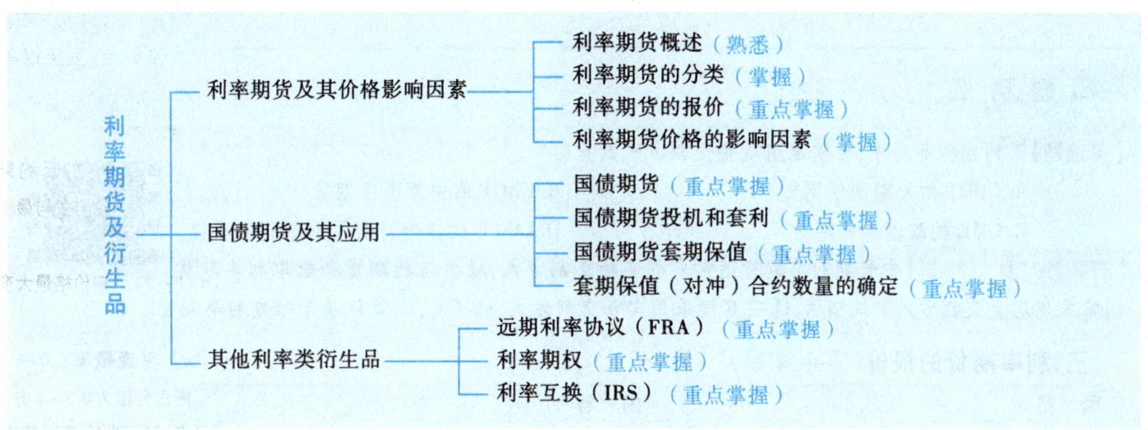


## 名师同步精讲

名师指导

## 第一节 利率期货及其价格影响因素

随书赠送智能题库详见本书最后一页

### 一、利率期货概述(熟悉)

| 项目 | 内容 |
| --- | --- |
| 含义 | 利率期货是指利率类金融工具为期货合约标的物的期货品种。 |
| 利率类金融工具 | 定期存单、同业拆借资金、短期国债(国库券)、中长期国债。 |

考查概率:较低,所占分值为0.5分。
考试题型:主要以判断题形式出现。
考查重点:利率期货概述。

### 二、利率期货的分类①(掌握)

| 项目 | 内容 |
| --- | --- |
| 短期利率期货 | (1)标的:主要是定期存单和同业拆借资金,期限不超过1年。<br>(2)国际市场有代表性的期货品种:芝加哥商品交易所(CME)的1个月和3个月的欧洲美元期货、伦敦金融期货交易所(LIFFE)的3个月欧元拆借利率期货和3个月英镑利率期货、欧洲期货交易所的3个月欧元拆借利率期货、欧元隔夜拆借利率期货、中国香港期货交易所的1个月和3个月港元拆借利率期货等。<br>(3)交割方式:通常采用现金交割。 |

考查概率:60%,所占分值为0.5~1分。
考试题型:主要以单选题和多选题形式出现。
考查重点:利率期货的分类。

①见下页①。

续 表

| 项 目 | 内 容 |
|---|---|
| 中长期利率期货 | (1)标的:主要为中长期国债(国债期货),期限在1年以上。<br>(2)国际市场较有代表性的期货品种:CME的2年期、3年期、5年期、10年期的美国中期国债(T-Notes)期货和美国长期国债(T-Bonds)期货;伦敦国际金融期货交易所的2年期德国国库券期货、10年期德国政府债券期货和英国政府债券期货;CME的利率互换期货有5-Year、10-Year、20-Year、30-Year USD MAC Swap Futures;EUREX的利率互换期货是Euro-Swap Futures;我国5年期和10年期国债期货。<br>(3)交割方式:通常采用实物交割。 |

①根据利率期货合约标的期限不同,利率期货分为短期利率期货和中长期利率期货两类。国债期货是中长期利率期货的主要代表。

## 母题精选

【多选题】下列期货品种中,目前采用现金交割方式的有(　　)。

A. CBOT的长期国债期货　　B. CBOT的中期国债期货

C. CME的欧洲美元期货　　D. LIFFE的3个月欧元拆借利率期货

【答案】 CD 【解析】中长期利率期货通常采取实物交割方式,股票指数期货和短期利率期货通常采用现金交割方式。选项A、选项B均采用实物交割方式,选项C、选项D属于短期利率期货。

## 三、利率期货的报价(重点掌握)

考查概率:100%,所占分值为0.5~1分。
考试题型:主要以单选题和多选题形式出现。
考查重点:利率期货的报价。

| 项 目 | 内 容 |
|---|---|
| 短期利率期货的报价 | (1)报价方式。<br>3个月欧洲美元期货和3个月银行间欧元拆借利率期货:采用指数式报价,用100减去不带百分号的年利率报价。<br>举例:CME欧洲美元期货采用的是3个月欧洲美元伦敦拆借利率指数,用100减去按360天计算的不带百分号的年利率形式,当年利率为3.2%时,报价为96.800(100-3.2)。<br>(2)CME的3个月欧洲美元期货合约的标的本金为1 000 000美元,期限为3个月期欧洲美元定期存单。交易所规定,最近到期合约最小变动价位为1/4个基点②(1个基点是指数的1%,即0.01,代表的合约价值为1 000 000×0.01%×3/12=25美元),即0.002 5,代表合约的最小变动价值为6.25美元。其他挂牌合约最小变动价位为1/2个基点,即0.005,代表合约的最小变动价值为12.5美元。<br>(3)总结:3个月欧洲美元期货成交价格越高,意味着买方获得的存单的存款利率越低;3个月欧洲美元期货成交价格越低,意味着买方获得的存单的存款利率越高。相应的,市场利率上升,3个月欧洲美元期货价格一般会下跌;市场利率下降,3个月欧洲美元期货价格一般会上涨。 |
| 国债期货的报价 | 通常采用价格报价法,即按照百元面值国债的净价报价(不含持有期利息),价格采用小数点后十进位制。下面举例说明。<br>(1)一般中金所的"96.821"的报价意味着面值100元的国债价格是96.821元。 |

②CME的3个月欧洲美元期货合约最小变动价位为1/4个基点,其他挂牌合约的最小变动价位为1/2个基点。

续　表

| 项　目 | 内　容 |
| --- | --- |
| 国债期货的报价 | (2)美国中长期国债期货采用价格报价法，但其价格小数点后价格进位方式比较特殊。如 120’295(或 120 - 295)，报价由三部分组成，即“①120’②29③5”。其中，“①”部分可以称为国债期货报价的整数部分，“②”“③”两个部分称为国债期货报价的小数部分。<br>“①”部分的价格变动的“1 点”代表 100 000 美元/100 = 1 000 美元，比如从 120 下降为 119，称为价格下降 1 点。<br>“②”部分数值为“00 到 31”，采用 32 进位制，价格上升达到“32”向前进位到整数部分加“1”，价格下降跌破“00”向前整数位借“1”得到“32”。此部分价格变动“1/32 点”代表 1 000 × 1/32 = 31.25(美元)，比如从“05”涨到“06”或跌到“04”。<br>“③”部分用“0”“2”“5”“7”4 个数字“表示”。其中，“0”代表 0；“2”代表 1/32 点的 1/4，即 0.25/32 点；“5”代表 1/32 点的 1/2，即 0.5/32 点；“7”代表 1/32 点的 3/4，即 0.75/32 点。<br>10 年期国债期货合约报价为 120’295 时，表示该合约价值 = 120 × 1 000 + 29 × 31.25 + 31.25 × 1/2 = 120 921.88(美元)。 |

## 母题精选

【单选题】当芝加哥期货交易所(CBOT)10 年期国债期货合约报价为 97 - 125 时，表示该合约的价值为(　　)美元。

A. 97 390.625　　B. 97 093.062 5　　C. 102 609.36　　D. 97 125

母题精选　微信扫描

【答案】A　【解析】“97 - 125”表示的价值 = 97 × 1 000 + 12 × 31.25 + 1/2 × 31.25 = 97 390.625(美元)。

## 四、利率期货价格的影响因素(掌握)

考查概率：60%，所占分值为 0.5 分。

考试题型：主要以单选题和判断题形式出现。

考查重点：利率期货价格的影响因素。

| 项　目 | 内　容 |
| --- | --- |
| 政策因素 | (1)财政政策：扩张性的财政政策会引起市场利率将上升；紧缩性的财政政策会导致市场利率将下降。<br>(2)货币政策：扩张性的货币政策会导致市场利率将下降；紧缩性的货币政策会引起市场利率将上升。<br>(3)汇率政策。<br>①本币汇率下降会导致市场利率水平下降；本币汇率上升会引起市场利率水平上升。<br>②本币贬值会引起市场利率水平上升，本币升值则会导致市场利率水平下降。 |
| 经济因素 | (1)经济周期：影响市场利率水平及其走势。<br>(2)通货膨胀率：市场利率变动方向与其一致。<br>(3)经济增长速度：经济增长速度较快，则市场利率水平上升；经济增长速度缓慢，则市场利率水平下降。 |

续 表

| 项 目 | 内 容 |
|---|---|
| 主要经济体利率水平 | 在经济全球化的今天，全球主要经济体的利率水平会直接或间接地影响一个国家的利率政策和利率水平。 |
| 其他因素 | (1)影响市场利率的其他因素：经济形势的预期、消费者收入水平、消费者信贷等。<br>(2)需关注的宏观经济数据指标：国内生产总值、工业生产指数、消费者物价指数、生产者物价指数、零售业销售额、失业率、耐用品订单及其他经济指标等。 |

**母 题 精 选**

【单选题】以下不属于影响利率期货价格的经济因素的是(　　)。

A. 汇率政策　　B. 通货膨胀率　　C. 经济周期　　D. 经济增长速度

【答案】 A 【解析】选项 A 属于影响利率期货价格的政策因素。

母题精选 微信扫描

## 第二节 国债期货及其应用

### 一、国债期货[①](重点掌握)

(一)5 年期国债期货合约条款

| 项 目 | 内 容 |
|---|---|
| 合约标的 | 面值为 100 万元人民币、票面利率为 3% 的名义中期国债。 |
| 可交割国债 | 发行期限不高于 7 年、合约到期月份首日剩余期限为 4 ~ 5.25年的记账式附息国债。 |
| 报价方式 | 百元净价报价。 |
| 最小变动价位 | 0.005 元。 |
| 合约月份 | 最近的三个季月(3 月、6 月、9 月、12 月中的最近三个月循环)。 |
| 交易时间 | 9:15—11:30,13:00—15:15。 |
| 最后交易日交易时间 | 9:15—11:30。 |
| 每日价格最大波动限制 | 上一交易日结算价的 ±1.2%。 |
| 最低交易保证金 | 合约价值的 1%。 |
| 最后交易日 | 合约到期月份的第二个星期五。 |
| 最后交割日 | 最后交易日后的第三个交易日。 |
| 交割方式 | 实物交割。 |
| 交易代码 | TF。 |
| 上市交易所 | 中国金融期货交易所。 |

考查概率：100%，所占分值为 4 ~ 5.5分。
考试题型：单选题、多选题、判断题、综合题。
考查重点：国债期货。

①国债期货是指以主权国家发行的国债为期货合约标的的期货品种。

（二）10 年期国债期货合约条款

| 项 目 | 内 容 |
| --- | --- |
| 合约标的 | 面值为 100 万元人民币、票面利率为 3% 的名义长期国债。 |
| 可交割国债 | 发行期限不高于 10 年、合约到期月份首日剩余期限不低于 6.5 年的记账式附息国债。 |
| 报价方式 | 百元净价报价。① |
| 最小变动价位 | 0.005 元。 |
| 合约月份 | 最近的三个季月（3 月、6 月、9 月、12 月中的最近三个月循环）。 |
| 交易时间 | 9:15—11:30，13:00—15:15。 |
| 最后交易日交易时间 | 9:15—11:30。 |
| 每日价格最大波动限制 | 上一交易日结算价的 ±2%。 |
| 最低交易保证金 | 合约价值的 2%。 |
| 最后交易日 | 合约到期月份的第二个星期五。 |
| 最后交割日 | 最后交易日后的第三个交易日。 |
| 交割方式 | 实物交割。 |
| 交易代码 | T。 |
| 上市交易所 | 中国金融期货交易所。 |

①我国 5 年期国债期货合约和 10 年期国债期货合约均采用百元净价报价和交易，合约到期进行实物交割。

## 母题精选

【多选题】对于国内 10 年期国债期货合约的描述，正确的是（ ）。

A. 合约标的面值为 100 万元人民币

B. 在中国金融期货交易所上市

C. 可交割债券是合约到期月份首日剩余期限不低于 5.5 年的记账式附息债券

D. 合约标的为票面利率 3% 的名义长期国债

母题精选 微信扫描

【答案】 ABD 【解析】10 年期国债期货的合约标的为面值为 100 万元人民币、票面利率为 3% 的名义长期国债。可交割国债为发行期限不高于 10 年、合约到期月份首日剩余期限不低于 6.5 年的记账式附息国债。上市交易所为中国金融期货交易所。故选项 A、选项 B、选项 D 正确。

（三）转换因子（CF）

| 项 目 | 内 容 |
| --- | --- |
| 概念 | 转换因子是国债期货交割中需确定各种可交割国债与期货合约标的的名义标准国债之间的转换比例。 |
| 中国金融期货交易所国债期货转换因子的计算公式 | 转换因子实质上是面值 1 元的可交割国债在其剩余期限内的所有现金流按国债期货合约标的的票面利率折现的现值。其计算公式如下：$CF=\frac{1}{(1+r/f)^{xf/12}}\times[\frac{c}{f}+\frac{c}{r}+(1-\frac{c}{r})\times\frac{1}{(1+r/f)^{n-1}}]-\frac{c}{f}\times(1-\frac{xf}{12})$② |

②此公式在考试中基本不会出计算类题目，考生熟悉即可。

续 表

| 项 目 | 内 容 |
| --- | --- |
| 中国金融期货交易所国债期货转换因子的计算公式 | 其中，$r$ 为国债期货合约标的票面利率，$x$ 为交割月到下一付息月的月份数，$n$ 为剩余付息次数，$c$ 为可交割国债的票面利率，$f$ 为可交割国债每年的付息次数。<br>转换因子在合约上市时由交易所公布，其数值在合约存续期间不变。如果可交割国债票面利率高于国债期货合约标的票面利率，转换因子大于1；如果可交割国债票面利率低于国债期货合约标的票面利率，转换因子小于1。 |
| 发票价格 | 转换后国债净价 = 国债期货交割结算价 × 转换因子<br>发票价格 = 国债期货交割结算价 × 转换因子 + 应计利息<br>根据中金所规定，国债期货交割时，应计利息的日计数基准为"实际持有天数/实际计息天数"，每100元可交割国债的应计利息计算公式如下：<br>$应计利息=\frac{可交割国债票面利率\times 100}{每年付息次数}\times\frac{配对缴款日-上一付息日}{当前付息周期实际天数}$ |

(四)最便宜可交割债券(CTD)

| 项 目 | 内 容 |
| --- | --- |
| 概念 | 由于期货合约的卖方拥有可交割国债的选择权，卖方一般会选择最便宜、对己方最有利、交割成本最低的可交割国债进行交割的债券，就是最便宜可交割债券。① |
| 寻找最便宜可交割国债的方法 | 通常用隐含回购利率②的高低来寻找最便宜可交割国债。隐含回购利率越高的国债价格越便宜，隐含回购利率最高的国债就是最便宜可交割国债。<br>如果购买国债后，在交割日之前没有利息支付，可交割国债的隐含回购利率(IRR)计算公式如下：<br>$隐含回购利率=\frac{(期货报价\times转换因子+交割日应计利息)-国债购买价格}{国债购买价格}\times\frac{365}{交割日之前的天数}$<br>国债购买价格 = 市场价格 + 应计利息全价 |

①最便宜可交割债券的价格决定了国债期货合约的价格。

②隐含回购利率是指买入国债现货并用于期货交割所得到的利率收益率。

## 母题精选

【综合题】某记账式附息国债的购买价格为100.65，发票价格为101.50，该日期至最后交割日的天数为160天。则该年记账式附息国债的隐含回购利率为(　　)。

A. 1.91%　　B. 0.88%　　C. 0.87%　　D. 1.93%

【答案】 D 【解析】隐含回购利率是指买入国债现货并用于期货交割所得到的利率收益率。隐含回购利率 = [(发票价格 - 购买价格)/购买价格] × (365/交割日之前的天数) = (101.5 - 100.65) ÷ 100.65 × (365 ÷ 160) = 1.93%。

### (五)国债期货理论价格

运用持有成本模型计算国债期货理论价格:

国债期货理论价格 = 现货价格 + 持有成本 = 现货价格 + 资金占用成本 - 利息收入

使用可交割券价格代替现货价格时:

国债期货的理论价格 = (可交割券全价 + 资金占用成本 - 利息收入[①])/转换因子

①公式中利息收入为可交割券为上一付息日至交割日的应计利息。

## 母题精选

【综合题】TF1809 期货价格为 97.525,若对应的最便宜可交割国债价格为 99.640,转换因子为 1.016 7,至 TF1809 合约最后交割日,该国债资金占用成本 1.548 1,持有期间利息收入为 1.808 5,则 TF1809 的理论价格为(  )元。

A. (1/1.016 7) × (99.640 + 1.548 1)

B. (1/1.016 7) × (99.640 - 1.508 5)

C. (1/1.016 7) ×99.640

D. (1/1.016 7) × (99.640 + 1.548 1 - 1.508 5)

母题精选 微信扫描

【答案】 D 【解析】TF1809 合约的理论价格 = (1/转换因子) × (可交割券全价 + 资金占用成本 - 利息收入) = (1/1.016 7) × (99.640 + 1.548 1 - 1.508 5) = 98.042 3(元)。

## 二、国债期货投机和套利(重点掌握)

考查概率:100%,所占分值为 1 ~ 1.5分。
考试题型:单选题、多选题、判断题、综合题。
考查重点:国债期货投机和套利。

### (一)多头策略和空头策略

(1)多头策略:投资者预期市场利率下降或者一定有效期内债券收益率下降,债券价格将会上涨,便可买入国债期货合约,期待期货价格上涨获利。

(2)空头策略:投资者预期市场利率上升或债券收益率上升,债券价格将会下跌,便可卖出国债期货合约,期待期货价格下跌获利。

### (二)期现套利与国债基差交易

| 项 目 | 内 容 |
|---|---|
| 国债期现套利概念 | 也称国债基差交易,是投资者基于国债期货和现货价格的偏离,同时买入(或卖出)现货国债并卖出(或买入)国债期货,以期获得套利收益的交易策略。 |
| 国债基差的公式 | 国债基差 = 国债现货价格 - 国债期货价格 × 转换因子[②] |
| 做多国债基差与做空国债基差 | (1)做多国债基差:投资者认为基差会上涨,国债现货价格的上涨(下跌)幅度会高于(低于)期货价格乘以转换因子上涨(下跌)的幅度,则买入国债现货,卖出国债期货,待基差上涨后分别平仓获利。<br>(2)做空国债基差:投资者认为基差会下跌,国债现货价格的上涨(下跌)幅度会低于(高于)期货价格乘以转换因子上涨(下跌)的幅度,则卖出国债现货,买入国债期货,待基差下跌后分别获利。 |

②公式中"国债期货价格 × 转换因子"是可交割国债对应的期货价格。

## 母题精选

【综合题】TF1803 合约价格为98.715，若其可交割券2018 年记账式附息（八期）国债价格为100.280 0，转换因子为1.011 0，则该国债的基差为（　　）（保留四位小数）。

A. 100.280 0 − 98.715 × 1.011 0 = 0.479 1

B. 100.280 0 − 98.175 = 1.565 0

C. 100.280 0 × 1.011 0 − 98.715 = 2.668 1

D. 100.280 0 ÷ 1.011 0 − 98.715 = 0.473 9

【答案】A 【解析】国债基差 = 国债现货价格 − 国债期货价格 × 转换因子 = 100.280 0 − 98.715 × 1.011 0 = 0.479 1。

### （三）国债期货合约间套利[①]

| 项　目 | 内　容 |
|---|---|
| 跨期套利 | 国债期货跨期套利根据价差买卖方向不同，可以分为国债期货买入套利和国债期货卖出套利。<br>（1）国债期货买入价差套利：适用于国债期货合约间价差低估的情形，买入高价合约的同时卖出低价合约，待价差恢复后，同时平仓获利。<br>（2）国债期货卖出价差套利：适用于国债期货合约间价差高估的情形，卖出高价合约的同时买入低价合约，待价差恢复后，同时平仓获利。 |
| 跨品种套利 | （1）投资者可以根据对市场利率变动趋势的预测，选择期限不同的国债期货合约进行跨品种套利。期限长的债券对利率变动的敏感程度要大于期限短的债券对利率变动的敏感程度。当市场利率上升或下降时，长期债券价格的跌幅或涨幅要大于短期债券价格的跌幅或涨幅。<br>（2）投资者预期收益率曲线将更为陡峭时可以买入短期国债期货，卖出长期国债期货，实现“买入收益率曲线”套利。<br>（3）投资者预期收益率曲线将变得平坦时可以卖出短期国债期货，买入长期国债期货，实现“卖出收益率曲线”套利。 |

①在国债期货交易中，当国债期货不同交割月份合约间价差过大或过小时，就存在潜在的套利机会。

## 三、国债期货套期保值（重点掌握）

考查概率：100%，所占分值为0.5～1分。

考试题型：主要以多选题和判断题形式出现。

考查重点：国债期货套期保值。

| 项　目 | 内　容 |
|---|---|
| 买入套期保值 | （1）国债期货买入套期保值是通过期货市场开仓买入国债期货合约，以期在现货和期货两个市场建立盈亏冲抵机制，规避市场利率下降的风险。<br>（2）适用情形。<br>①计划买入债券，担心利率下降，导致债券价格上升。<br>②按固定利率计息的借款人，担心利率下降，导致资金成本相对增加。<br>③资金的贷方，担心利率下降，导致贷款利率和收益下降。 |
| 卖出套期保值 | （1）国债期货卖出套期保值是通过期货市场开仓卖出利率期货合约，以期在现货和期货两个市场建立盈亏冲抵机制，规避市场利率上升的风险。 |

续 表

| 项 目 | 内 容 |
|---|---|
| 卖出套期保值 | (2)适用情形。<br>①持有债券,担心利率上升,其债券价格下跌或者收益率相对下降。<br>②利用债券融资的筹资人,担心利率上升,导致融资成本上升。<br>③资金的借方,担心利率上升,导致借入成本增加。 |

## 母题精选

【综合题】投资者买入10手中金所5年期国债期货,价格为98.880元,在期货价格为98.900元时追加5手多单,随后期货价格不断下跌。为限制损失,当国债期货价格跌至98.150元时全部平仓。不计交易成本,该投资者盈亏为(  )元(合约规模为100万元人民币)。

A. −110 500　　B. 35 500　　C. −35 500　　D. 110 500

【答案】A 【解析】价格由98.880元上涨到98.900元,又下降到98.150元,所以投资者是亏损的。亏损额 = (98.150 − 98.880) ÷ 100 × 1 000 000 × 10 + (98.150 − 98.900) ÷ 100 × 1 000 000 × 5 = −110 500(元),故选A。

## 四、套期保值(对冲)合约数量的确定(重点掌握)

考查概率:100%,所占分值为2~2.5分。
考试题型:单选题、多选题、判断题、综合题。
考查重点:套期保值(对冲)合约数量的确定。

### (一)面值法

| 项 目 | 内 容 |
|---|---|
| 计算公式 | 国债期货合约数量 = 债券组合面值 ÷ 国债期货合约面值 |
| 优缺点 | (1)优点:计算方法简单。<br>(2)缺点:没有考虑国债期货和债券组合对利率变动的敏感性差异,不太精确。 |

### (二)修正久期法

| 项 目 | 内 容 |
|---|---|
| 麦考利久期 | (1)概念:债券久期是指债券在未来产生现金流时间的加权平均,其权重是各期现金流现值占债券现值的比重,通常以年为单位。<br>(2)债券久期的计算公式。[①]<br>$D=\dfrac{\sum_{t=1}^{n}\dfrac{tC_t}{(1+r)^t}}{\sum_{t=1}^{n}\dfrac{C_t}{(1+r)^t}}$<br>式中,$D$为债券久期,$t$为收到现金流的时期($t=1,2,\cdots,n$),$n$为现金流发生的次数,$r$为债券的到期收益率或市场利率,$C_t$为第$t$期的现金流,公式中分母为债券的价格。<br>(3)债券的久期与到期时间、票面利率、付息频率、到期收益率之间的关系:<br>◆零息债券的久期等于到它的到期时间。<br>◆债券的久期与票面利率呈负相关关系。 |

[①] 债券组合的久期为组合中每只债券久期的加权平均,权重等于各债券在组合中所占的比重。

续 表

<table>
<tr><th>项 目</th><th>内 容</th></tr>
<tr><td>麦考利久期</td><td>◆债券的久期与到期时间呈正相关关系。<br>◆债券的付息频率与久期呈负相关关系。<br>◆债券的到期收益率与久期呈负相关关系。</td></tr>
<tr><td>修正久期</td><td>(1)修正久期是用来衡量债券价格对市场利率变化敏感程度的指标。①<br>(2)一年支付一次利息债券的修正久期计算公式:<br>$$D_m = -\frac{\mathrm{d}p}{\mathrm{d}r}\cdot\frac{1}{p} = \frac{1}{1+r}\cdot\frac{1}{p}\sum_{t=1}^{n}\frac{t\cdot C_t}{(1+r)^t} = \frac{1}{1+r}\cdot D$$<br>式中,$p$ 为债券价格,$D$ 为债券的久期,$t$ 为收到现金流的时期($t=1,2,\cdots,n$),$n$ 为现金流发生的次数,$r$ 为债券的到期收益率或市场利率,$C_t$ 为第 $t$ 期的现金流。<br>一年支付 $f$ 次利息的修正久期与久期的关系:<br>$$D_m = \frac{1}{1+r/f}\cdot D$$<br>(3)债券的修正久期与到期时间、票面利率、付息频率、到期收益率之间的关系如下。<br>①票面利率相同,剩余期限相同,付息频率相同,到期收益率不同的债券,到期收益率较低的债券,修正久期较大。<br>②剩余期限相同,付息频率相同,到期收益率相同,票面利率不同的债券,票面利率较低的债券,修正久期较大。<br>③票面利率、到期收益率、剩余期限均相同,付息频率不同的债券,具有较低付息频率债券的修正久期较小。</td></tr>
<tr><td>修正久期的应用</td><td>(1)修正久期度量了债券价格随利率变动的波动特征,可用来计算对冲所需国债期货合约数量。<br>(2)最优套期保值合约数量的计算:<br>$$\text{对冲所需国债期货合约数量} = \frac{\text{债券组合市值}\times\text{债券组合的修正久期}}{\text{期货合约市值}\times\text{期货合约的修正久期}}$$<br>$$= \frac{\text{债券组合市值}\times\text{债券组合的修正久期}}{(\text{CTD 价格}\times\text{期货合约面值}\div 100)\div\text{CTD 转换因子}\times\text{CTD 修正久期}}$$</td></tr>
</table>

①修正久期在数值上描述的是当市场利率变化一个百分点时债券价格的变动百分比。

## 母题精选

【综合题】投资者持有面值1亿元的债券TB,利用中金所国债期货TF合约对冲利率风险。TF合约的最便宜可交割国债CTD的转换因子为1.029 4,债券TB和CTD的相关信息如下表所示:

| 项目 | TB | CTD |
|---|---|---|
| 债券净价 | 99.392 6 | 101.768 5 |
| 债券全价 | 101.158 2 | 102.157 1 |
| 修正久期 | 5.955 6 | 5.975 6 |
| 基点价值 | 0.505 96 | 0.161 1 |

根据修正久期法,投资者对冲利率风险所需TF合约数量的计算公式为(　　)。

A. $\frac{101.158\,2\div 100\times 10\,000\text{ 万元}\times 5.955\,6}{(101.768\,5\times 100\text{ 万元}\div 100)\div 1.029\,4\times 5.975\,6}$

B. $\frac{101.1582 \div 100 \times 10000\text{万元} \times 5.9556}{(102.1571 \times 100\text{万元} \div 100) \div 1.0294 \times 5.9756}$

C. $\frac{99.3926 \div 100 \times 10000\text{万元} \times 5.9556}{(101.7685 \times 100\text{万元} \div 100) \div 1.0294 \times 5.9756}$

D. $\frac{99.3926 \div 100 \times 10000\text{万元} \times 5.9556}{(102.1571 \times 100\text{万元} \div 100) \div 1.0294 \times 5.9756}$

【答案】 B 【解析】对冲所需国债期货合约数量 $= \frac{\text{债券组合市值} \times \text{债券组合的修正久期}}{\text{期货合约市值} \times \text{期货合约的修正久期}}$

$= \frac{\text{债券组合市值} \times \text{债券组合的修正久期}}{(\text{CTD 价格} \times \text{期货合约面值} \div 100) \div \text{CTD 转换因子} \times \text{CTD 修正久期}}$

$= \frac{101.1582 \div 100 \times 10000\text{万元} \times 5.9556}{(102.1571 \times 100\text{万元} \div 100) \div 1.0294 \times 5.9756}$

（三）基点价值法（BPV、DVO1）

| 项 目 | 内 容 |
|---|---|
| 概念 | 基点价值是利率每变化一个基点（0.01 个百分点）引起的债券价格变动的绝对额。 |
| 计算公式 | （1）债券的基点价值[①]：<br>$\Delta p_{0.0001} = -D_m \times p \times 0.01\%$<br>（2）债券组合的基点价值法[②]：<br>$\Delta V_{0.0001} = -D_m \times V \times 0.01\%$<br>（3）比较基点价值和修正久期的关系，对冲所需国债期货合约数量的公式可调整为：<br>对冲所需国债期货合约数量<br>$= \frac{\text{债券组合市值} \times \text{债券组合的修正久期}}{(\text{期货合约面值} \div 100) \div \text{CTD 转换因子} \times \text{CTD 价格} \times \text{CTD 修正久期}}$<br>$= \frac{\text{债券组合基点价值}/0.01\%}{(\text{期货合约面值} \div 100) \div \text{CTD 转换因子} \times \text{CTD 的基点价值}/0.01\%}$<br>$= \frac{\text{债券组合基点价值}}{(\text{期货合约面值} \div 100) \div \text{CTD 转换因子} \times \text{CTD 的基点价值}}$ |

①债券的基点价值是收益率变动 1 基点所引起的债券价格变动值（p 为债券价格）。

②债券组合的基点价值为收益率变动 1 基点所引起的债券组合的变动值（V 为债券组合的价格）。

## 第三节 其他利率类衍生品

### 一、远期利率协议（FRA）（重点掌握）

考查概率：100%，所占分值为 0.5～1 分。考试题型：主要以多选题和判断题形式出现。考查重点：远期利率协议。

（1）远期利率协议概念：是买卖双方同意从未来某一时刻开始的某一特定期限内按照协议借贷一定数额以特定货币表示的名义本金的协议。

（2）FRA 中的协议利率：一般称为远期利率，是未来时刻开始的一定期限的利率，通常用 $M \times N$[③]表示。例如，2×6 远期利率，表示 2 个月之后开始、6 月之后结束，期限为 4 个月的远期利率。

（3）远期利率协议[④]的买方是名义借款人，订立协议的目的是规避利率上升的风险。

（4）远期利率协议的卖方是名义贷款人，订立协议的目的是规避利率下降的风险。

（5）在远期利率协议下，参照利率超过合同的协议利率时，卖方要支付给买方一笔结算金，以补偿买方在实际借款中因利率上升而造成的损失；反之，则由买方支付给卖方一笔结算金。

③$M$ 为协议开始的时间，$N$ 表示协议结束的时间。

④远期利率协议是远期合约的一种。

## 二、利率期权（重点掌握）

👍 **考查概率**：100%，所占分值为0.5~1分。**考试题型**：主要以单选题和多选题形式出现。**考查重点**：利率期权。

### （一）利率期权的概述

| 项　目 | 内　容 |
|---|---|
| 概念 | 以利率类金融工具为期权标的物的期权合约。 |
| 标的物 | 一般是利率和与利率挂钩的产品，包括国债、存单等。 |
| 常见利率期权[①] | 利率看涨期权、利率看跌期权、利率上限期权、利率下限期权、利率双限期权、部分参与利率上限期权和利率互换期权等。 |
| 主协议 | （1）双方的权利和义务的确认主要是双方签订主协议。<br>（2）场外利率期权交易中，在国际市场使用最多、影响最大的是ISDA主协议。<br>（3）ISDA主协议适用的场外利率期权产品包括利率上限期权、利率下限期权、利率双限期权及其组合产品。 |

[①]常见的利率期货是在场外衍生品市场的。

### （二）利率上限（期权）协议与利率下限（期权）协议

| 项　目 | 内　容 |
|---|---|
| 利率上限期权 | （1）概念：利率上限（期权）协议（也称“利率封顶”），指期权的买方支付权利金，与期权的卖方达成一个协议，该协议中指定某一种市场参考利率，同时确定一个利率上限水平。<br>（2）在规定的期限内，当市场参考利率高于协定的利率上限水平时，卖方向买方支付市场利率高于利率上限的差额部分；当市场参考利率低于或等于协定的利率上限水平时，卖方无须承担任何支付义务。 |
| 利率下限期权 | （1）概念：利率下限（期权）协议（也称“利率封底”），与利率上限期权相反，期权买方在市场参考利率低于下限利率时可取得低于下限利率的差额。<br>（2）作用：利率下限期权可以防范利率下降的风险。买入利率下限（期权）协议固定利率负债方或者浮动利率投资者可以获得市场利率与协定利率的差额作为补偿。 |

## 三、利率互换（IRS）（重点掌握）

👍 **考查概率**：100%，所占分值为0.5~2分。**考试题型**：多选题、判断题和综合题。**考查重点**：利率互换。

| 项　目 | 内　容 |
|---|---|
| 概念 | 交易双方约定在未来一定期限内，根据同种货币的名义本金交换现金流，其中一方的现金流按事先确定的某一浮动利率计算，另一方的现金流则按固定利率计算。 |
| 常见期限 | 常见期限有1年、2年、3年、4年、5年、7年与10年，30年和50年的互换也时有发生。 |
| 作用 | （1）满足不同的筹资需求。<br>（2）降低双方资金成本。 |

## 章节测评

用手机微信扫描“章节测评”旁边的二维码或用电脑浏览器打开网址 http://cj.ek100.cn 即可进入智能题库进行章节测评。

# 第九章　股指期货及其他权益类衍生品

## 本章应试分析

本章主要介绍股指期货、股指期货套期保值交易、股指期货投机与套利交易、其他权益类衍生品。考试中本章所占分值约为 11.5 分,涉及题型为单选题、多选题、判断题和综合题。考生学习本章知识时需要结合前面所学章节进行理解。本章涉及计算类考点较多,要在理解的基础上记忆,在做题的过程中灵活运用。

## 本章思维导图

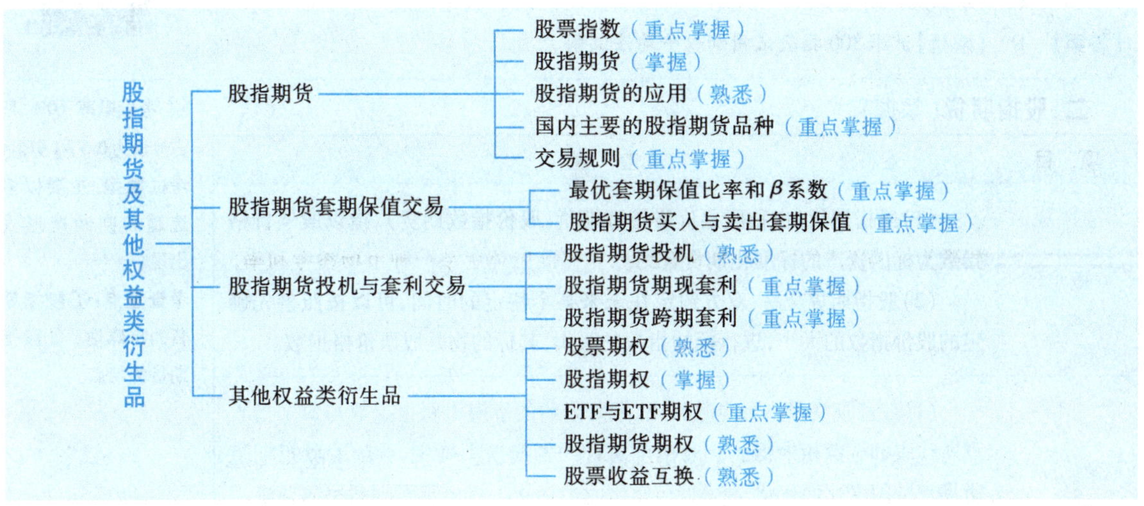


## 名师同步精讲

名师指导

### 第一节　股指期货

随书赠送
智能题库
详见本书
最后一页

#### 一、股票指数(重点掌握)

| 项　目 | 内　容 |
|---|---|
| 概念 | 股票指数(简称股指),是反映和衡量所选择的一组股票的价格的平均变动的指标。 |
| 计算方法 | (1)不同股票指数所代表的市场板块可能不同,具体编制方法也可能不同,即具体的抽样和计算方法不同。<br>(2)计算方法一般有三种:算术平均法、加权平均法和几何平均法。 |
| 著名的股票指数 | (1)世界最著名的股票指数[①]:道琼斯工业平均指数(DJIA)、标准普尔 500 指数(S&P500)、纽约证交所综合股票指数、道琼斯欧洲 STOXX50 指数、英国的金融时报指数、日本的日经 225 股价指数、中国香港的恒生指数等。 |

**考查概率**:100%,所占分值为 0.5 分。

**考试题型**:主要以单选题和判断题形式出现。

**考查重点**:①股票指数的计算方法。②著名的股票指数。

①见下页①。

续 表

| 项 目 | 内 容 |
| --- | --- |
| 著名的股票指数 | (2)我国境内常用的股票指数:沪深300指数、上证50指数、中证500指数、上证综合指数、深证综合指数、上证180指数、深证成分指数等。 |

①在这些世界最著名的股票指数中,道琼斯工业平均指数与日经225股价指数的编制采用算术平均法,而其他指数都采用加权平均法编制。

## 母题精选

【单选题】沪深300股票指数的编制的方法是(　　)。

A. 修正的算术平均法　　B. 几何平均法

C. 简单算术平均法　　D. 加权平均法

【答案】 D 【解析】沪深300指数采用加权平均法编制。

## 二、股指期货(掌握)

考查概率:60%,所占分值为0.5~1分。

考试题型:主要以多选题和判断题形式出现。

考查重点:①股指期货的特殊性。②股指期货的特点。

| 项 目 | 内 容 |
| --- | --- |
| 概念 | (1)股指期货(也称股票价格指数期货、股价指数期货),指以股票价格指数为标的资产的标准化期货合约。<br>(2)股指期货交易:双方约定在未来某个特定的时间,可以按照事先确定的股价指数的大小,进行标的指数的买卖,其标的物是股票价格指数。 |
| 特殊性 | (1)股指期货以指数点数报出,期货合约的价值由所报点数与每个指数点所代表的金额相乘得到。股指期货合约的规模不确定,会随着股指期货市场点数的变化而变化。<br>(2)股指期货没有实际交割的资产,指数是由多种股票组成的组合,采用现金交割。<br>(3)与利率期货相比,由于股价指数波动大于债券,而期货价格与标的资产价格紧密相关,股指期货价格波动要大于利率期货。 |
| 特点 | 股指期货具有流动性好、交易成本低、对市场冲击小等特点,可以与股票、股票组合等其他金融工具构建各种灵活的组合方式,以实现经营目的。 |

## 三、股指期货的应用(熟悉)

考查概率:较低,所占分值为1分左右。

考试题型:主要以单选题和多选题形式出现。

考查重点:股指期货的应用。

(1)套期保值。

①目的:降低投资组合的系统性风险。

②操作:可以对现货指数进行套期保值,也可以对单只股票或特定的股票组合进行套期保值。

③优点:操作简单,调整及时,可以根据意愿灵活调节整个资产组合的风险大小。

(2)投机套利。

(3)可作为组合管理、企业发行或回购股票的工具。

## 四、国内主要的股指期货品种(重点掌握)

考查概率:100%,所占分值为1分左右。

考试题型:主要以单选题和判断题形式出现。

考查重点:沪深300指数期货合约条款。

### (一)沪深300指数期货合约条款[1]

| 项　目 | 内　容 |
|---|---|
| 合约标的 | 沪深300指数。 |
| 合约乘数 | 每点300元。 |
| 报价单位 | 指数点。 |
| 最小变动价位 | 0.2点。 |
| 合约月份 | 当月、下月及随后两个季月。 |
| 交易时间 | 上午9:30—11:30,下午1:00—3:00。 |
| 每日价格最大波动限制 | 上一交易日结算价±10%。 |
| 最低交易保证金 | 合约价值的8%。 |
| 最后交易日 | 合约到期月份的第三个周五,遇国家法定节假日顺延。 |
| 交割日期 | 同最后交易日。 |
| 交割方式 | 现金交割。 |
| 交易代码 | IF。 |
| 上市交易所 | 中国金融期货交易所。 |

[1]沪深300指数期货是中国金融期货交易所推出的第一份金融期货合约。目前已经成为我国乃至国际股指期货市场的重要产品。

**母题精选**

【单选题】2017年6月8日(周四),中国金融期货交易所可供交易的沪深300股指期货合约应该有(　　)。

A. IF1706,IF1707,IF1709,IF1712　　B. IF1706,IF1709,IF1712,IF1803

C. IF1706,IF1707,IF1708,IF1709　　D. IF1706,IF1709,IF1710,IF1712

【答案】A　【解析】沪深300股指期货合约的月份为当月、下月及随后两个季月。

### (二)中证500股指期货合约条款[2]

| 项　目 | 内　容 |
|---|---|
| 合约标的 | 中证500指数。 |
| 合约乘数 | 每点200元。 |
| 报价单位 | 指数点。 |
| 最小变动价位 | 0.2点。 |
| 合约月份 | 当月、下月及随后两个季月。 |
| 交易时间 | 上午9:30—11:30,下午1:00—3:00。 |
| 每日价格最大波动限制 | 上一交易日结算价±10%。 |
| 最低交易保证金 | 合约价值的8%。 |

[2]中证500股指期货综合反映了沪深证券市场中小市值公司的整体状况,于2015年4月16日正式挂牌交易,于沪深300股指期货合约相比只是在合约乘数上存在区别,其他合约条款相同。

续 表

| 项 目 | 内 容 |
| --- | --- |
| 最后交易日 | 合约到期月份的第三个周五,遇国家法定节假日顺延。 |
| 交割日期 | 同最后交易日。 |
| 交割方式 | 现金交割。 |
| 交易代码 | IC。 |
| 上市交易所 | 中国金融期货交易所。 |

考生可以将沪深300、中证500、上证50股指期货合约条款三项对比理解和记忆。

(三)上证50股指期货合约条款[1]

| 项 目 | 内 容 |
| --- | --- |
| 合约标的 | 上证50指数。 |
| 合约乘数 | 每点300元。 |
| 报价单位 | 指数点。 |
| 最小变动价位 | 0.2点。 |
| 合约月份 | 当月、下月及随后两个季月。 |
| 交易时间 | 上午9:30—11:30,下午1:00—3:00。 |
| 每日价格最大波动限制 | 上一交易日结算价±10%。 |
| 最低交易保证金 | 合约价值的8%。 |
| 最后交易日 | 合约到期月份的第三个周五,遇国家法定节假日顺延。 |
| 交割日期 | 同最后交易日。 |
| 交割方式 | 现金交割。 |
| 交易代码 | IH。 |
| 上市交易所 | 中国金融期货交易所。 |

[1]上证50股指期货反映了上海证券市场最具市场影响力的一批龙头企业的整体状况,于2015年4月16日正式挂牌交易,与中证500股指期货相比只是在合约乘数上存在区别,其他合约条款相同。

五、交易规则(重点掌握)

考查概率:100%,所占分值为1分左右。

考试题型:主要以单选题和判断题形式出现。

考查重点:①合约乘数。②报价方式与最小变动价位。③合约月份。④每日价格最大变动限制。⑤保证金。

| 项 目 | 内 容 |
| --- | --- |
| 合约乘数 | (1)概念:合约乘数就是一张股指期货合约的合约价值用股指期货指数点乘以某一既定的货币金额表示。<br>(2)特点:股票指数点越大,或合约乘数越大,股指期货合约价值也就越大。<br>(3)沪深300指数期货的合约乘数:每点人民币300元。<br>(4)沪深300指数期货的合约价值(每张)=指数点×300。 |
| 报价方式与最小变动价位 | (1)报价方式:股指期货合约以指数点报价。<br>(2)最小变动价位。<br>①报价变动的最小单位即为最小变动价位,合约交易报价指数点必须是最小变动价位的整数倍。[2] |

[2]见下页[1]。

续　表

| 项　目 | 内　容 |
| --- | --- |
| 报价方式与最小变动价位 | ②沪深300指数期货的最小变动价位为0.2点,也就是说合约交易报价的指数点必须为0.2点的整数倍。每张合约的最小变动值为0.2乘以300元,即60元。<br>③中证500股指期货合约的最小变动值为40元(200×0.2)。<br>④上证50股指期货合约的最小变动值为60元(300×0.2)。 |
| 合约月份 | (1)概念:股指期货的合约月份是指股指期货合约到期进行交割所在的月份。<br>(2)股指期货合约月份的设置方式:①季月模式(季月是指3月、6月、9月和12月)。②以近期月份为主,再加上远期季月。[②]<br>(3)沪深300指数期货、中证500股指期货和上证50股指期货合约的合约月份:当月、下月及随后两个季月,共4个月份合约。 |
| 每日价格最大变动限制 | (1)沪深300指数期货。<br>①沪深300指数期货的每日价格波动限制为上一交易日结算价的±10%。<br>②季月合约上市首日涨跌停板幅度为挂盘基准价的±20%。<br>③上市首日有成交的,于下一交易日恢复到合约规定的涨跌停板幅度;上市首日无成交的,下一交易日继续执行前一交易日的涨跌停板幅度。<br>④沪深300指数期货合约最后交易日涨跌停板幅度为上一交易日结算价的±20%。<br>(2)中证500股指期货和上证50股指期货的每日价格波动限制为上一交易日结算价的±10%,合约最后交易日涨跌停板幅度为上一交易日结算价的±20%。<br>(3)沪深300指数期货、中证500股指期货和上证50股指期货实行熔断制度都以中证指数有限公司编制和发布的沪深300指数为基准指数,设置5%和7%两档熔断幅度。 |
| 保证金 | (1)沪深300指数期货所有合约的交易保证金标准为10%,最低保证金标准为8%。<br>(2)中证500股指期货和上证50股指期货合约的保证金均为8%。 |
| 持仓限额 | (1)概念:沪深300指数期货的持仓限额是指交易所规定的会员或者客户对某一合约单边持仓的最大数量。<br>(2)同一客户在不同会员处开仓交易,其在某一合约单边持仓合计不得超过该客户的持仓限额。 |
| 投资者适当性制度 | (1)股指期货投资者适当性制度的要点。<br>①自然人申请开户时保证金账户可用资金余额不低于人民币50万元。<br>②具备股指期货基础知识,开户测试不低于80分。 |

[①]沪深300股指期货的交易指令分为市价指令、限价指令及交易所规定的其他指令。交易指令每次最小下单数量为1手,市价指令每次最大下单数量为50手,限价指令每次最大下单数量为100手。

[②]欧美市场股指期货合约月份采用的是季月方式,我国香港地区的恒生指数期货和我国台湾地区的台指期货的合约月份就是两个近月和两个季月。

续 表

| 项 目 | 内 容 |
| --- | --- |
| 投资者适当性制度 | ③具有累计10个交易日、20笔以上的股指期货仿真交易成交记录，或者最近3年内具有10笔以上的商品期货交易成交记录。<br>(2)对于一般法人及特殊法人投资者申请开户的额外要求。<br>①一般法人投资者申请开户，净资产不低于人民币100万元。<br>②一般法人申请开户，还应当具备相应的决策机制和操作流程；决策机制主要包括决策的主体与决策程序，操作流程应当明确业务环节、岗位职责以及相应的制衡机制。<br>③特殊法人投资者申请开户，还应当提供相关监管机构、主管机构的批准文件或者证明文件。 |

## 母 题 精 选

【单选题】某沪深300股指期货合约报价为3 000点，则1手该合约的价值为(　　)万元。

A. 9　　B. 90　　C. 75　　D. 30

【答案】 B 【解析】沪深300股指期货指数点为3 000点时，合约价值 = 3 000 × 300 × 1 = 90(万元)。

【多选题】下列关于每日价格最大变动限制的说法中，正确的是(　　)。

A. 为了防止价格大幅波动所引发的风险，国际上通常对股指期货交易规定每日价格最大波动限制

B. 沪深300指数期货的每日价格波动限制为上一交易日结算价的±10%

C. 沪深300指数期货的最后交易日涨跌停板幅度为上一交易日结算价的±10%

D. 季月合约上市首日涨跌停板幅度为挂牌基准价的±20%

【答案】 ABD 【解析】选项C，沪深300指数期货的最后交易日涨跌停板幅度为上一交易日结算价的±20%。故选项A、选项B、选项D正确，选项C错误。

# 第二节　股指期货套期保值交易

## 一、最优套期保值比率和β系数(重点掌握)

| 项 目 | 内 容 |
| --- | --- |
| 单个股票的β系数 | (1)概念：β系数是股票的收益率与整个市场组合的收益率的协方差和市场组合收益率的方差的比值。<br>(2)计算公式：<br>$\beta_i = \dfrac{\mathrm{Cov}(R_i, R_m)}{\mathrm{Var}(R_m)}$<br>式中，$R_m$ 是包括所有股票的整个市场的收益率，$R_i$ 是股票 $i$ 的收益率。 |

考查概率：100%，所占分值为1.5~3分。
考试题型：单选题、多选题、判断题、综合题。
考查重点：①单个股票的β系数。②股票组合的β系数。③最优套期保值比率的确定。

续 表

| 项 目 | 内 容 |
|---|---|
| 单个股票的 $\beta$ 系数 | (3) $\beta$ 系数(也称股票的相对波动率)显示股票的价值相对于市场价值变化的相对大小。$\beta$ 系数大于1,说明股票比市场整体波动性高,市场风险高于平均市场风险;$\beta$ 系数小于1,说明股票比市场整体波动性低,市场风险低于平均市场风险。 |
| 股票组合的 $\beta$ 系数 | $\beta = X_1\beta_1 + X_2\beta_2 + \cdots + X_n\beta_n$<br>式中,$X_i$ 表示第 $i$ 个股票的资金比例且 $X_1 + X_2 + \cdots\cdots + X_n = 1$;$\beta_i$ 表示第 $i$ 个股票的 $\beta$ 系数。 |
| 最优套期保值比率的确定 | (1)概念:基本的最优套期保值比率是最小方差套期保值比率,即使得整个套期保值组合(包括用于套期保值的资产部分)收益的波动最小化的套期保值比率,具体体现为整个资产组合收益的方差最小化。进行套期保值的股指期货的标的股指与整个市场组合高度相关时,股票或股票组合的 $\beta$ 系数就是最优套期保值比率。<br>(2)买入或卖出的股指期货合约的数量的计算公式:<br>$$买卖套期合约数量 = \beta 系数 \times \frac{现货总价值}{期货指数点 \times 每点乘数}$$ [①]<br>当现货总价值和期货合约的价值定下来后,所需买卖的期货合约数与 $\beta$ 系数的大小有关,$\beta$ 系数越大,所需的期货合约数就越多;反之,则越少。 |

①公式中的"期货指数点×每点乘数"实际上就是一张期货合约的价值。

## 母题精选

【单选题】假设投资机构有300万元,该机构看中A、B两只股票,股价分别为40元和20元,$\beta$ 系数分别为1.5和0.6,该机构投入200万元买入A股票,投入100万元买入B股票,则两只股票组合的 $\beta$ 系数为( )。

A. 1.2　　B. 1.05

C. 2.1　　D. 0.9

【答案】A 【解析】$\beta = 1.5 \times (200/300) + 0.6 \times (100/300) = 1.2$。

【综合题】某基金经理计划未来投入9 000万元买入股票组合,该组合相对于沪深300指数的 $\beta$ 系数为1.2。此时某月份沪深300股指期货指数为3 000点。为规避股市上涨风险,该基金经理应( )该沪深300股指期货合约进行套期保值。

A. 买入120手　　B. 卖出120手

C. 卖出100手　　D. 买入100手

【答案】A 【解析】买入套期保值是指交易者为了规避股票市场价格上涨的风险,通过在股指期货市场买入股票指数的操作,在股票市场和股指期货市场上建立盈亏冲抵机制。股指期货套期保值中合约数量的确定公式为:买卖期货合约数 = $\beta$ 系数 × 现货总价值/(期货指数点 × 每点乘数),本题应该买进期指合约数 = 1.2 × 90 000 000/(3 000 × 300) = 120(手)。

## 二、股指期货买入与卖出套期保值(重点掌握)

| 项目 | 内容 |
|---|---|
| 股指期货买入套期保值 | (1)目的:为了规避股票市场价格上涨的风险。<br>(2)具体操作:在期货市场买入股票指数,建立股票市场和期货市场上盈亏冲抵机制。<br>(3)进行买入套期保值的情形:投资者在未来计划持有股票组合,担心股市大盘上涨而使购买股票组合成本上升。 |
| 股指期货卖出套期保值 | (1)目的:为了规避股票市场价格下跌的风险。<br>(2)具体操作:在期货市场卖出股票指数期货合约,建立股票市场和期货市场的盈亏冲抵机制。<br>(3)进行卖出套期保值的情形:投资者持有股票组合,担心股市大盘下跌而影响股票组合的收益。 |

考查概率:100%,所占分值为1分。
考试题型:主要以单选题和综合题形式出现。
考查重点:股指期货买入与卖出套期保值。

考生学习时可以结合第四章第二节套期保值的种类的内容进行理解。

### 母题精选

【综合题】3月10日,某机构计划分别投资100万元购买A、B、C三只股票,三只股票价格分别为20元、25元、50元,但其300万元资金预计6月10日才会到账。目前行情看涨,该机构决定利用股指期货锁住成本。假设相应的6月到期的股指期货合约价格为1 500点,每点的乘数为300元,A、B、C三只股票的$\beta$系数分别为1.5、1.3、0.8。6月10日,则该机构需要(  )6月到期的股指期货。

A. 卖出8手　　B. 买入8手　　C. 卖出12手　　D. 买入12手

【答案】 B 【解析】三只股票组合的$\beta$系数$=1.5\times1/3+1.3\times1/3+0.8\times1/3=1.2$。股指期货买入套期保值的情形主要是:投资者在未来计划持有股票组合,担心股市大盘上涨而使购买者股票组合成本上升。应该买进的期货合约数量$=\beta\times$现货总价值/(期货指数点$\times$每点乘数)$=1.2\times[3\ 000\ 000/(1\ 500\times300)]=8$(手)。

【综合题】9月1日,沪深300指数为2 970点,12月份到期的沪深300期货价格为3 000点。某证券投资基金持有的股票组合现值为1.8亿元,与沪深300指数的$\beta$系数为0.9。该基金持有者担心股票市场下跌,应该卖出(  )手12月份到期的沪深300期货合约进行保值。

A. 200　　B. 180　　C. 222　　D. 202

【答案】 B 【解析】买卖期货合约数=现货总价值/(期货指数点$\times$每点乘数)$\times\beta$系数$=[180\ 000\ 000/(3\ 000\times300)]\times0.9=180$(手)。

## 第三节 股指期货投机与套利交易

### 一、股指期货投机(熟悉)

(一)概念与方法

| 项目 | 内容 |
|---|---|
| 概念 | 股指期货市场的投机交易是指交易者根据对股指期货合约价格的变动趋势作出预测,通过看涨时买进股指期货合约,看跌时卖出股指期货合约而获取价差收益的交易行为。 |

考查概率:较低,所占分值为0.5分。
考试题型:主要以单选题形式出现。
考查重点:股指期货投机策略。

续 表

| 项 目 | 内 容 |
|---|---|
| 方法 | 分析股指期货价格走势的方法:基本面分析方法和技术面分析方法。<br>(1)基本面分析方法:重在分析对股指期货价格变动产生影响的基本面因素(包括国内外政治因素、经济因素、社会因素、政策因素、行业周期因素等多个因素),通过分析基本面因素的变动对股指可能产生的影响来预测和判断股指未来变动方向。<br>(2)技术分析方法:重在分析行情的历史走势,以期通过分析当前价和量的关系,再根据历史行情走势来预测和判断股指未来变动方向。 |

股指期货投机交易的流程和形式结合本书第五章进行学习。

(二)股指期货的成交量、持仓量和价格的关系

| 价格 | 交易量 | 持仓量 | 市场趋向 |
|---|---|---|---|
| 上涨 | 增加 | 上升 | 新开仓增加,多头占优。 |
| 上涨 | 减少 | 上升 | 新开仓增加,空头占优。 |
| 上涨 | 不活跃 | 上升 | 多头占优,但优势不明显。 |
| 上涨 | 减少 | 上升 | 空头占优,但优势不明显。 |
| 下跌 | 增加 | 下降 | 平仓增加,空头占优。 |
| 下跌 | 减少 | 下降 | 平仓增加,多头占优。 |
| 下跌 | 不活跃 | 下降 | 空头可能被逼平仓。 |
| 下跌 | 增加 | 下降 | 多头可能被逼平仓。 |

## 二、股指期货期现套利(重点掌握)

考查概率:100%,所占分值为2~3分。
考试题型:单选题、多选题、判断题、综合题。
考查重点:①股指期货合约的理论价格。②股指期货期现套利操作。③交易成本与无套利区间。

(一)股指期货合约的理论价格

| 项 目 | 内 容 |
|---|---|
| 概念 | 远期合约的合理价格(也称远期合约的理论价格),是考虑资产持有成本的远期合约价格。 |
| 持有成本 | (1)持有成本的组成部分。<br>①资金占用成本,这可以按照市场资金利率来度量。<br>②持有期内可能得到的股票分红红利。<br>(2)资金占用成本减去持有期内可能得到的股票分红红利,可以得到净持有成本。<br>(3)市场利率总是大于股票分红率,故净持有成本通常是正数。但是,如果考察的时间较短,持有期间正好有一大笔红利收入,则在短时期中有可能净持有成本为负。 |
| 计算公式 | $F(t,T)=S(t)+S(t)\times(r-d)\times(T-t)/365$<br>$=S(t)[1+(r-d)\times(T-t)/365]$<br>式中,$t$ 为所需计算的各项内容的时间变量;$T$ 为交割时间;$(T-t)$ 为 $t$ 时刻至 |

续　表

| 项　目 | 内　容 |
|---|---|
| 计算公式 | 交割时的时间长度，通常以天为计算单位，而如果用 1 年的 365 天去除，$(T-t)/365$ 的单位显然就是年了；$S(t)$ 为 $t$ 时刻的现货指数；$F(t,T)$ 为 $T$ 时交割的期货合约在 $t$ 时的理论价格（以指数表示）；$r$ 为年利息率；$d$ 为年指数股息率。<br>持有期利息 $=S(t)\times r\times(T-t)/365$<br>持有期股息收入 $=S(t)\times d\times(T-t)/365$<br>持有期净成本 $=S(t)\times r\times(T-t)/365-S(t)\times d\times(T-t)/365$<br>$=S(t)\times(r-d)\times(T-t)/365$ |

## 母题精选

【综合题】沪深 300 指数为 3 000 点，市场利率为 5%，指数股息率为 1%。3 个月后到期的沪深 300 股指期货的理论价格为（　　）点。

A. 3 030　　B. 3 045　　C. 3 180　　D. 3 120

母题精选　微信扫描

【答案】 A 【解析】沪深 300 股指期货的理论价格 $=S(t)\times[1+(r-d)\times(T-t)/365]=3\ 000\times[1+(5\%-1\%)\times(3/12)]=3\ 030$（点）。

（二）股指期货期现套利操作

| 项　目 | 内　容 |
|---|---|
| 期价高估与低估 | （1）期价高估：股指期货合约实际价格高于股指期货理论价格。<br>（2）期价低估：股指期货合约实际价格低于股指期货理论价格。 |
| 期价高估与正向套利 | 正向套利是当存在期价高估时，交易者通过卖出股指期货同时买入对应的现货股票进行套利交易。 |
| 期价低估与反向套利 | 反向套利是当存在期价低估时，交易者可通过买入股指期货的同时卖出对应的现货股票进行套利交易。 |

（三）交易成本与无套利区间

| 项　目 | 内　容 |
|---|---|
| 无套利区间 | 无套利区间是指考虑交易成本后，将期指理论价格分别向上移和向下移所形成的一个区间。在这个区间中，套利交易不但不能盈利，反而可能导致亏损。 |
| 获利情况 | 将期指理论价格上移一个交易成本之后的价位称为无套利区间的上界，将期指理论价格下移一个交易成本之后的价位称为无套利区间的下界，只有当实际的期指高于上界时，正向套利才能够获利；反之，只有当实际期指低于下界时，反向套利才能够获利。 |

续　表

| 项　目 | 内　容 |
| --- | --- |
| 公式 | (1)无套利区间的上界：<br>$F(t,T)+TC=S(t)\times[1+(r-d)\times(T-t)/365]+TC$<br>(2)无套利区间的下界：<br>$F(t,T)-TC=S(t)\times[1+(r-d)\times(T-t)/365]-TC$<br>(3)无套利区间：<br>$\{S(t)\times[1+(r-d)\times(T-t)/365]-TC,S(t)\times[1+(r-d)\times(T-t)/365]+TC\}$ |

## 母题精选

**【综合题】**假设6月30日为6月期货合约的交割日，年利息率 $r$ 为5%，年指数股息率 $d$ 为1.5%。4月1日的现货指数为1 400点，借贷利率差为0.5%，期货合约买卖双边手续费和市场冲击成本均为0.2个指数点，股票买卖的双边手续费和市场冲击成本均为成交金额的0.6%。若采取单利计算法，4月1日该期货合约无套利交易区间的上下幅宽为(　　)点。

A. 33.6　　B. 37.1　　C. 33.4　　D. 37.9

母题精选　微信扫描

【答案】 D　【解析】$F(t,T)=S(t)\times[1+(r-d)\times(T-t)/365]=1\ 400\times[1+(5\%-1.5\%)\times3/12]=1\ 412.25$(点)。股票买卖的双边手续费及市场冲击成本为1 400×1.2% =16.8(点)；期货合约买卖双边手续费及市场冲击成本为0.4个指数点；借贷利率差成本为1400×0.5% ×3÷12 =1.75(点)；三项合计，$TC=16.8+0.4+1.75=18.95$(点)。无套利区间上界为1 412.25 +18.95 =1 431.2(点)；无套利区间下界为1 412.25 −18.95 =1 393.3(点)。无套利区间为[1 393.3,1 431.2]。上下界幅宽为1 431.2 −1 393.3 =37.9(点)。

### (四)套利交易中的模拟误差

| 项　目 | 内　容 |
| --- | --- |
| 概念 | 模拟误差是在套利交易中，实际交易可能导致现货股票组合与指数的股票组合未来的走势或回报不一致，从而导致一定的误差。 |
| 模拟误差来源 | (1)组成指数的成分股太多。短时期内同时买进或卖出大量的股票难度较大，并且准确模拟将使交易成本大大增加。<br>(2)交易最小单位的限制，严格按比例复制很可能根本就难以实现。 |

## 三、股指期货跨期套利(重点掌握)

| 项　目 | 内　容 |
| --- | --- |
| 不同交割月份期货合约间的价格关系 | (1)正向市场(也称正常市场)：远期合约价格大于近期合约价格。[①]在正常市场中，远期合约与近期合约之间的价差主要受到持有成本的影响。<br>(2)反向市场(也称逆转市场)：近期合约价格大于远期合约价格。在逆转市场上，远期合约与近期合约之间的价差主要取决于近期供给相对于需求的短缺程度，以及购买者愿意花费多大代价换取近期合约。 |

考查概率：100%，所占分值为1分。
考试题型：主要以多选题和综合题形式出现。
考查重点：股指期货跨期套利。
①见下页①。

续 表

| 项 目 | 内 容 |
|---|---|
| 股指期货跨期套利的操作 | 设：$F(T_1)$为近月股指期货价格；$F(T_2)$为远月股指期货价格；$S$为现货指数价格；$r$为利率；$d$为红利率。<br>根据期货合约理论价格有：<br>$F(T_1)=S\times[1+(r-d)\times T_1/365]$<br>$F(T_2)=S\times[1+(r-d)\times T_2/365]$<br>可得：<br>$F(T_2)-F(T_1)=S\times[1+(r-d)\times T2/365]-S\times[1+(r-d)\times T_1/365]$<br>$=S\times(r-d)\times T_2/365-S\times(r-d)\times T_1/365$<br>$=S\times(r-d)\times(T_2-T_1)/365$<br>两个不同月份的股指期货的理论价差，当实际价差与理论价差出现明显偏离时，可以考虑进行套利交易，等到价差回归到合理水平时了结头寸结束交易。<br>股指期货跨月套利也可以完全根据价差/价比分析法进行分析和操作。通过分析两个不同月份期货合约的价差和价比数据，并观察和统计数据分布区间及其相应概率，当实际价差出现在大概率分布区间之外时，可以考虑建立套利头寸。当价差或价比重新回到大概率区间时，可以平掉套利头寸获利了结。 |

①股指期货一般都有两个到期交割月份以上合约，其中交割月离当前较近的称为近期合约，交割月离当前较远的称为远期合约。

**母 题 精 选**

【单选题】假定利率比股票分红高2%。5月1日上午10点，沪深指数为3 600点，沪深300股指期货9月合约价格为3 700点，6月合约价格为3 650点，投资者认为价差可能缩小，于是买入6月合约，卖出9月合约。5月1日下午2点，9月合约涨至3 750点，6月合约涨至3 710点，则平仓后每张合约损益状况为（　　）（不考虑交易手续费）。

A. 亏损3 000元　　B. 盈利3 000元

C. 亏损1 000元　　D. 盈利1 000元

【答案】 B 【解析】平仓后每张合约损益 = [(3 710 − 3 650) + (3 700 − 3 750)] × 300 = 3 000(元)。

## 第四节　其他权益类衍生品

考查概率：较低，所占分值为0.5分。
考试题型：主要以单选题形式出现。
考查重点：股票期权。

### 一、股票期权（熟悉）

（一）股票期权概述

（1）股票期权：以股票为标的资产的期权。

（2）股票看涨期权：给予其持有者在未来确定的时间，以确定的价格买入确定数量股票的权利。

(3)股票看跌期权:给予其持有者在未来确定的时间,以确定的价格卖出确定数量股票的权利。

(4)股票期权的买方在向卖方支付期权费(期权价格)后享有在合约条款规定的时间内执行期权的权利,但没有行权的义务,即当市场价格不利时,可以放弃行权。不行权时,买方的损失就是事先支付的整个期权费。而股票期权的卖方则在买方行权时负有履行合约的义务。

(5)股票期权一般是美式期权。每份期权合约中规定的交易数量一般与股票交易中规定的一手股票的交易数量相当,多数是 100 股。而无论是执行价格还是期权费都以 1 股股票为单位给出。

## 母题精选

**【单选题】**下列关于股票期权买方权利义务的表述中,正确的是(　　)。

A. 在向卖方支付期权费后享有在合约条款规定的时间内执行期权的权利,同时亦有行权的义务

B. 在向卖方支付期权费前享有在合约条款规定的时间内执行期权的权利,但没有行权的义务

C. 在向卖方支付期权费后享有在合约条款规定的时间内执行期权的权利,但没有行权的义务

D. 在向买方支付期权费前享有在合约条款规定的时间内执行期权的权利,但没有行权的义务

母题精选　微信扫描

【答案】 C 【解析】股票期权的买方在向卖方支付期权费(期权价格)后享有在合约条款规定的时间内执行期权的权利,但没有行权的义务。

(二)CBOE 股票期权基本条款

| 项　目 | 内　容 |
|---|---|
| 标的资产 | 标的股票或 ADRs。 |
| 合约规模 | 100 股。 |
| 执行类型 | 美式。 |
| 到期月 | 两个近期月和两个在 1 月、2 月或 3 月的季度周期中的月份。 |
| 执行价格间距 | 在一般情况下,定约价在 5 美元至 25 美元,定约价间隔为 2.5 点;如果定约价在 25 美元至 200 美元,定约价间隔为 5 点;如果定约价高于 200 美元,间隔为 10 点。定约价会因为分股和重组等公司事件而调整。 |
| 最后交易日 | 个股期权的交易通常终止于到期日之前的那个交易日(一般是星期五)。 |
| 交割方式 | 实物交割。 |
| 交易时间 | 8:30—15:00(美国中部时间)。 |

(三)上海证券交易所个股期权合约条款[①]

| 项　目 | 内　容 |
|---|---|
| 合约名称 | 上海证券交易所个股期权合约。 |
| 合约标的 | 大盘蓝筹股或 ETF。 |
| 合约类型 | 认购期权、认沽期权。 |

[①]我国现有上海证券交易所和深圳证券交易所进行的个股期权仿真交易。目前,我国设计的期权都是欧式期权。

续 表

| 项 目 | 内 容 |
| --- | --- |
| 行权方式 | 欧式。 |
| 报价单位 | 元。 |
| 最小变动价位 | 0.001 元。 |
| 涨跌停板 | 认购期权 = Max{行权价 ×0.2%,Min[(2×正股价 - 行权价),正股价]×10%}。<br>认沽期权 = Max{行权价 ×0.2%,Min[(2×行权价 - 正股价),正股价]×10%}。 |
| 标的合约月份 | 当月、下月及连续两个季月(下季与隔季)。 |
| 到期月份 | 当月、下月及连续两个季月(下季与隔季)。 |
| 行权价格数量 | 5 个(1 个平值合约、2 个虚值合约与 2 个实值合约)。 |
| 交易时间 | 上午 9:15—11:30(9:15—9:25 为开盘集合竞价时间)。<br>下午 1:00—3:00。 |
| 最后交易日 | 到期月份的第四个星期三(遇法定节假日顺延)。 |
| 卖方保证金 | (1)股票为标的物:<br>①认购期权保证金 = {前结算价 + Max(25% ×合约标的前收盘价 - 认购期权虚值,10% ×合约标的前收盘价)} ×合约单位。<br>②认沽期权保证金 = Min{前结算价 + Max[25% ×合约标的前收盘价 - 认沽期权虚值,10% ×行权价],行权价} ×合约单位。<br>③认购期权虚值 = Max(行权价 - 合约标的前收盘价,0)。<br>④认沽期权虚值 = Max(合约标的前收盘价 - 行权价,0)。<br>(2)ETF 为标的物:<br>①认购期权保证金 = {前结算价 + Max(15% ×合约标的前收盘价 - 认购期权虚值,7% ×合约标的前收盘价)} ×合约单位。<br>②认沽期权保证金 = Min{前结算价 + Max[15% ×合约标的前收盘价 - 认沽期权虚值,7% ×行权价],行权价} ×合约单位。<br>③认购期权虚值 = Max(行权价 - 合约标的前收盘价,0)。<br>④认沽期权虚值 = Max(合约标的前收盘价 - 行权价,0)。 |
| 交割方式 | 实物交割。 |

(四)中国平安股票期权合约条款

| 项 目 | 内 容 |
| --- | --- |
| 合约名称 | 中国平安股票期权合约。 |
| 合约标的 | 中国平安(601318)。 |
| 合约类型 | 认购期权、认沽期权。 |

续　表

| 项　目 | 内　容 |
| --- | --- |
| 合约单位 | 1 000。 |
| 最小变动价位 | 0.001 元。 |
| 申报单位 | 张。 |
| 合约到期月份 | 当月、下月及随后两个季月。 |
| 交易时间 | 开盘集合竞价时间:上午 9:15—9:25。<br>连续竞价时间:上午 9:30—11:30、下午 1:00—3:00。 |
| 行权时间 | 上午:9:15—9:25、9:30—11:30;下午:1:00—3:30。 |
| 最后交易日 | 到期月份的第四个星期三(遇国家法定节假日顺延)。 |
| 合约到期日 | 同最后交易日。 |
| 行权日 | 同最后交易日。 |
| 履约方式 | 欧式。 |
| 交割方式 | 实物交割(特殊情况下,可能采用现金交割)。 |
| 交易经手费(虚拟资金) | 2 元/张。 |

(五)上汽集团股票合约条款

| 项　目 | 内　容 |
| --- | --- |
| 合约名称 | 上汽集团股票期权合约。 |
| 合约标的 | 上汽集团(600104)。 |
| 合约类型 | 认购期权、认沽期权。 |
| 合约单位 | 5 000。 |
| 最小变动价位 | 0.001 元。 |
| 申报单位 | 张。 |
| 合约到期月份 | 当月、下月及随后两个季月。 |
| 交易时间 | 开盘集合竞价时间:上午 9:15—9:25。<br>连续竞价时间:上午 9:30—11:30,下午 1:00—3:00。 |
| 行权时间 | 上午:9:15—9:25、9:30—11:30;下午:1:00—3:30。 |
| 最后交易日 | 到期月份的第四个星期三(遇国家法定节假日顺延)。 |
| 合约到期日 | 同最后交易日。 |
| 行权日 | 同最后交易日。 |
| 履约方式 | 欧式。 |
| 交割方式 | 实物交割(特殊情况下,可能采用现金交割)。 |
| 交易经手费(虚拟资金) | 2 元/张。 |

## 母题精选

【多选题】下列期权属于欧式期权的有（　　）。

A. CBOE 股票期权　　B. 上海证券交易所个股期权

C. 中国平安股票期权　　D. 上汽集团股票期权

【答案】 BCD 【解析】CBOE 股票期权的执行类型是美式期权。

## 二、股指期权(掌握)

考查概率：60%，所占分值为 0.5 分。
考试题型：主要以单选题形式出现。
考查重点：股指期权。

股指期权只能现金交割。

### (一)股票期权的概述

| 项　目 | 内　容 |
| --- | --- |
| 股指期权的分类及其概念 | (1)股指看涨期权：给予其持有者在未来确定的时间，以确定的价格买入确定数量股指的权利(而非义务)。<br>(2)股指看跌期权：给予其持有者在未来确定的时间，以确定的价格卖出确定数量股指的权利(而非义务)。 |
| 股指看涨期权和股票看涨期权的主要区别 | 处于实值状态的单只股票看涨期权或看跌期权的持有者按行权价格支付，并获得给定数量的股票，而处于实值状态的股指看涨期权或看跌期权的持有者收到的是由股指价值和行权价格之间的差额乘以合约规模而得到的金额。 |

### (二)CBOE 交易的标准普尔 500 指数期权的合约文本

| 项　目 | 内　容 |
| --- | --- |
| 标的资产 | 标准普尔 500 指数。 |
| 乘数 | 100 美元。 |
| 行权价格间隔 | 5 点，远期月份为 25 点。 |
| 行权价格 | 最初列出实值、虚值和平价状态的行权价格。当有标的资产在现行的最低或最高行权价交易时，逐渐加入新品种序列。 |
| 报价 | 以小数表示。1 点等于 100 美元。报价低于 3.00 点时最小变动为 0.05点(5.00 美元)，其余序列最小变动为 0.10 点(10 美元)。 |
| 行权方式 | 欧式期权，通常只能在最终前的最后一个交易日执行。 |
| 到期日期 | 每个到期月的第三个星期五。 |
| 到期月份 | 12 个近期月，另外，交易所可能推出 10 个到期月从 12 个月到 60 个月的长期期权。 |
| 交割方式 | 现金交割。 |
| 交易时间 | 8:30—15:00(美国中部时间)。 |

### (三)沪深300股指期权仿真交易合约

| 项 目 | 内 容 | |
|---|---|---|
| 报价单位 | 点。 | |
| 最小变动价位 | 0.1点。 | |
| 每日价格最大波动限制 | 上一交易日沪深300指数收盘价的±10%。 | |
| 合约月份 | 当月、下两个月及随后两个季月。 | |
| 行权价格间距 | 当月与下两个月合约。 | 季月合约。 |
| | 50点。 | 100点。 |
| 行权方式 | 欧式。 | |
| 交易时间 | 9:30—11:30,13:00—15:00。 | |
| 最后交易日 | 合约到期月份的第三个星期五,遇国家法定假日顺延。 | |
| 到期日 | 同最后交易日。 | |
| 交割方式 | 现金交割。 | |
| 交易代码 | IO。 | |
| 上市交易所 | 中国金融期货交易所。 | |

## 三、ETF与ETF期权(重点掌握)

考查概率:100%,所占分值为0.5~1.5分。
考试题型:单选题、多选题、判断题。
考查重点:ETF与ETF期权。

### (一)概述

ETF是交易所交易基金,可以在交易所像买卖股票那样进行交易,也可以作为开放型基金,随时申购与赎回。我国上证50ETF期权已在上海证券交易所正式挂牌交易。上证50ETF期权属于窄基股票组合,因而其期权可看作股票期权。

### (二)上证50ETF期权的合约条款

| 项 目 | 内 容 |
|---|---|
| 合约标的 | 上证50交易型开放式指数证券投资基金(50ETF)。 |
| 合约类型 | 认购期权和认沽期权。 |
| 合约单位 | 10 000份。 |
| 合约到期月份 | 当月、下月及随后两个季月。 |
| 行权价格 | 9个(1个平值合约、4个虚值合约、4个实值合约)。 |
| 行权价格间距 | 3元或以下为0.05元,3元至5元(含)为0.1元,5元至10元(含)为0.25元,10元至20元(含)为0.5元,20元至50元(含)为1元,50元至100元(含)为2.5元,100元以上为5元。 |
| 行权方式 | 到期日行权(欧式)。 |
| 交割方式 | 实物交割(业务规则另有规定的除外)。 |
| 到期日 | 到期月份的第四个星期三(遇法定节假日顺延)。 |

续 表

| 项 目 | 内 容 |
| --- | --- |
| 行权日 | 同合约到期日，行权指令提交时间为9:15—9:25，9:30—11:30，13:00—15:30。 |
| 交收日 | 行权日次一交易日。 |
| 交易时间 | 上午9:15—9:25，9:30—11:30（9:15—9:25为开盘集合竞价时间）。<br>下午1:00—3:00（2:57—3:00为收盘集合竞价时间）。 |
| 委托类型 | 普通限价委托、市价剩余转限价委托、市价剩余撤销委托、全额即时限价委托、全额即时市价委托以及业务规则规定的其他委托类型。 |
| 买卖类型 | 买入开仓、买入平仓、卖出开仓、卖出平仓、备兑开仓、备兑平仓以及业务规则规定的其他买卖类型。 |
| 最小报价单位 | 0.000 1元。 |
| 申报单位 | 1张或其整数倍张数。 |
| 涨跌幅限制 | 认购期权最大涨幅＝Max{合约标的前收盘价×0.5%，Min[（2×合约标的前收盘价－行权价格），合约标的前收盘价]×10%}。<br>认购期权最大跌幅＝合约标的前收盘价×10%。<br>认沽期权最大涨幅＝Max{行权价格×0.5%，Min[（2×行权价格－合约标的前收盘价），合约标的前收盘价]×10%}。<br>认沽期权最大跌幅＝合约标的前收盘价×10%。 |
| 熔断机制 | 连续竞价期间，期权合约盘中交易价格较最近参考价格涨跌幅度达到或者超过50%且价格涨跌绝对值达到或者超过5个最小报价单位时，期权合约进入3分钟的集合竞价交易阶段。 |
| 开仓保证金最低标准 | 认购期权义务仓开仓保证金＝[合约前结算价＋Max（12%×合约标的前收盘价－认购期权虚值，7%×合约标的前收盘价）]×合约单位。<br>认沽期权义务仓开仓保证金＝Min[合约前结算价＋Max（12%×合约标的前收盘价－认沽期权虚值，7%×行权价格），行权价格]×合约单位。 |
| 维持保证金最低标准 | 认购期权义务仓维持保证金＝[合约结算价＋Max（12%×合约标的收盘价－认购期权虚值，7%×合约标的收盘价）]×合约单位。<br>认沽期权义务仓维持保证金＝Min[合约结算价＋Max（12%×合标的收盘价－认沽期权虚值，7%×行权价格），行权价格]×合约单位。 |

## 母题精选

【多选题】对于上证50ETF，以下说法正确的有（　　）。

A. 是开放式基金

B. 是封闭式基金

C. 可以在交易所上市交易

D. 可以作为期权交易的标的物

【答案】 ACD 【解析】上证50ETF是交易型开放式指数证券投资资金，上证50ETF的二级市场交易简称为50ETF，交易代码为510050。上海证券交易所2015年2月9日挂牌上市的股票期权是上证50ETF期权，合约标的为上证50交易型开放式指数证券投资基金（50ETF）。故选项A、选项C、选项D正确。

## 四、股指期货期权(熟悉)

考查概率:较低,所占分值为0.5分。
考试题型:主要以单选题形式出现。
考查重点:股指期货期权。

### (一)股指期货期权概述

股指期货期权是以股指期货为标的资产的期权。期权持有者拥有在确定的时间以确定的价格买入(看涨期权)或卖出(看跌期权)相应股指期货合约而非标的资产本身的权利。相应的,期权出售方有义务在买方行权时持有相反的期货头寸。

(1)标准普尔500指数期货看涨期权的买方有权按特定的行权价格持有标准普尔500指数期货合约多头头寸。

(2)标准普尔500指数期货看涨期权的卖方有义务以特定的行权价格持有标准普尔500指数期货合约相应的空头头寸。

(3)标准普尔500指数期货看跌期权的买方有权按特定的行权价格持有标准普尔500指数期货合约空头头寸。

(4)标准普尔500指数期货看跌期权的卖方有义务以特定的行权价格持有标准普尔500指数期货合约相应的多头头寸。

### (二)CME E-Mini标准普尔500指数期货期权合约

| 项目 | 内容 |
|---|---|
| 标的资产 | 1份E-Mini标准普尔500指数期货合约。 |
| 乘数 | 50美元。 |
| 行权价格间隔 | 每一交易日标的期货合约结算价±50以内,25点;前一交易日标的期货合约结算价±20以内,10点;当成为第二近期合约时,为前一交易日期货结算价±10以内,5点。 |
| 最小变动价位 | 0.25=12.5美元(期权费>5.00情况),0.05=2.5美元(期权≤5.00情况)。 |
| 行权程序 | 期权可在交易期间的任何交易日下午7:00之前行权。未执行实值季度期权在最后结算价格确定日的下午7:00自动行权;未执行的实值序列月期权在到期日下午7:00自动执行。 |
| 行权方式 | 美式期权。 |
| 最后交易日 | 季度合约:第三个周五(上午8:30)。<br>序列合约:第三个周五(下午3:15)。 |
| 到期月份 | 4个季度月加上3个序列月。 |
| 到期结算 | 到期——所有价内期权在最后交易日按以下方式自动行权:<br>实值期权在没有反向指令的情况下,在到期日下午19:00之前交割清算,行权成为将到期的(季度)或最近期(序列)的现金结算期货。 |
| 交易时间 | 周一至周五:前一天下午5:00—次日下午4:15;下午3:15—3:30交易暂停(美国中部时间)。 |

## 五、股票收益互换（熟悉）

### （一）股票收益互换的概述

| 项 目 | 内 容 |
|---|---|
| 概念 | 股票收益互换是指交易双方[1]在未来特定时间以名义本金为基础确定与股价挂钩的浮动收益和固定收益，以此计算各自支付义务，通过轧差计算确定承担实际支付义务的主体并进行结算。 |
| 成交方式 | 场外协议成交。 |

### （二）股票收益互换的分类

| 项 目 | 内 容 |
|---|---|
| 固定收益交换为浮动收益 | （1）概念：持有现金或固定收益资产的投资者向证券公司支付固定收益，换取股价挂钩的浮动收益，间接实现客户投资标的证券的目标。<br>（2）优点：①成交效率更高。②减少了客户交易执行的各种建仓成本。③能够发挥证券公司的资金和技术优势。④为客户缩短了交易时间。⑤可以提供灵活多样的收益互换方案，来满足客户风险收益平衡的个性化需求。<br>（3）作用。<br>①满足客户的保本投资需求——投资者将现金或固定收益资产期末产生的利息收入支付给证券公司，用来交换证券公司向其支付的与特定股票或指数表现挂钩的上涨收益，在本金安全的前提下分享标的证券未来的上涨收益。[2]<br>②对冲风险——可以帮助投资者锁定买入成本，对冲买入期间价格波动的风险。 |
| 浮动收益交换为固定收益 | （1）交换的原因。<br>①风险对冲——实质上是将权益类投资转化为固定收益投资，投资者可以锁定已有的持股收益，将未来股价损益全部支付给证券公司，换取固定收益。<br>②市值管理——实质上是投资者通过让渡一部分未来不确定性的收益换取期初确定的现金增值收益，持股投资者通过收益互换盘活股份，期初即获得固定收益，期末若股价大幅上涨，投资者向证券公司支付目标价格之上的股价收益。<br>（2）作用。<br>①锁定盈利，转换为固定收益投资。<br>②获得持股增值收益。 |

考查概率：本考点增加时间较短，考查次数较少，但较重要。
考试题型：主要以单选题和多选题的形式出现。
考查重点：股票收益互换。

[1]交易双方一般为证券公司与投资者。

[2]固定收益交换浮动收益，投资者会损失利息收益，但能够保证本金的安全，证券公司则可以通过交易标的指数进行风险对冲。

## 章节测评

用手机微信扫描“章节测评”旁边的二维码或用电脑浏览器打开网址 http://cj.ek100.cn 即可进入智能题库进行章节测评。

# 第十章　期货价格分析

## 本章应试分析

本章主要介绍期货行情解读、基本面分析和技术分析。在考试中，本章所占分值为 6 分左右，涉及题型主要是单选题和多选题。本章在考试中虽然涉及分值不高，但是在实际工作中用到的较多，考生学习时可以结合实际工作中的情况进行理解，多做题，把握常考点，不盲目记忆，做到有的放矢。

## 本章思维导图

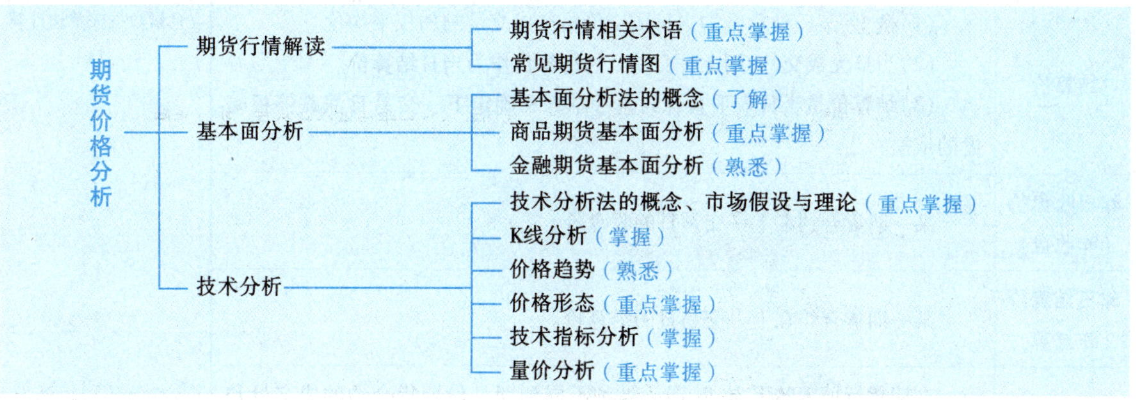


## 名师同步精讲

### 第一节　期货行情解读

随书赠送智能题库详见本书最后一页

#### 一、期货行情相关术语（重点掌握）

| 项　目 | 内　容 |
|---|---|
| 合约 | 行情表中每一个期货合约都用合约代码来标识。合约代码由期货品种交易代码和合约到期月份组成。 |
| 开盘价 | 当日某一期货合约交易开始前 5 分钟集合竞价产生的成交价。[①] |
| 最高价 | 一定时间内某一期货合约成交价中的最高价格。 |
| 最低价 | 一定时间内某一期货合约成交价中的最低价格。 |
| 最新价 | 某交易日某一期货合约交易期间的即时成交价格。 |
| 涨跌 | 某交易日某一期货合约交易期间的最新价与上一交易日结算价之差。 |
| 买价 | 当日买方申报买入但未成交的即时最高申报价格。 |
| 买量 | 某一期货合约“买价”对应的下单数量，单位为“手”。 |

名师指导

考查概率：100%，所占分值为 0.5 ~ 1 分。

考试题型：主要以单选题和多选题形式出现。

考查重点：期货行情相关术语。

①集合竞价没有产生成交价时，以集合竞价后的第一笔成交价为开盘价。

续 表

| 项 目 | 内 容 |
| --- | --- |
| 卖价 | 当日卖方申报卖出但未成交的即时最低申报价格。 |
| 卖量 | 某一期货合约"卖价"对应的下单数量,单位为"手"。 |
| 成交量 | 某一期货合约当日成交的双边累计数量,单位为"手"。 |
| 持仓量 | 持仓量(也称空盘量或未平仓合约量):期货交易者所持有的未平仓合约的双边累计数量。① |
| 收盘价 | 某一期货合约当日最后一笔成交价格。 |
| 结算价 | (1)概念:某一期货合约当日成交价格按成交量的加权平均价。<br>(2)当日无成交的,用上一交易日的结算价作为当日结算价。<br>(3)结算价是当日未平仓合约盈亏结算和确定下一交易日涨跌停板幅度的依据。 |
| 昨日收盘价(昨收盘) | 某一期货合约在上一交易日的收盘价。 |
| 昨日结算价(昨结算) | 某一期货合约在上一交易日的结算价。 |
| 其他 | 在期货行情表的下方,对同一品种不同到期月份期货合约的成交量和持仓量进行了加总。 |

①国内三家商品期货交易所的成交量和持仓量数据均按双边计算,中国金融期货交易所的成交量和持仓量数据按单边计算。

## 母题精选

【多选题】下列豆粕期货合约行情表截图中,对期货行情相关术语描述正确的是(　　)。

| 合约 | 开盘价 | 最高价 | 最低价 | 最新价 | 涨跌 | 买价 | 买量 | 卖价 | 卖量 | 成交量 | 持仓量 |
| --- | --- | --- | --- | --- | --- | --- | --- | --- | --- | --- | --- |
| m1708 | 2 580 | 2 580 | 2 580 | 2 580 | -40 | 2 571 | 50 | 2 777 | 5 | 8 | 1 800 |
| m1709 | 2 674 | 2 690 | 2 646 | 2 657 | -19 | 2 655 | 11 | 2 659 | 455 | 284 736 | 703 456 |
| m1711 | 2 722 | 2 722 | 2 722 | 2 722 | -1 | 2 675 | 1 | 2 722 | 2 | 6 | 336 |

A."－19"表示该豆粕期货合约当日最新价与上一交易日结算价之差

B."11"表示交易者以 2 659 元/吨申请买入的数量

C."m1709"表示 2017 年 9 月份到期的豆粕期货合约

D."284 736"表示该豆粕期货合约当日成交的单边累计手数

【答案】 AC 【解析】涨跌是指某交易日某一期货合约交易期间的最新价与上一交易日结算价之差,选项 A 正确;买量是指某一期货合约"买价"对应的下单数量,单位为"手","11"应表示交易者以 2 655 元/吨申请买入的数量,选项 B 错误;"m1709"表示 2017 年 9 月份到期的豆粕期货合约,选项 C 正确;成交量是某一期货合约当日成交的双边累计数量,单位为"手",选项 D 错误。

## 二、常见期货行情图（重点掌握）

| 项 目 | 内 容 |
|---|---|
| 分时图 | 在某一交易日内，按照时间顺序将对应的期货成交价格进行连线所构成的行情图。 |
| Tick 图（也称闪电图） | （1）Tick 图是按照时间顺序将期货合约的每一笔成交价格依次标注出来并连线形成。<br>（2）Tick 图可以标示出一段时间内所有成交价格及其变动幅度。 |
| K 线图（也称蜡烛图、烛线图、阴阳线图） | （1）K 线图中的每一根 K 线标示了某一交易时间段中的开盘价、收盘价、最高价和最低价。<br>（2）根据单根 K 线所代表的时间长短不同，可以画出不同周期的 K 线图。 |

考查概率：100%，所占分值为 0.5 ~1 分。
考试题型：主要以单选题和多选题形式出现。
考查重点：①分时图。②K 线图。

### 母题精选

【单选题】K 线图中，不包含的价格是（ ）。

A. 最高价　　B. 最低价　　C. 结算价　　D. 收盘价

【答案】C 【解析】K 线图中的每一根 K 线标示了某一交易时间段中的开盘价、收盘价、最高价和最低价。

母题精选 微信扫描

# 第二节 基本面分析

## 一、基本面分析法的概念（了解）

对商品期货，基本面分析法是指从宏观分析出发，对期货品种对应现货市场供求及其影响因素进行分析，从而分析和预测期货价格和走势的方法。

基本面分析法以供求分析为基础，研究价格变动的内在因素和根本原因，侧重于分析和预测价格变动的中长期趋势。

基本面分析的顺序：①分析宏观经济因素、经济周期、经济政策。②研判市场的供求状况。③预测价格走势。

考查概率：较低，所占分值最多为 0.5 分。
考试题型：主要以单选题和判断题形式出现。
考查重点：基本面分析法的概念。

## 二、商品期货基本面分析（重点掌握）

### （一）宏观经济分析

| 项 目 | 内 容 |
|---|---|
| 宏观经济数据 | （1）原因：宏观经济数据的变化揭示了一国整体经济运行情况及其所处的状态，大宗商品的价格会有相应的变动。<br>（2）分析：从宏观经济数据和相关经济指标的分析入手（包括 GDP、经济增长率、CPI、PMI、失业率、货币供应量、利率、汇率等），寻找宏观经济、大宗商品价格和其他相关因素的内在规律，分析和预测期货价格。 |

考查概率：100%，所占分值为 0.5 ~2 分。
考试题型：主要以单选题和判断题形式出现。
考查重点：①宏观经济分析。②供求分析。

续 表

| 项 目 | 内 容 |
| --- | --- |
| 经济周期[①] | (1)复苏阶段:产出和价格均处于最低水平,随着经济的复苏,生产的恢复和需求的增长,价格也开始逐步回升。<br>(2)繁荣阶段:经济周期的高峰阶段,由于投资需求和消费需求的不断扩张超过了产出的增长,刺激价格迅速上涨到较高水平。<br>(3)衰退阶段:经济开始滑坡,需求降低,供给大大超过需求,价格迅速下跌。<br>(4)萧条阶段:经济周期的谷底,供给和需求均处于较低水平,价格停止下跌,处于低水平上。 |
| 经济政策 | (1)货币政策。[②]<br>①工具——法定准备金率、再贴现率、公开市场业务操作。<br>②核心——对货币供应量的管理。<br>③宽松的货币政策——刺激经济增长,增加就业,降低利率,增加流通中的货币量,一般商品物价水平随之上升。<br>④紧缩的货币政策——抑制通货膨胀,提高利率,减少流通中的货币量,一般商品物价水平随之下降。<br>⑤理论上,利率上升,资产价格下降;利率下降,资产价格提高。<br>(2)财政政策。<br>①作用——调节财政收入与支出,直接影响生产供给和市场需求状况。<br>②工具——税收与政府支出,如政府购买和转移支付等。<br>③经济繁荣时——采取紧缩财政政策,抑制过热的经济发展,使大宗商品市场走弱。<br>④经济萧条时——采取宽松的财政政策,刺激经济恢复,改善大宗商品市场的外部环境。<br>(3)国际收支政策。<br>①本币升值时,本币的国际购买力增强,有利于对外投资;以外币表示的本国商品的价格上升,以本币表示的外国商品的价格下降,有利于进口而不利于出口。<br>②本币贬值时,外币的国际购买力增强,有利于吸引外商直接投资;以外币表示的本国商品的价格下降,以本币表示的外国商品的价格上升,这将有利于出口而不利于进口。<br>(4)产业政策:主要通过财政政策和货币政策实现其目标。 |

①在经济周期演化过程中,价格波动略滞后于经济波动。经济繁荣,期货市场较活跃,大宗商品价格趋于上升;经济衰退,期货市场也趋于低迷。

②货币政策的出题概率较高,考生需要认真学习和理解,容易出单选题。

## 母题精选

【单选题】理论上,假设其他条件不变,紧缩的货币政策将导致(　　)。

A. 国债价格上涨,国债期货价格下跌　　B. 国债价格下跌,国债期货价格上涨

C. 国债价格和国债期货价格均上涨　　D. 国债价格和国债期货价格均下跌

【答案】 D 【解析】紧缩的货币政策可以抑制通货膨胀,会提高利率,减少流通中的货币量,一般商品物价水平随之下降。

（二）产业链分析

产业链分析是指从期货品种的上下游产业入手，研究产业链各环节及相关因素对商品供求和价格影响及传导，从而分析和预测期货价格。

（三）供求分析[①]

| 项 目 | 内 容 |
| --- | --- |
| 供给及其构成 | （1）供给是指在一定时间和地点，在不同价格水平下卖方愿意并能够提供的产品数量。本期供给量由期初存量、本期产量和本期进口量构成。<br>（2）影响供给的因素：商品自身的价格、生产成本（要素价格）、生产的技术水平、相关商品的价格、生产者对未来的预期、政府的政策以及其他相关因素等。<br>（3）期初库存量：即上一期的期末结存量。期初库存量的多少，直接影响本期的供给。库存充足，将制约价格上涨；库存较少，则难以抑制价格上涨。对于耐储藏的农产品、金属产品和能源化工产品，分析期初库存量非常重要。<br>（4）当期国内生产量：不同产品的产量受到不同因素的影响。例如，农产品的产量与天气状况密切相关，矿产品的产量会因新矿的发现和开采增加而增加。因此，需要对产品产量的影响因素进行具体分析。<br>（5）当期进口量：当期本国市场销售的国外产品的数量。主要受国内市场供求状况、内销和外销价格比、关税和非关税壁垒、汇率等因素影响。进口是国外生产者对本国的供给，若国内需求旺盛，进口量增加；反之，则进口量减少。 |
| 需求及其构成 | （1）需求是指在一定的时间和地点，在不同价格水平下买方愿意并有能力购买的产品数量。本期需求量由国内消费量、出口量和期末结存量构成。<br>（2）影响某种商品需求的因素：商品自身的价格、替代品和互补品的价格、消费者对商品价格的预期、消费者的收入水平、消费者的偏好、政府的消费政策等。<br>（3）当期国内消费量：国内消费量包括居民消费量和政府消费量，主要受消费者人数、消费者的收入水平或购买能力、消费结构、相关产品价格等因素影响。<br>（4）当期出口量：当期本国生产的产品销往国外市场的数量。出口量主要受国际市场供求状况、内销和外销价格比、关税和非关税壁垒、汇率等因素影响。出口是国外市场对本国产品的需求，若总产量既定，出口量增加则国内市场供给量减少，出口量减少则国内市场供给量增加。<br>（5）期末结存量：期末结存量如同蓄水池，当本期产品供大于求时，期末结存量增加；当供不应求时，期末结存量减少。期末结存量的变动，可反映本期的产品供求状况，并对下期的产品供求状况产生影响。 |
| 均衡价格 | 均衡价格是市场供给与需求正好相等时所形成的价格。<br>只有在供给曲线与需求曲线的交叉点上，供给和需求才停止调整，形成均衡价格。在均衡的价格水平上，市场不存在过剩和短缺，形成均衡数量。 |

[①] 供求分析在考试中的出题概率较高，一般会出1道单选题。

续 表

| 项 目 | 内 容 |
| --- | --- |
| 供求分析——平衡表法 | 供求平衡表列出了大量的供给与需求方面的重要数据，如上期结转库存、当期生产量、进口量、消费量、出口量、当期结转库存、前期的对照值及未来的预测值等。<br>供求平衡表能够反映出统计期末的结转库存，而库存数量对价格影响很大。 |

### 母题精选

【单选题】对小麦当期需求产生影响的是(　　)。

A. 小麦期初库存量　　B. 小麦当期生产量

C. 小麦当期进口量　　D. 小麦当期出口量

【答案】 D 【解析】本期需求量由当期国内消费量、当期出口量和期末结存量构成。

(四)其他影响因素

| 项 目 | 内 容 |
| --- | --- |
| 政治因素 | 期货市场对国家、地区和世界政治局势变化的反映非常敏感。 |
| 自然因素 | (1)自然因素主要是气候条件、地理变化和自然灾害等，包括地震、洪涝、干旱、严寒、虫灾、台风等因素。<br>(2)期货交易所上市的粮食、金属、能源等商品，其生产和消费与自然条件密切相关。<br>(3)自然条件的变化也会对运输和仓储造成影响，从而间接影响生产和消费。尤其是自然因素对农产品的影响大、制约性强。[①] |
| 国际性行业组织政策 | 国际大宗商品，包括石油、糖、可可、咖啡等的供求和价格，均受到相应国际性行业组织影响。 |
| 投资和心理因素 | (1)心理因素是指投机者对市场的预期。<br>(2)当人们对市场信心十足时，即使没有利好消息，价格也可能上涨；反之，当人们对市场失去信心时，即使没有利空因素[②]，价格也会下跌。<br>(3)当市场处于牛市时，一些微不足道的利好消息都会刺激投机者的做多心理，引起价格上涨，利空消息往往无法扭转价格坚挺的走势；当市场处于熊市时，一些微不足道的利空消息都会刺激投机者的做空心理，引起价格下跌，利好消息往往无法扭转价格疲软的走势。 |

①当自然条件不利时，农作物的产量受到影响，从而使供给趋紧，刺激期货价格上涨；反之，如气候适宜，会使农作物增产，从而增加市场供给，促使期货价格下跌。

②利空因素是指不利于价格上涨的因素。

## 三、金融期货基本面分析(熟悉)

考查概率：较低，所占分值为0.5分。

考试题型：主要以单选题形式出现。

考查重点：金融期货基本面分析。

(1)金融期货基本面分析指标包括货币供应量、利率、汇率等，以及对应的货币政策和财政政策的分析。

(2)货币供应量：一国在某一时点上的货币存量，由包括中央银行在内的金融机构的货币存款和现金货币两部分构成。

(3)经济数据疲软时:经济下滑压力大,中央银行通过宽松的货币政策增加货币供应量,带来流动性,从而促使利率下跌,物价水平上升,汇率下跌,金融市场价格趋于上升。

(4)经济数据向好时:出现通货膨胀的势头,中央银行的货币政策则偏向于趋紧,进而影响利率和汇率,金融市场价格趋于下跌。

## 第三节　技术分析

### 一、技术分析法的概念、市场假设与理论(重点掌握)

考查概率:100%,所占分值为0.5~1分。

考试题型:主要以单选题和多选题形式出现。

考查重点:①技术分析法的三大市场假设。②技术分析法的主要理论。

#### (一)技术分析方法

期货市场技术分析方法主要是对期货市场的日常交易状况(包括价格、交易量与持仓量等)按照时间顺序绘制成图形、图表,或者形成指标系统,然后针对这些图形、图表或指标系统进行分析,预测期货价格未来走势。

#### (二)三大市场假设

(1)市场行为反映一切信息(技术分析的基础)。

(2)价格呈趋势变动(技术分析最根本、最核心的观点)。

(3)历史会重演。

#### (三)主要理论

| 项　目 | 内　容 |
|---|---|
| 道氏理论(技术分析的基础) | (1)市场价格指数可解释和反映市场的大部分行为。<br>(2)市场波动的三种趋势。道氏理论认为价格波动可以分为三种趋势,即主要趋势(持续时间在一年以上甚至更长)、次要趋势(是主要趋势的调整,持续时间为3个星期至3个月)和短暂趋势(是次要趋势的短期波动,时间一般在3个星期以内)。趋势的反转点是确定投资的关键。<br>(3)交易量在确定趋势中的作用:有助于解决一些令人困惑的市场行为。<br>(4)收盘价是最重要的价格。 |
| 波浪理论① | (1)价格上涨、下跌现象是不断重复的,而且价格涨跌规律具有周期性特征,像水的波浪一样,循环往复。<br>(2)价格运行的大的周期可以细分出小的周期,小的周期又可以再细分成更小的周期;价格周期无论时间长短,都是以一种运动模式进行。<br>(3)一个完整的价格周期要经过8个过程,上升周期由5个上升过程(上升浪)和3个下降调整过程(调整浪)组成,下跌周期有5个下跌过程(下跌浪)和3个上升调整过程(调整浪)组成,一个周期结束之后,才会进入下一个周期。 |

①波浪理论在应用中主要考虑:价格运行所形成的形态、价格形态中高点和低点所处的相对位置、完成价格形态所经历的时间,即所谓的“形态、比例和时间”。其中,价格形态是最重要的,是波浪理论赖以生存的基础。

续 表

| 项 目 | 内 容 |
|---|---|
| 江恩理论 | (1)江恩理论认为,股票、期货市场也存在自然规则,市场的价格运行趋势不是杂乱无章的,而是可以预测的。<br>(2)江恩理论是通过对数学、几何学、宗教、天文学的综合运用建立的一套独特分析方法和预测市场的理论。<br>(3)江恩理论包括江恩时间法则、江恩价格法则和江恩线等诸多内容。 |
| 循环周期理论 | (1)循环周期理论认为,无论什么样的价格波动,都不会向一个方向永远走下去。<br>(2)投资者利用价格波动中高点和低点的周期性,选择低点做多和高点做空从而获利。 |
| 相反理论 | (1)相反理论认为,当绝大多数投资者看法一致时,他们通常是错误的。<br>(2)投资者若想获得较大的投资收益,一定要同大多数人的交易行为不一致。<br>(3)相反理论在操作上的具体体现是,在投资者爆满的时候出场,在投资者稀落的时候入场。 |
| 随机漫步理论 | (1)随机漫步理论认为,市场的波动是随机的,价格的下一走势完全没有规律可循。<br>(2)市场价格的未来趋势是无法预测的。在信息完全公开时,市场价格本身已经反映了其内在价值。 |

## 母题精选

【单选题】根据下图所示价格周期,下列说法中错误的是(　　)。

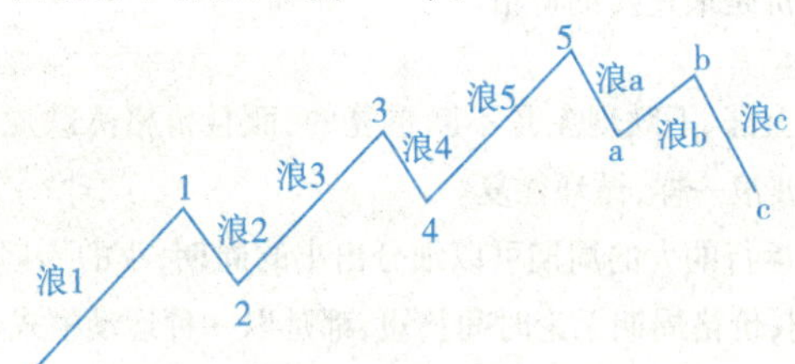


A. 该波浪周期有8个过程

B. 该波浪是一个完整的上升周期

C. 该波浪由5个上升过程和3个下降过程构成

D. 该波浪容易出现在熊市

【答案】 D 【解析】根据波浪理论,并联系图形可以判断,该波浪是一个完整的上升周期,它由5个上升过程(上升浪)和3个下降调整过程(调整浪)组成,浪1~浪5是上升周期,浪a~浪c是调整浪。故选项A、选项B、选项C都正确,选项D说法错误。

## 二、K 线分析（掌握）

👍 考查概率：60%，所占分值为 0.5 分。
考试题型：主要以单选题形式出现。
考查重点：①常见形状图示。②阳线与阴线。

| 项　目 | 内　容 |
|---|---|
| 概念 | K 线是将一段时间的开盘价（第一笔成交价）、收盘价（最后一笔成交价）、最高价、最低价，用图形的方式表示出来。 |
| 常见形状图示（见图 10－1） | 阳线：上影线、实体、下影线；最高价、收盘价、开盘价、最低价<br>阴线：上影线、实体、下影线；最高价、开盘价、收盘价、最低价<br>图 10－1　常见的形状图示 |
| 阳线与阴线 | （1）阳线：收盘价高于开盘价，中部的实体一般用空白或红色表示。上影线的长度表示最高价和收盘价之间的价差，实体的长短代表收盘价与开盘价之间的价差，下影线的长度则代表开盘价和最低价之间的差距。[①]<br>（2）阴线：收盘价低于开盘价，中部的实体一般用绿色或黑色表示。上影线的长度表示最高价和开盘价之间的价差，实体的长短代表开盘价与收盘价之间的价差，下影线的长度则代表收盘价和最低价之间的差距。 |

💡 ①K 线最上方的一条细线为上影线，中间的一条粗线为实体，下面的一条细线为下影线。

### 母题精选

【单选题】以下 K 线图中，③和④之间的长度表示（　　）。

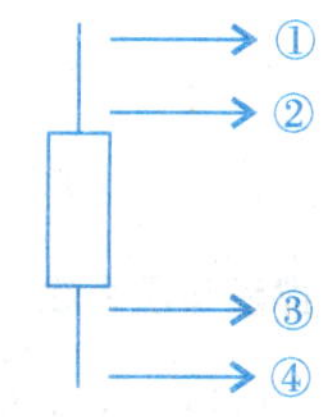

A. 最高价和收盘价之间的价差　　B. 开盘价和最低价之间的价差
C. 最高价和最低价之间的价差　　D. 收盘价与开盘价之间的价差

【答案】B　【解析】图中 K 线为阳线，③和④之间的长度即下影线的长度，它代表开盘价和最低价之间的价差。

【多选题】下列关于绘制 K 线图规则的说法中，正确的有（　　）。

A. K 线最上方的一条细线为上影线
B. K 线下方的一条细线为下影线
C. 当日收盘价低于开盘价，K 线中部的实体一般用红色表示
D. 当日收盘价高于开盘价，K 线中部的实体一般用绿色表示

【答案】AB　【解析】收盘价高于开盘价时，形成的 K 线为阳线，中部的实体一般用空白或红色表示。收盘价低于开盘价，形成的 K 线为阴线，中部的实体一般用绿色或黑色表示。

## 三、价格趋势(熟悉)

| 项目 | 内容 |
| --- | --- |
| 概念 | 价格趋势是指价格运行的方向。 |
| 趋势的方向 | (1)上升趋势:由一系列相继上升的波峰和波谷形成的价格走势。<br>(2)下降趋势:由一系列相继下降的波峰和波谷形成的价格走势。<br>(3)水平趋势(也称无趋势):由一系列水平运动的波峰和波谷形成的价格走势。 |
| 趋势的级别 | 趋势按时间长短、波动大小可分为不同级别的主要趋势、次要趋势(中级趋势)和短暂趋势。 |
| 支撑线与压力线[①](见图10-2) | (1)支撑线。<br>①概念:支撑一般是指波谷或者向上反弹点,用某个价格水平或者图表上某个区域来表示。这种支撑水平也可称为支撑线。<br>②在支撑线的下方,买方力量支撑卖方形成压力。价格在支撑线这里停止下跌,向上反弹。<br>(2)压力线。<br>①概念:压力一般是指波峰或者向下回调点,用某个价格水平或者图表区域来表示。这种压力水平也称为压力线。<br>②在压力线上方,卖方力量阻挡了买方的推进,价格由上升转为下跌。<br>压力 压力 支撑 支撑<br>图10-2 支撑线与压力线 |
| 趋势线 | (1)趋势线:衡量价格的波动方向,从趋势线的方向可以明确地看出市场价格的趋势。<br>(2)上升趋势线:在上升趋势中,将两个低点连成的直线。<br>(3)下降趋势线:在下降趋势中,将两个高点连成的直线。<br>(4)趋势线的作用。<br>①对价格今后的变动起约束作用。<br>②趋势线被突破后,表明市场价格下一步的走势将要反转。 |
| 轨道线 | (1)轨道线(又称通道线或管道线):是在已经得到趋势线后,通过第一个峰和谷可以做出趋势线的平行线。<br>(2)两条平行线组成一个轨道,即上升和下降轨道。<br>(3)轨道的作用。<br>①限制市场价格的变动范围。<br>②发出趋势转向的警报。<br>(4)轨道线突破是趋势加速的开始。 |

考查概率:较低,所占分值为0.5分。
考试题型:主要以单选题形式出现。
考查重点:价格趋势。

①支撑线和压力线的作用:阻止或暂时阻止市场价格向一个方向继续运动。

## 母题精选

【多选题】关于价格趋势的表述，正确的是（　　）。

A. 由一系列相继上升的波峰和波谷形成的价格走势为上升趋势

B. 由一系列相继下降的波峰和波谷形成的价格走势为下降趋势

C. 由一系列相继上升的波峰和下降的波谷形成的趋势为下降趋势

D. 由一系列相继上升的波峰和下降的波谷形成的趋势为上升趋势

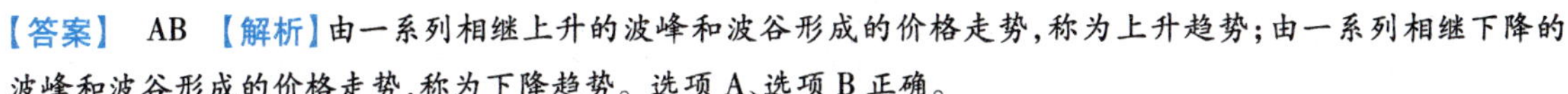

【答案】　AB　【解析】由一系列相继上升的波峰和波谷形成的价格走势，称为上升趋势；由一系列相继下降的波峰和波谷形成的价格走势，称为下降趋势。选项 A、选项 B 正确。

### 四、价格形态[①]（重点掌握）

#### （一）反转形态[②]

| 项　目 | 内　容 |
| --- | --- |
| 头肩顶和头肩底形态（见图 10－3） | （1）头肩顶中，中间的高点比另外两个高点都高，中间的高点被称为头，两边的高点被称为左肩和右肩。<br>（2）头肩底中，中间的低点比另外两个低点要低，中间的低点称为头，两边的低点被称为左肩和右肩。<br>（3）头肩顶中的支撑线是颈线，头肩底中的压力线是颈线。<br>（4）若颈线被突破，反转形态确认，则预示着原有趋势将逆转。<br>图 10－3　头肩顶和头肩底 |
| 双重顶（M 头）和双重底（W 底）形态（见图 10－4） | （1）主要功能：测算功能。<br>（2）形态得到确认后，从突破点算起，价格将至少变动与形态高度相等的距离。<br>图 10－4　双重顶和双重底 |
| 圆弧顶和圆弧底形态 | （1）圆弧顶形态中，市场价格呈弧形上升。[③]圆弧底与圆弧顶相反。<br>（2）圆弧顶与圆弧底显示市场出现反转，提示投资者应当卖出还是买入。 |
| V 形形态 | 易在市场剧烈波动时出现。 |

**考查概率**：100%，所占分值为 1 分。
**考试题型**：主要以多选题形式出现。
**考查重点**：价格形态。

①价格形态分析是以原始数据（价格、成交量、持仓量和时间）构成的形态为对象来分析和预测市场价格变化的方向和趋势。

②典型的反转形态有头肩形形态、双重顶（M 头）形态、双重底（W 底）形态、三重顶形态、三重底形态、圆弧顶形态、圆弧底形态、V 形形态等。

③圆弧顶的短期高点连接起来是一个圆形的顶。

（二）持续形态[①]

| 项　目 | 内　容 |
|---|---|
| 三角形形态 | （1）概念：价格趋势的高点连线和低点连线相交叉后，形成一个三角形的形态。<br>（2）成交量：呈递减态势，形态完成时有效突破成交量相应放大。<br>（3）分类：<br>①对称三角形——对称三角形有两条收敛的直线，上面的顶线向下倾斜（压力线）；下面的底线向上倾斜，起到支撑作用；两条直线的交点为顶点。对称三角形的突破的位置一般在基线到顶点1/2至3/4处，突破后价格会继续原有的行进趋势（见图10－5）。 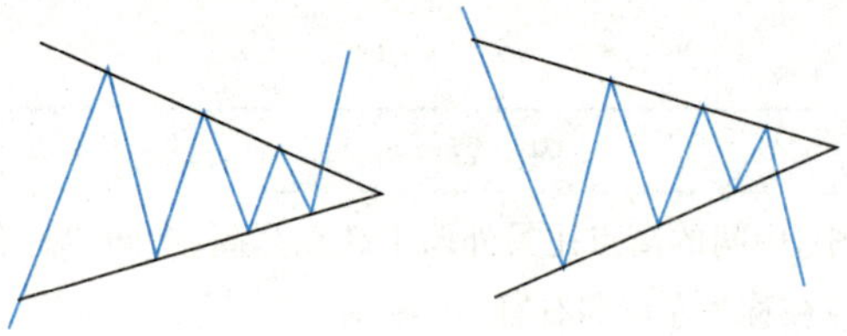<br>图10－5　对称三角形<br>②上升三角形——有一条上升的底线和一条水平的顶线，通常以向上突破作为持续过程的终止标志（见图10－6）。<br>③下降三角形——有一条水平的底线和一条下降的顶线，是看跌的形态（见图10－7）。 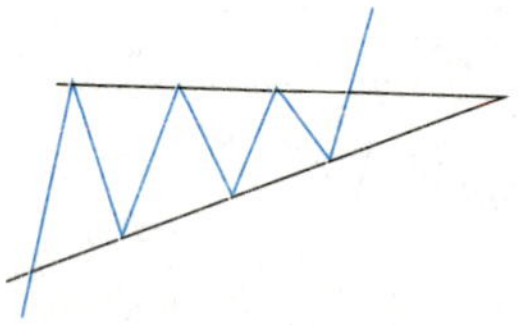<br>图10－6　上升三角形 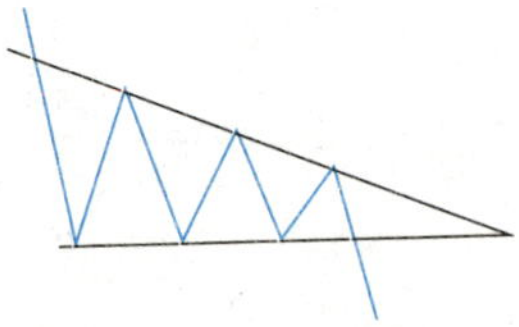　图10－7　下降三角形 |
| 楔形形态 | 楔形形态也是一种典型的持续形态。[②]其价格介于两条收敛的直线中变动。与三角形不同处在于两条界线同时上倾或下斜。成交量变化和三角形一样向顶端递减，在有效突破时有所放大（见图10－8）。 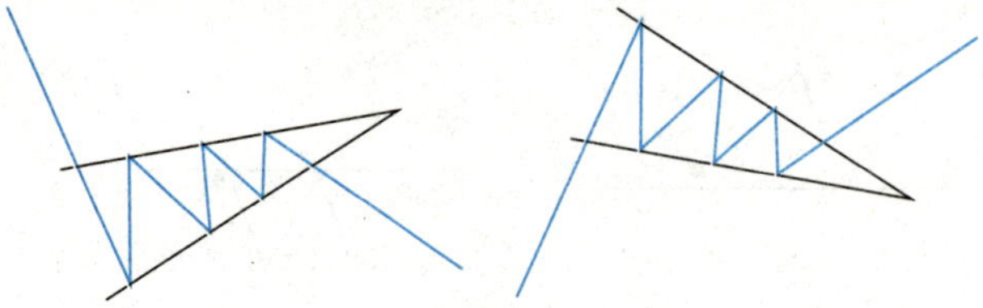<br>图10－8　上升楔形与下降楔形 |
| 旗形形态 | （1）旗形形态是向上倾斜或者向下倾斜的平行四边形。[③]上下两条平行线起到压力和支撑作用。<br>（2）两条平行线的某一条被突破时，旗形形态完成，市场按原有趋势继续前进。<br>（3）成交量在旗形形成过程中，是显著地渐次递减的，并以成交量的放大印证了形态的完成。 |

①比较典型的持续形态有三角形形态、矩形形态、旗形形态和楔形形态等。

②楔形分为上升楔形和下降楔形，上升楔形看跌，下降楔形看涨。

③旗形形态分为上升旗形和下降旗形。在旗形形态形成之前，市场波动通常比较剧烈，旗形形态是一个暂时休整的过程。

续 表

| 项 目 | 内 容 |
|---|---|
| 旗形形态（见图10－9） | 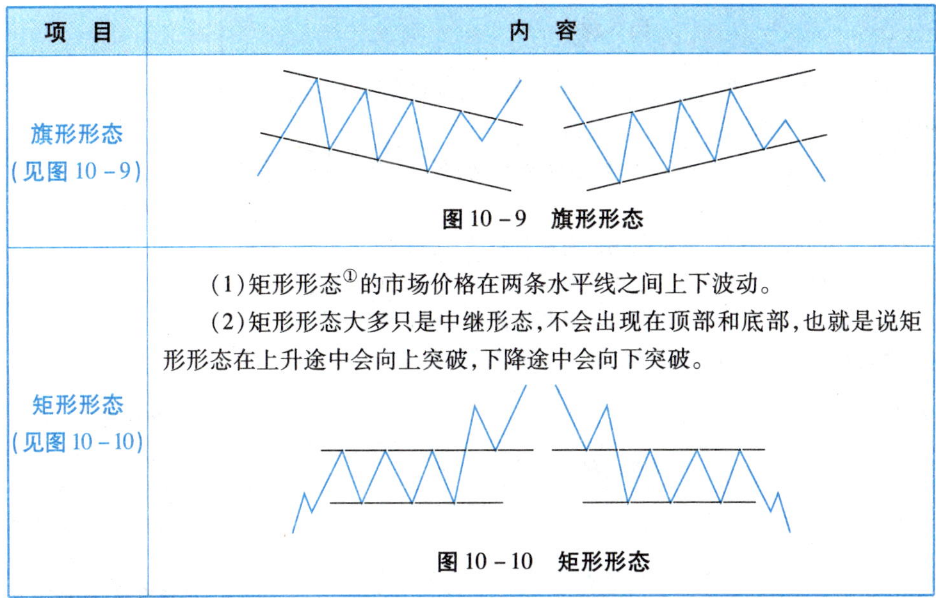 图10－9 旗形形态 |
| 矩形形态（见图10－10） | （1）矩形形态[①]的市场价格在两条水平线之间上下波动。<br>（2）矩形形态大多只是中继形态，不会出现在顶部和底部，也就是说矩形形态在上升途中会向上突破，下降途中会向下突破。<br>图10－10 矩形形态 |

①矩形形态是一种典型的整理形态。

## 五、技术指标分析（掌握）

考查概率：60%，所占分值为0.5～1分。

**考试题型**：主要以单选题和多选题形式出现。

**考查重点**：技术指标分析的5项指标。

| 项 目 | 内 容 |
|---|---|
| 移动平均线（MA） | （1）绘制：将包括当天在内的最近一段时间的收盘价相加，再除以天数，得到当天价格的平均数，并以此绘制的曲线。<br>（2）特征：追踪趋势、助涨助跌性和支撑压力性。<br>（3）分析方式：可使用背离、交叉、支撑和压力等分析方式，判断买入和卖出信号。 |
| 平滑异同移动平均线（MACD） | （1）构成：由正负差（DIF）和异同平均数（DEA）两部分组成。<br>（2）DIF：快速平滑移动平均线与慢速[②]平滑移动平均线的差。<br>（3）DEA：DIF的移动平均，也是连续数日的DIF的算术平均数。<br>（4）作用：判断市场处于多头还是空头，根据走向和价格走向相背离确定买入还是卖出。底部背离是买入信号，顶部背离是卖出信号。 |
| 威廉指标（WMS%） | （1）威廉指标表示市场处于超买还是超卖状态。<br>（2）WMS%值比较大时，说明当天的价格处在相对较高的位置，可能会回落。<br>（3）WMS%值较小时，说明当天的价格处在相对较低的位置，可能会反弹。<br>（4）WMS%值居中（50%左右），当天的收盘价处在居中的位置。<br>（5）威廉指标可以通过其形态以及背离原则来对市场进行分析。 |
| 随机摆动指标（KDJ） | （1）随机摆动指标是分析中、短期市场价格走势的工具，是威廉指标的延伸。<br>（2）KD的取值在80%～100%时为超买区，0～20%为超卖区，其余为徘徊区。<br>（3）K上穿D线为买入信号；反之为卖出信号。KD与市场价格的背离也是买卖信号。 |

②快速是价格平滑时采用短期的时间参数，慢速是采用长期的时间参数。

续 表

| 项　目 | 内　容 |
| --- | --- |
| 相对强弱指标(RSI) | (1)RSI 以一特定时期内市场价格的变动情况推测价格未来的变动方向,并根据市场价格涨跌幅度显示市场的强弱。<br>(2)强弱指标[①]保持高于 50 时,处于强势市场;低于 50 则处于弱势市场。<br>(3)指标上升到达 80 时,表示市场已有超买现象;超过 90 以上时,表示已到严重超买的警戒区,市场价格已形成头部,极可能在短期内反转回调。<br>(4)强弱指标下降至 20 时,表示市场有超卖现象,下降至 10 以下时,表示已到严重超卖区域,市场价格极可能有止跌回升的机会。 |

①强弱指标的取值范围为 0 到 100。

## 六、量价分析(重点掌握)

考查概率:100%,所占分值为0.5~1分。
**考试题型:**主要以单选题和多选题形式出现。
**考查重点:**交易行为与持仓量。

| 项　目 | 内　容 |
| --- | --- |
| 交易行为与持仓量 | (1)只有当新的买入者和卖出者同时入市时,持仓量增加。<br>(2)当买卖双方有一方做平仓交易时(即换手),持仓量不变。<br>(3)当买卖双方均为原交易者,双方均为平仓时,持仓量减少。<br>具体来说:<br>(1)买方:多头开仓;卖方:空头开仓;持仓量:增加(双开仓)。<br>(2)买方:多头开仓;卖方:多头平仓;持仓量:不变(多头换手)。<br>(3)买方:空头平仓;卖方:空头开仓;持仓量:不变(空头换手)。<br>(4)买方:空头平仓;卖方:多头平仓;持仓量:减少(双平仓)。 |
| 交易量与价格形态 | (1)头肩顶在头部形成过程中,当价格冲到新高点时交易量较少,而在跌向颈线时交易量较大。<br>(2)在双重顶和三重顶中,在价格上冲到每个后继的峰时,交易量较少,而在随后的回落的过程中,交易量较大。<br>(3)通常情况下,所有价格形态在完结(突破点)时,只要这个突破信号是成立的,那么它就应当伴随较大的交易量。 |
| 持仓量分析 | (1)持仓量是从期货合约开始交易起计算的未平仓合约数量。<br>(2)持仓量增加,表明资金流入期货市场;持仓量减少,表明资金正流出期货市场。<br>(3)分析持仓量的变化可推测资金在期货市场的流向和主力资金的交易行为,有助于投资者判断下一步价格波动的方向。 |

## 章节测评

用手机微信扫描“章节测评”旁边的二维码或用电脑浏览器打开网址 http://cj.ek100.cn 即可进入智能题库进行章节测评。

# 附录一　综合检测

在系统地学习了本科目知识之后，我们需要通过综合检测来检查前面所有知识点的学习和掌握情况，在本书的配套题库系统中包含大量考试真题试卷和押题、模拟试卷，可供考生练习测试。在题库系统中，试卷的考试题型、考试时长、考点分布均与真实考试一致。考生扫描下方试卷旁的二维码，即可进入对应试卷中进行练习，也可以直接进入智能考试题库系统中进行练习。

## 一、真题试卷

《期货及衍生品基础》真题试卷（一）

《期货及衍生品基础》真题试卷（二）

《期货及衍生品基础》真题试卷（三）

《期货及衍生品基础》真题试卷（四）

《期货及衍生品基础》真题试卷（五）

《期货及衍生品基础》真题试卷（六）

## 二、押题、模拟试卷

《期货及衍生品基础》押题试卷（一）

《期货及衍生品基础》押题试卷（二）

《期货及衍生品基础》模拟试卷（一）

《期货及衍生品基础》模拟试卷（二）

# 附录二 智能考试题库系统使用指导

## 一、题库系统主要功能介绍

(1)考点速记。名师总结重要考点,40%的篇幅涵盖了考试80%的考点。

(2)章节练习。海量章节试题库,可按章、节考点抽题,与教材同步。

(3)真题必练。海量新考真题,与真考题库同步更新,通关利器。

(4)模拟押题。命题专家根据真题命题规律出题,完全模拟真题的考点分布、出题角度以及难易程度。

(5)错题训练。做题过程中的错题自动记录进错题库,进行错题训练可以查漏补缺。

(6)视频课程。全套基础班视频课程,名师依据考试大纲及教材进行详细讲解,提出重点、难点。

## 二、智能考试题库安装激活指导

本书配套题库学习系统设计了智能考试题库,包括智能题库微信版、智能题库网页版,适合不同的终端使用,满足了考生多样化的学习环境需求。

### (一)智能题库微信版

第一步:考生可以通过手机微信关注我们的公众号:未来金融网校,点击下方"开始学习",选择"考试题库"。进入之后,根据提示,允许登录题库系统后,进入选课界面,选择"期货从业资格考试"下的两个科目进入课程主页。

第二步:激活科目。进入科目主页后,点击左上角"激活",输入本书激活码进行激活。

注意:输入激活码的时候,注意区分大小写,要在英文状态下输入,并且不能有空格。

### (二)智能题库网页版

考生可在电脑浏览器输入网址 http://cj.ek100.cn/,进入网页后,点击"开始学习",用微信扫描授权登录。登录之后,考生即可选择课程题库。

注意:智能题库微信版和智能题库网页版二者共用账户,数据同步,激活其一,另一个自动激活。本指导以先激活微信版为例,若考生想先激活网页版亦可参照微信版激活方法。

智能题库

关注未来金融网校
微信公众号:jrwxkc

**智能题库激活码** qhjc36594273

①随书赠送智能题库,微信扫一扫左侧智能题库二维码进入题库,点击页面左上角【点此激活】,输入激活码即可使用!

②后续使用方法:微信扫一扫左侧公众号二维码进入公众号"未来金融网校",点击开始学习-考试题库-我的-我的题库,选择对应科目即可使用!使用过程中遇到任何问题,可添加QQ群:850108150进行咨询。